Benedikt Grimmler

WANDERUNGEN FÜR SENIOREN

Bregenzerwald

Entspannte Touren
mit Aussicht

J. BERG

VORWORT

Liebe Leserinnen und Leser!

Von unbeschreiblicher Wirkung ist der Rückblick nach den Gefilden des Bregenzerwalds; es will uns fast wie Heimweh überkommen beim Scheiden von dem schönen Berggelände – wie angefesselt steht man und immer wieder schweift das Auge über Flur, Wald und Berg und vermag sich kaum loszureißen.« So schrieb der wenig bekannte Reiseschriftsteller Josef Buck in einem 1856 erschienenen Buch über seine Wanderungen durch das Allgäu, das Lechtal und den Bregenzerwald.

Gegenüber Buck haben wir den Vorteil, erst am Anfang unserer Reise in den Bregenzerwald zu sein. Aber ich bin mir sicher, dass es nicht wenigen gehen wird wie dem Kollegen aus der Mitte des 19. Jahrhunderts: Wer den Bregenzerwald einmal erleben und genießen durfte, der wird ihn fortan vermissen und ganz bestimmt wiederkommen.

Die beste Methode, sich der Region anzunähern und sie für sich zu erschließen, hat sich seit Bucks Tagen trotz aller Fortschritte, trotz eines hervorragenden Busnetzes, trotz Pkw und Bergbahnen nicht geändert: Es ist das Wandern, zu Fuß durch die Dörfer und die Landschaften streifen, das Emporsteigen auf die Berge zu den Alpen und Vorsäßen. Mal etwas anstrengender, mal entspannt, mal kurz und gemütlich, mal länger und herausfordernd, so lässt sich der Bregenzerwald mit seinen Menschen, Kulturgütern und der grandiosen Landschaftskulisse am besten erfahren.

23 Gemeinden laden zum Entdecken ein, mit Kirchen, Kapellen und Wälderhöfen, mit alter und moderner Architektur, mit gemütlichen Gasthäusern und Sterne-Restaurants, sanft ins Tal gebettet oder hoch oben zwischen den Bergspitzen gelegen. Natur und Landwirtschaft prägen das Tal der Bregenzer Ach, bewohnt von stolzen, gastfreundlichen Menschen, die sich der langen, freien Vergangenheit und der Traditionen ihrer Region bewusst sind.

Viel Freude beim entspannten Entdecken des Bregenzerwalds

wünscht

Benedikt Grimmler

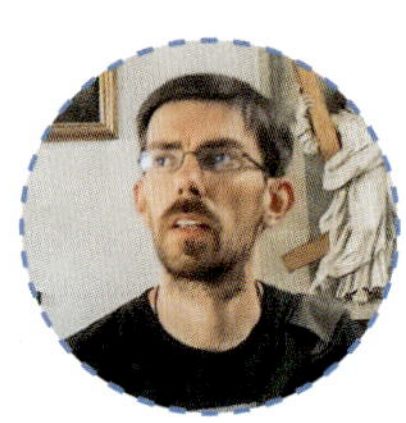

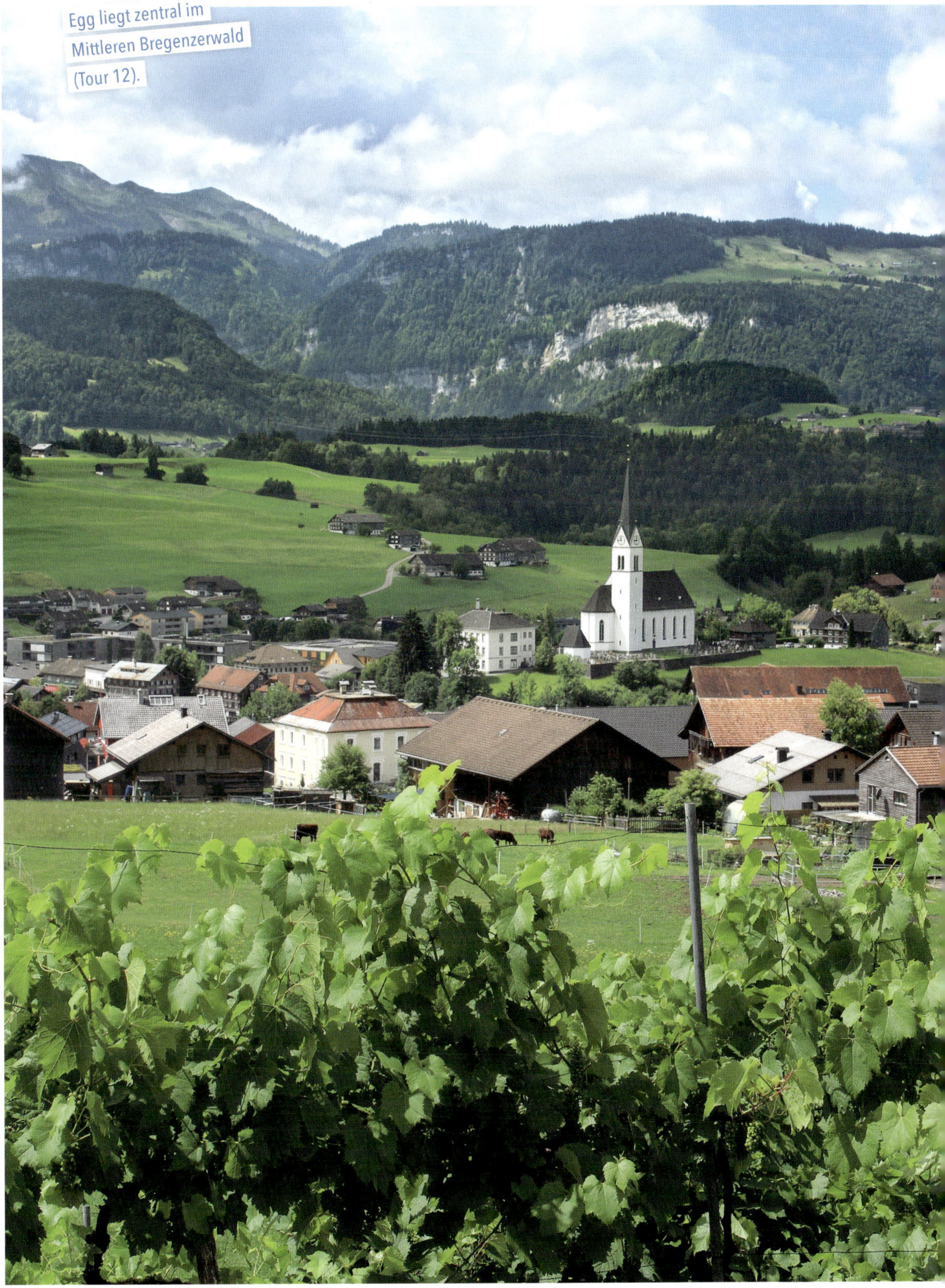

Egg liegt zentral im Mittleren Bregenzerwald (Tour 12).

INHALTSVERZEICHNIS

Ihre Touren

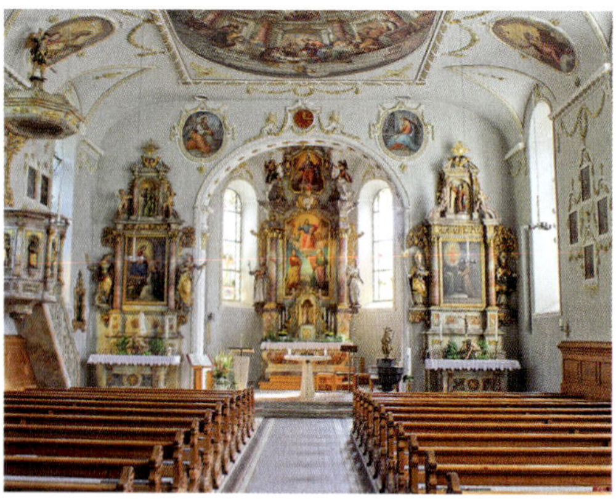

Vorderer Bregenzerwald

Mittlerer Bregenzerwald

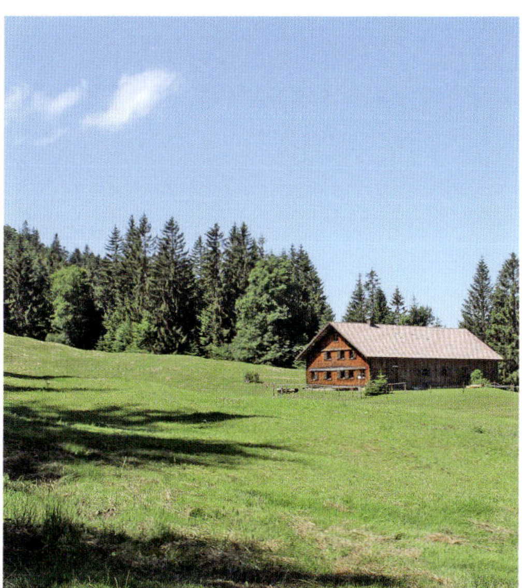

Für Flaneure

Einfach nur entspannt spazieren gehen, kurz, mit wenig Anstrengung und ohne großes Gepäck? Und mit einer netten Einkehr als Abschluss? Voilà:

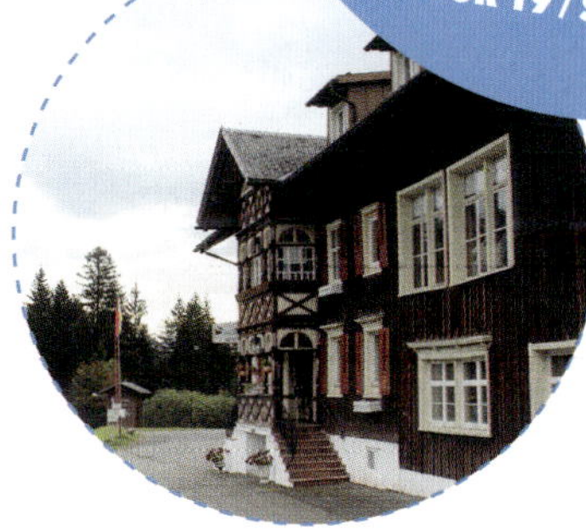

Hinterer Bregenzerwald

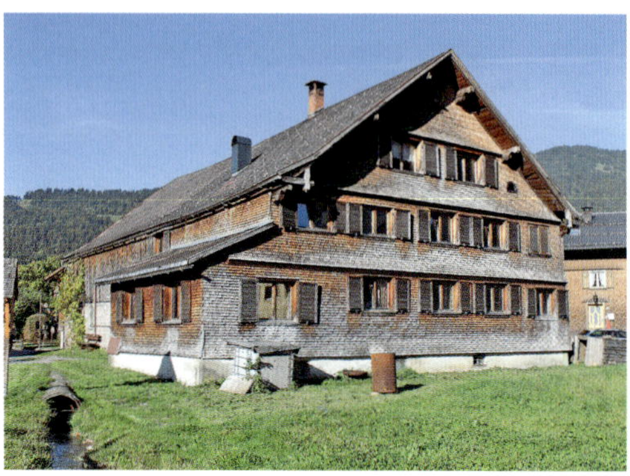

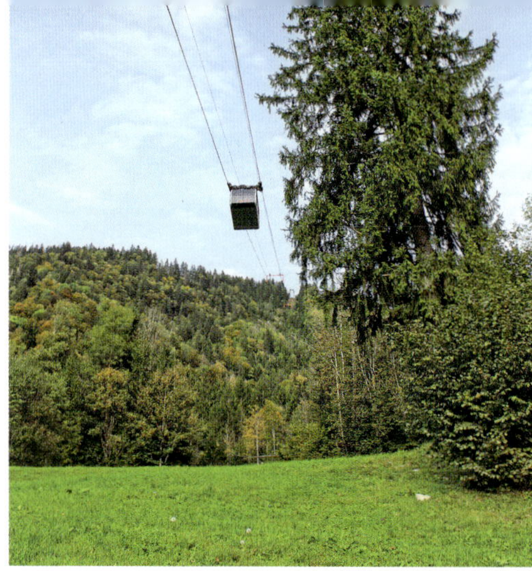

Ständige Begleiter im Bregenzerwald: schmale Pfade und weidende Kühe (Tour 7)

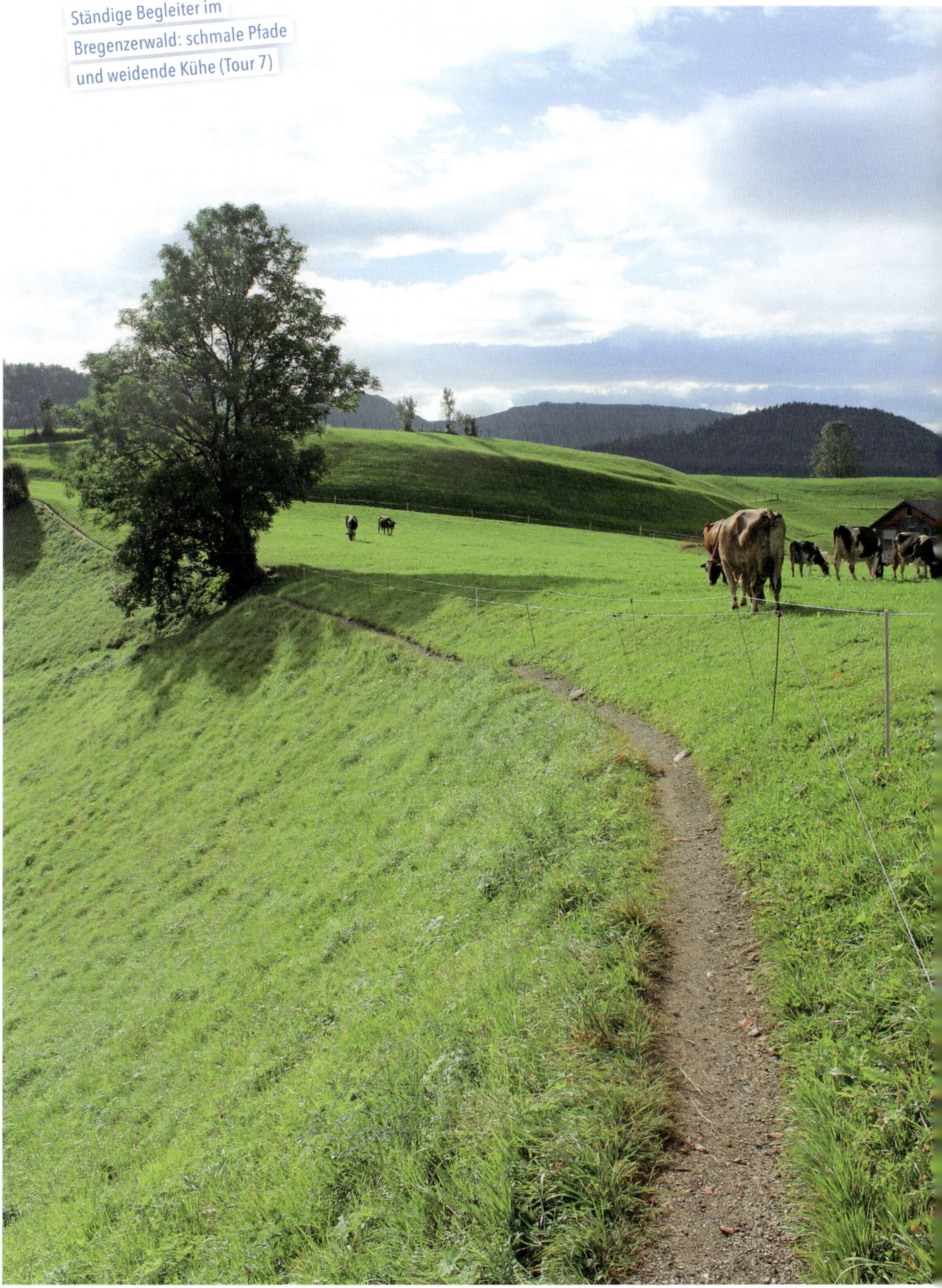

Tourenfinder

	Tournummer und -name										
1	Langen b. Bregenz – Stollen	leicht	4,5	130/130	1.30	✓	✓				✓
2	Sulzberg – Thal	mittel	6	15/420	2	✓	✓				
3	Alberschwende – Bregenzer Ach	mittel	8	440/440	2.30	✓	✓	✓			
4	Alberschwende – Lorenapass	schwer	10	460/460	3.30	✓		✓			
5	Rossbad und Lourdeskapelle	mittel	9	130/130	3	✓	✓	✓			
6	Riefensberg – Aach	mittel	8	330/330	2.30	✓	✓				
7	Durch die Engenlochschlucht	mittel	4	40/40	1.30	✓	✓		✓		
8	Waldrast – Sibratsgfäll	leicht	4	10/130	1	✓	✓	✓	✓		
9	Lingenau – Langenegg	mittel	4	80/65	1.30	✓	✓	✓	✓		
10	Langenegg – Doren	schwer	9	250/240	3	✓	✓				
11	Egg – Müselbach	mittel	8	75/75	2.30	✓	✓		✓		
12	Egg – Großdorf	mittel	4,5	100/100	1.30	✓	✓	✓	✓		
13	Großdorf – Lingenau	mittel	4	85/60	1.30	✓	✓	✓	✓		
14	Schwarzenberg – Theresienkapelle	mittel	8,5	245/245	3	✓	✓		✓		
15	Andelsbuch – Stausee Bezegg	leicht	5,5	70/70	2	✓	✓	✓	✓		
16	Schwarzenberg – Andelsbuch	leicht	7,5	65/115	2.30	✓	✓		✓		
17	Unterbezegg – Bezau	leicht	5,5	175/310	2	✓	✓		✓		
18	Niedere – Bezau	mittel	6	0/930	2	✓				✓	
19	Zur Wilbinger Kapelle	leicht	4,5	20/20	1.30	✓	✓	✓	✓		✓
20	Reuthe – Känzele	schwer	5	235/235	2		✓				

	Tournummer und -name	Schwierigkeit	Weglänge in km	Höhenunterschied in Hm	Gehzeit in Std.	Einkehr	Sehenswürdigkeit	viel Sonne	Bademöglichkeit	Seilbahn	rollstuhlgeeignet
21	Reuthe - Bizau	leicht	7	45/45	2	✓	✓	✓			✓
22	Bizauer Barfußpfad	leicht	3,5	20/20	1	✓	✓				
23	Bizau - Schönenbach	mittel	8	340/80	2.30	✓	✓	✓			
24	Mellaubahn - Mellau	leicht	10,5	220/ 930	3.30	✓	✓			✓	
25	Schnepfau - Mellau	mittel	6,5	160/200	2	✓	✓				
26	Schoppernau - Au	mittel	5	60/110	1.30	✓	✓	✓	✓	✓	
27	Rund um Schoppernau	leicht	3,5	35/35	1	✓	✓	✓	✓		✓
28	Damüls - Sünser Spitze	schwer	10,5	630/630	4	✓	✓	✓	✓		
29	Kalbelesee - Schröcken	mittel	6,5	90/480	2.30		✓			✓	
30	Warth - Hochkrumbach	mittel	5	190/10	1.30	✓	✓	✓		✓	

Piktogramme erleichtern den Überblick

leicht · mittel · schwer

Weglänge in km · Höhenunterschied in Hm · Gehzeit in Std.

- Einkehr
- Sehenswürdigkeit
- viel Sonne
- Bademöglichkeit
- Seilbahn
- rollstuhlgeeignet

Alles, was Sie wissen müssen für Ihre Tour!

Der Bregenzerwald

Wer sich aufgrund des Namens ein großes, zusammenhängendes, vielleicht undurchdringliches Waldgebiet wie etwa den deutschen Spessart oder den Pfälzer Wald vorstellt, der wird zwar nicht enttäuscht (dafür ist die Landschaft viel zu schön), aber womöglich überrascht sein. Ein dschungelartiges Dickicht war der Bregenzerwald vermutlich ohnehin nie, aber über 800 Jahre Rodungsarbeit seit dem Mittelalter haben den Baumbestand zugunsten von Siedlungen und der Landwirtschaft natürlich reduziert – verschwunden ist er aber keineswegs. Und wir werden mehrfach darauf hingewiesen, wie wichtig gerade Holz für die Region noch immer ist. Der Bregenzerwald (gelegentlich findet sich auch die getrennte Schreibweise Bregenzer Wald) war und ist für die Einheimischen sowieso einfach nur »der Wald«, und seine Einwohnerinnen und Einwohner sind die »Wälder« (ohne »l«). Auch war das Gebiet über Jahrhunderte hinweg nur sehr lose über hohe Passwege an die namensgebende vorarlbergische Landeshauptstadt und ans Rheintal angebunden. Abgeschnitten oder rückständig war der Bregenzerwald dagegen nie, dort lebte eine große Gemeinschaft mit eigenem Selbstverständnis, die durchaus jeweils am Puls der Zeit war – oder diesen sogar vorgab (und bis heute vorgibt), man denke nur an die hiesige Architektur.

Ein »Muss« im Bregenzerwald

- mit dem Wälderbähnle fahren
- einen Heumilchkäse essen
- ein Buch von Franz Michael Felder lesen

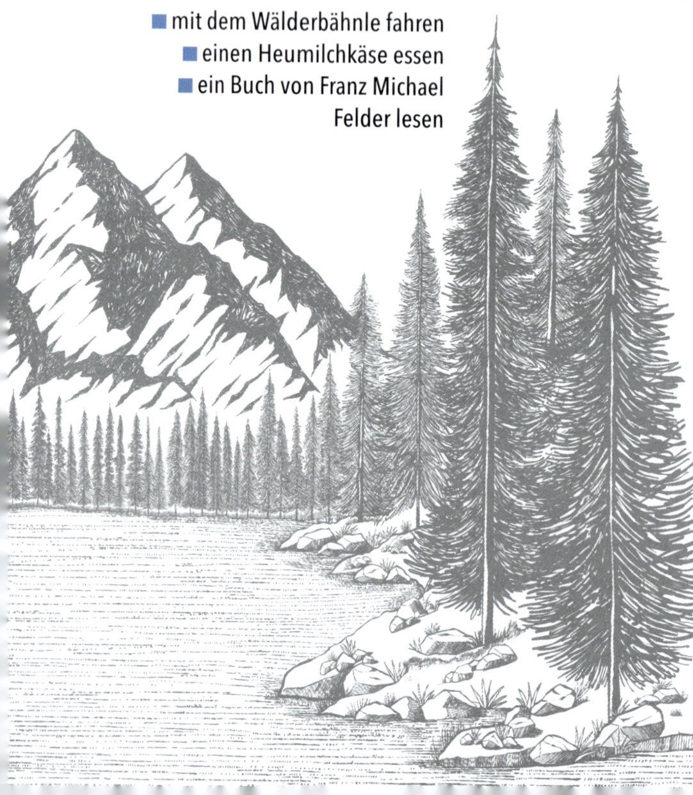

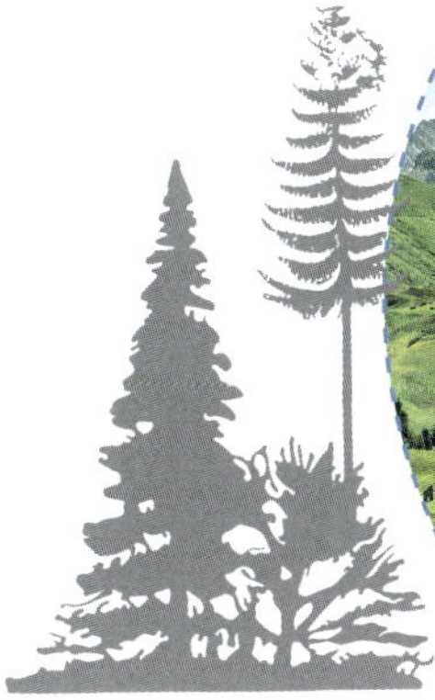

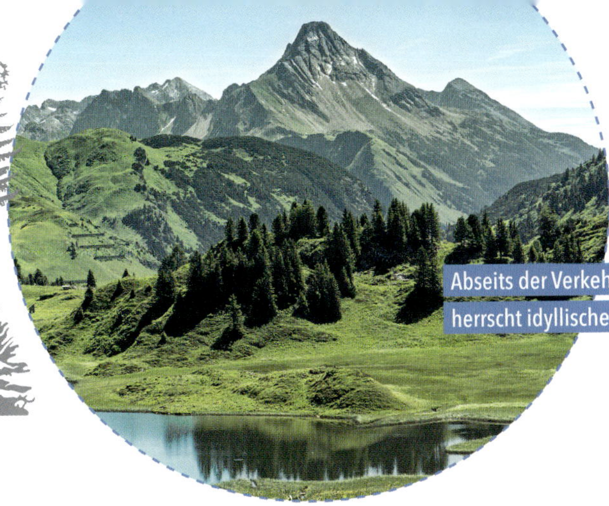

Abseits der Verkehrswege herrscht idyllische Ruhe.

Als eine für die Alpen typische Talschaft wird die Region zusammengehalten durch einen Fluss, die Bregenzer Ach, an dessen Ufern die vielen kleinen und größeren Dörfer liegen. 23 Gemeinden gehören offiziell dazu, es gibt keine einzige Stadt, keine Burg, keine riesigen Fabrikanlagen, keine Autobahn, statt der Bahn einen kleinen Museumszug, ein einziges kleines Kloster. Auch gibt es hier keine Getreideäcker und so gut wie keine Siloanlagen, Kühe, Pferde, Ziege grasen noch auf Weide und Alpe. Der Bregenzerwald ist eine Einheit in der Vielfalt und trotz touristischer Erschließung noch immer, zum Glück, eine kleine Welt für sich: eine Talschaft mit wunderschöner Landschaft und selbstbewussten, aber aufgeschlossenen Bewohnerinnen und Bewohnern.

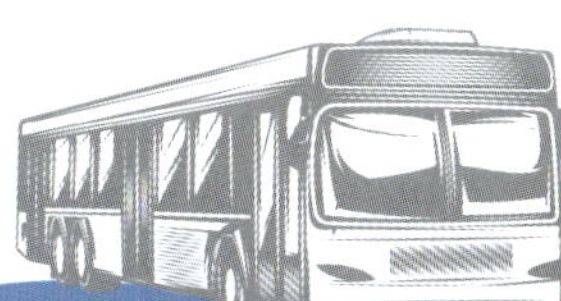

Bregenzerwald-Gäste-Card

Wer im Sommer länger als 3 Tage im Bregenzerwald mit Übernachtung verbringt, erhält automatisch und kostenlos, meist im Tourismusbüro des Gemeindeamts, die Bregenzerwald-Gäste-Card. Damit lassen sich nicht nur die Busse der Region und einiger Nachbargebiete sowie die Bergbahnen und Freibäder gratis nutzen, es gibt auch viele Vergünstigungen bei Veranstaltungen und Museen.

■ *bregenzerwald.at*

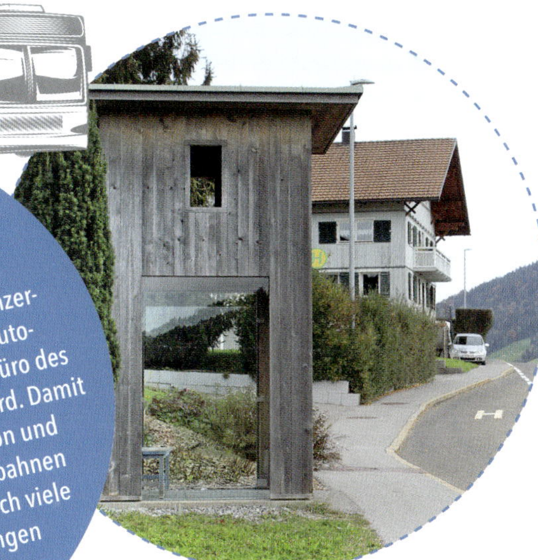

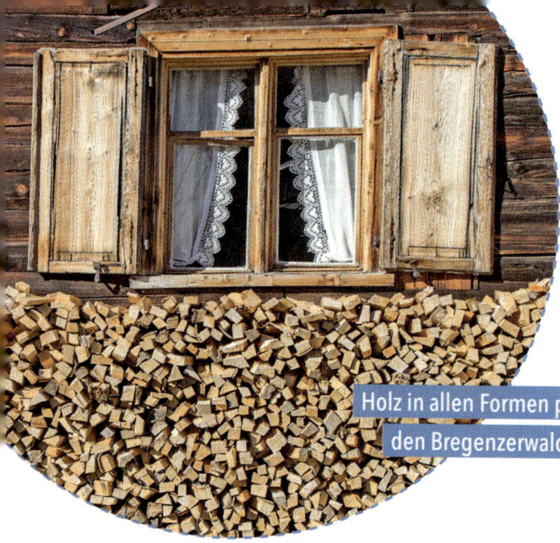
Holz in allen Formen prägt den Bregenzerwald.

Vorderer, Mittlerer und Hinterer Wald

Grob setzt sich der Bregenzerwald aus mehreren klar erkennbaren Regionen zusammen: zunächst dem nördlichen Vorderen Wald, der noch durch weite Flächen und hohe Hügel geprägt ist, eine voralpenländische Mittelgebirgslandschaft. Im Süden, unterhalb des Ach-Durchbruchs bei Bersbuch, beginnt der Hintere Wald, bestimmt durch die aufragenden Gipfel des Hochgebirges, das hier bis deutlich über 2500 Meter hinaufreicht. Dazwischen liegt der Mittlere Wald, eine weite Ebene um Egg, Schwarzenberg und Andelsbuch. Die Subersach, ein tief eingeschnittener Nebenfluss, war lange ein trennendes Hindernis zwischen den zwei bzw. drei Regionen und ist noch heute als Dialektgrenze erkennbar. Waren es einst die charakteristischen Holzbrücken, so sind es heute monumentale Stahlbetonkonstruktionen, die die Regionen verbinden.

Das Zusammengehörigkeitsgefühl ist bei aller lokalen Konkurrenz seit jeher gewachsen und gleichwohl gegeben. Wie erwähnt hatte man über Jahrhunderte hinweg aufgrund der Abgeschlossenheit zu Rheintal, Allgäu und Arlberggebiet, die nur über hochgelegene Saumwege wie das Furkajoch oder den Lorenapass erreichbar waren, wenig Verbindung zur Außenwelt – es entstand eine eigene Identität, die auch zu geschichtlichen Sonderentwicklungen führte.

Dieses Buch stellt alle 23 selbstständigen Gemeinden der Region vor, dazu die Orte, die anderen zugeordnet wurden, aber an sich ein eigenes Dorf darstellen, wie etwa Großdorf, Rehmen oder Müselbach. Und ein kleiner Abstecher ins deutsche Allgäu wird auch beschrieben.

Bregenzerwaldgebirge und Nagelfluhkette

Je nachdem, welches Fachgebiet man wählt (Geschichte, Geologie, Geografie), verschwimmt die scheinbar klare Regionenaufteilung doch wieder etwas (vgl. auch Tour 1 und den »Problemfall« Langen bei Bregenz), denn die historische und die moderne touristische Region Bregenzerwald sind nicht komplett identisch mit dem sogenannten Bregenzerwaldgebirge. Der Vordere Wald gehört zur Nagelfluhkette der Allgäuer Alpen, die über die Landesgrenze bis weit hinein nach Bayern reicht. Der Mittlere und der Hintere Wald sind – geologisch und offiziell definiert von den Alpenvereinen – das eigentliche Bregenzerwaldgebirge, das sich jedoch südlich bis ins Große Walsertal und westlich bis ins Rheintal ausdehnt. Um das Ganze noch etwas komplizierter zu machen, gehören die Gebirgszüge östlich von Au bereits zur Arlberggruppe, darunter Bregenzerwald-Klassiker wie der Diedamskopf und der Widderstein sowie die höchste Erhebung der Region, die Braunarlspitze (2649 m). Der berühmteste, markanteste und auch unheimlichste Berg der Talschaft, der buchstäblich seinen Schatten auf den Bregenzerwald wirft, ist die Kanisfluh, eine enorme und sagenumwobene Bergwand von 2044 Metern Höhe.

Allzu sehr verwirren lassen sollte man sich von dieser Einteilung für Experten aber nicht – wer durch den Wald reist, wird die Bergwelt auch einfach so genießen können und froh sein, dass er an einem Tag mal eher auf Hügeln, an einem anderen Tag ins Hochgebirge hinauf auf eine Bergspitze und am nächsten wiederum ganz gemütlich und halbwegs flach durchs Tal wandern kann. So richtig flach ist es in einer Alpenlandschaft natürlich nie, was bei Höhenunterschieden von knapp über 400 Metern auf Bodenseeniveau bis hinauf unter knapp 2650 Meter nicht verwundert.

Leben im Bregenzerwald

Besiedelt wurde der Bregenzerwald wohl erst nach dem Jahr 1000, vereinzelt aber mag der eine oder andere schon früher dort gelebt haben, denn bereits die Römer liebten die Region als Jagdgebiet, wie auch viele spätere Herrschaften. Es waren die lokalen Größen, die anfangs den Wald unter sich aufteilten, die Bregenzer Herzöge, die

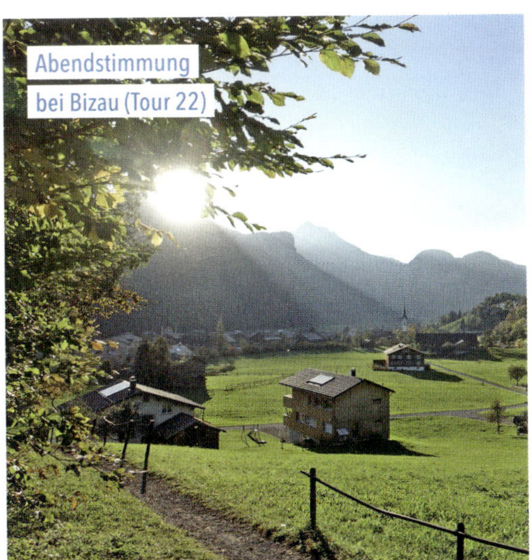

Abendstimmung bei Bizau (Tour 22)

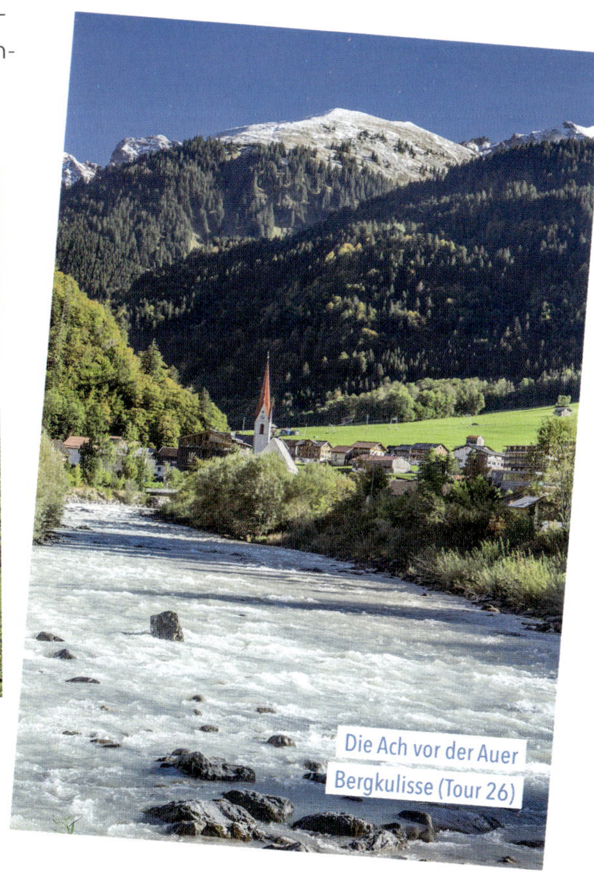

Die Ach vor der Auer Bergkulisse (Tour 26)

Klöster Mehrerau und St. Gallen und schließlich die Habsburger. Die einzelnen Dörfer wurden nach und nach gegründet, aber man blieb quasi unter sich. Die Oberherrschaft der abgelegenen Region blieb lose, im Hinteren Wald bildete sich die sogenannte Wälderrepublik heraus, eine Art halbautonome Versammlung der Einwohner mit demokratischen Zügen (auch wenn der Ausdruck Republik etwas sehr optimistisch ist), nachgewiesen seit 1522 und aufgelöst erst während der kurzzeitigen bayerischen Besatzung (siehe Tour 17). Für das Grundverständnis der Wälder ist diese Selbstständigkeit noch immer – zu Recht – bedeutsam. Es waren übrigens gerade die Frauen, die in mehreren legendären und nachgewiesenen Aufständen jegliche Versuche der Unterwerfung durch Fremdmächte abwehrten. Heute ist man Fremden gegenüber sehr aufgeschlossen. Auch wenn das Wälderbähnle nur noch sporadisch verkehrt – das aber durch ein hervorragendes Busnetz ersetzt wurde –, ist der Tourismus naturgemäß eine der wichtigsten Einnahmequellen.

Der Lebensunterhalt dagegen war früher stets ein Problem – aber eines, das erstaunlich kreative Lösungsmöglichkeiten hervorbrachte. Zu den eher negativen Begleiterscheinungen gehörten die Schwabenkinder, Bauerskinder, die mindestens für die Sommermonate in die wohlhabenderen Gebiete Oberschwabens abgegeben wurden, um dort versorgt zu sein und ein wenig Geld zu verdienen. Doch die Bregenzerwälder zogen auch aus, um ganz andere Fähigkeiten zu beweisen, waren sie doch überaus begabte Künstler. Ohne die Auer Zunft ist das Barockzeitalter nicht denkbar, Meisterwerke der Baukunst von St. Gallen bis zur Birnau sind Bregenzerwälder Künstlern wie Architekten, Malern und Bildhauern zu verdanken (siehe Tour 26). Der Wald selbst ist ohnehin ein Genuss für Architekturliebhaber. Holz ist natürlich das Baumaterial Nummer eins, und so entstanden über Jahrhunderte die wunderschönen charakteristischen Wälderhäuser, aber heutzutage auch ganz moderne Bauten; hier ist es gelungen, zeitgenössische Architektur hervorragend mit der Tradition und mit Rücksicht auf die Landschaft zu vereinen. Vorarlberg gilt Kennern als preisgekröntes Pioniergebiet zeitgenössischen Bauens, und der Bregenzerwald hat daran einen bedeutenden Anteil.

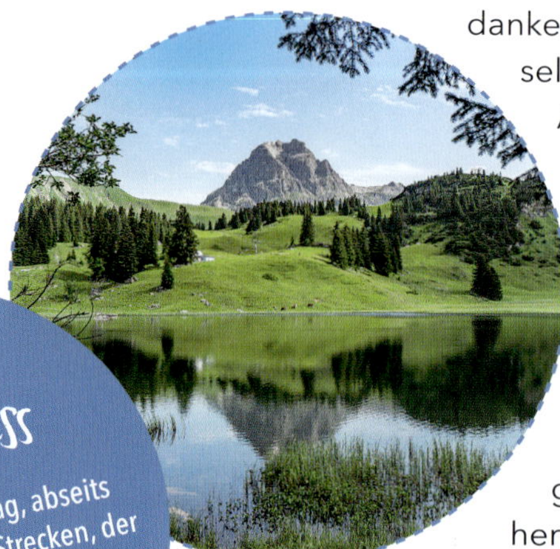

Einsamer Naturgenuss

Wer es lieber einsam mag, abseits der Dörfer und üblichen Strecken, der findet hier Ruhe und Erholung. **Tour 20 / Seite 112, Tour 24 / Seite 128 und Tour 30 / Seite 154**

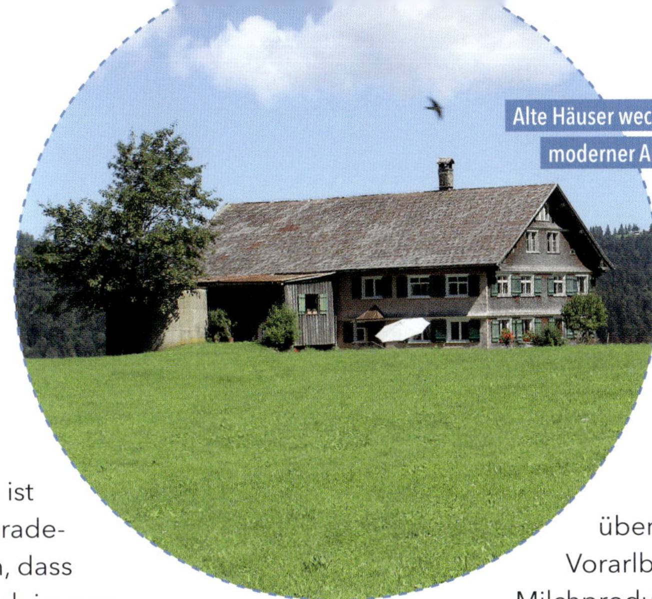

Zwei Punkte möchten wir noch herausheben. Die selbstbewussten Bregenzerwälderinnen haben wir schon erwähnt. Es ist wahrscheinlich geradezu charakteristisch, dass sie es sind, die noch immer ihre traditionelle Tracht, die Juppe, an Sonn- und Feiertagen mit Stolz tragen. Weit entfernt von Landzeitschriften- und Oktoberfestkitsch gehört auch für junge Mädchen die Ausstattung mit der eigenen Juppe zum Leben dazu. In Riefensberg kann man sich die Herstellung dieses Gewands zeigen und erklären lassen (siehe Tour 6). Eine inzwischen auch durch den Schutz der Kulturämter gewürdigte jahrhundertealte Tradition ist zudem die Bewirtschaftung des Bregenzerwalds im Dreierrhythmus, der die Arbeitszeiten, aber auch die Landschaft bis heute bestimmt: Im Winter wohnt die Familie mit ihrem oft nicht allzu großen Viehbestand auf dem Hof in einer der typischen Streusiedlungen um den Ortskern aus Kirche und Gemeindeamt. Im Frühjahr bis in den Juli hinein geht es dann mit Sack, Pack und den Tieren auf die Vorsäß, um dort die Weiden zu nutzen, meist in eine Hütte in 800–1200 Metern Höhe. Noch höher hinaus, auf die Alpe, zieht man im Hochsommer bis Mitte September und anschließend noch einmal für ein paar Wochen auf die Vorsäß, bis im Oktober dann das Leben im Dorf wieder beginnt. Der Bregenzerwald liefert noch heute über 50 Prozent der Vorarlberger Milch und Milchprodukte, darunter den ebenso legendären wie einfach nur unglaublich leckeren Bergkäse aus Heumilch.

Wandern im Bregenzerwald

Wie bereits erwähnt, bietet eine Alpenregion wenige ganz flache Strecken, und kleinere bis sehr lange anstrengende Anstiege und Abstiege lassen sich kaum vermeiden. Dennoch stellen wir im Folgenden einige Touren vor, bei denen es tatsächlich kaum Höhenunterschiede gibt und die auf sehr bequemen breiten Wegen im Tal, meist im Umfeld einer Gemeinde, verlaufen, etwa um Bezau, Bizau oder Schoppernau. Hier ist dann zumeist (siehe Tourenfinder) auch ein Befahren mit dem Rollstuhl gut möglich. Das gilt an sich ebenso für einige Strecken mit deutlichem Profil, wenn man einen kräftigen Begleiter hat (etwa bei Tour 24). Eine extrem lange Strecke wird zwar nicht explizit vorgestellt, aber in einer überschaubaren Region wie dem Bregenzerwald kreuzen sich hin und wieder die Wege, und wer möchte, kann deshalb einige der Touren kombinieren, um mehr Länge zu erreichen. Umgekehrt ermöglicht dies auch hin und wieder Abkürzungen. Ohnehin müssen Sie sich natürlich keineswegs sklavisch an die Vorgaben halten – Sie selbst können sich und Ihre Möglichkeiten und Ihre Tagesform am besten einschätzen und danach die Touren wählen.

Wir starten am …

Im Bregenzerwald mit seinen weit verstreut liegenden Dörfern sind das oft gut sichtbare Gemeindeamt oder die Kirche ebenso das natürliche Zentrum wie auch die geeignetsten Ausgangspunkte unserer Touren, da dort für gewöhnlich immer Bushaltestellen und/oder Parkplätze zu finden sind. Der Bus ist im Übrigen das beste Verkehrsmittel im Bregenzerwald, denn das Netz ist hervorragend ausgebaut und wird immer weiter optimiert; Umstiege sind aufeinander abgestimmt, und die Strecken werden verlässlich und mit hoher Frequenz bedient – dies gilt auch für die abgelegeneren Ortschaften (siehe Tipp).

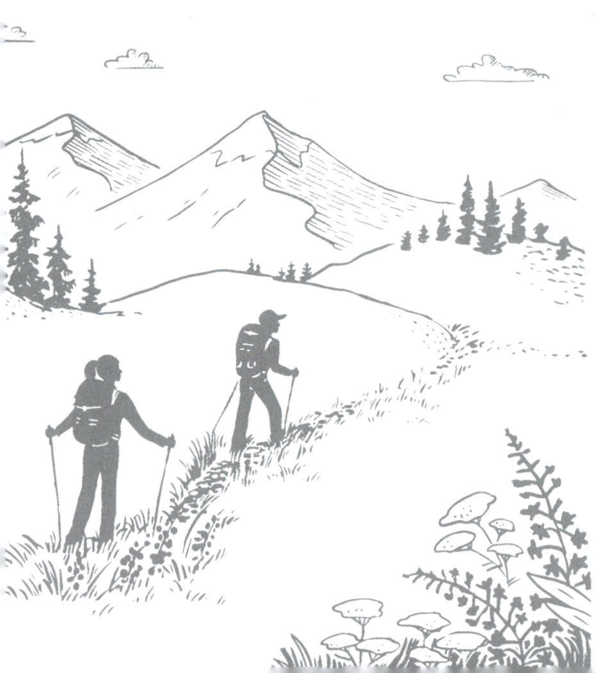

Da wir bei einigen Touren die Grenze nach Deutschland überqueren, sollten Sie Ihre Ausweispapiere dabeihaben, der Grenzübertritt wird im »Tourencharakter« gesondert erwähnt. Unsere Touren sind durchnummeriert, doch es versteht sich von selbst, dass die Lese- nicht der Laufrichtung entsprechen muss – je nachdem, wo Ihre Ausgangsstation ist, starten Sie nach Belieben, ob bei Tour 14 oder 25, und gehen danach zu 7 oder 22, wie es Ihnen gefällt.

Wanderzeiten und Schwierigkeitsgrade

Die angegebenen Zeiten sind jeweils sehr großzügig bemessen, geübte Wanderer werden diese mit Sicherheit des Öfteren unterschreiten. Es handelt sich dabei um reine Laufzeiten, d. h., berücksichtigt sind lediglich Pausen für eine kurze Rast oder den Aufenthalt etwa an einem Aussichtspunkt. Umgekehrt sind die Längen der einzelnen Touren so gestaltet, dass sie meist über ein paar Stunden nicht hinausgehen und so leicht zum Tagesausflug mit ausgedehntem Aufenthalt in einer gemütlichen Einkehr oder im Museum, mit einer Rast auf einem Berg oder beim Baden ausgeweitet werden können (und sollen).

Die Einstufung von »leicht« bis »schwer« ist stets etwas subjektiv, objektiv bemisst sie sich aber nach den An- und Abstiegen, der Wegbeschaffenheit und der Länge der Tour. Dabei ist zu berücksichtigen, dass, wie schon mehrfach erwähnt, die Ausgangslage im Bregenzerwald bereits gewisse Ansprüche an Wanderer stellt: Auch eine leichte Tour im Bregenzerwald beinhaltet hin und wieder einen spürbaren Anstieg, ohne geht es in dieser Bergregion fast nicht; dieser ist dann aber auf bequemen Wegen bewältigbar und nicht allzu lange. Dementsprechend weisen mittelschwere Touren oft längere oder mehrere An- und Abstiege auch mal auf Pfaden auf. Zwei der schweren Touren führen auf Felspfaden ins Hochgebirge und erfordern alpine Erfahrung, Trittsicherheit und Schwindelfreiheit; hier werden zudem steile, schwierige Bergpfade beschrieben – nicht verlangt werden aber Kletterkünste (also blau markierte Touren, siehe unten).

Die Angabe »160 Hm« bezieht sich auf das Gesamtprofil (also zwischen höchstem und niedrigstem Punkt der Tour) und ist nicht aufaddiert, was folglich auch bedeuten kann, dass es zum Beispiel mehrere Anstiege gibt. Gleichwohl sind die hier beschriebenen schweren Touren für einen geübten Freizeitwanderer immer gut bewältigbar.

Stets zu berücksichtigen sind gerade in den Bergen die Witterungsverhältnisse und der entsprechende Hinweis in der Kurzcharakteristik der Strecke.

Vorarlberger Farben

Die offizielle Einteilung der Wanderwege in Vorarlberg in leichte Wanderwege (gelbweiß markiert), Bergwanderungen (weiß-rot-weiß markiert) und alpine (Kletter-)Steige (Achtung, blau markiert!) ist verlässlich und eine gute Orientierung. Die hier als blau und damit schwierig kategorisierten Wege kommen in unserem Buch nicht vor. Wir verlassen nie offizielle Wanderwege, die auf Karten und den Wegweisern markiert sind. Das Umherschweifen in der Natur ist ohnehin tabu, nicht nur, weil wir uns des Öfteren durch geschützte Gebiete bewegen, sondern weil das Verlassen der Wege in den Bergen oft gefährlich sein kann. Die Wegweiser und Markierungen sind in den meisten Fällen gut sichtbar und zielführend, selten muss man einen zweiten Blick riskieren, um die Markierung zu erkennen, die auch mal weiter entfernt gegenüber, auf einer Stange in der Wiese oder als Bemalung auf einem Felsblock, auftauchen kann. Eine klassische Wanderkarte ist trotzdem Pflicht für Zweifelsfälle und zur größeren Orientierung! Anders als Smartphone-Apps fällt sie im Gebirge mangels Empfangs auch nicht aus. Und dann sind da ja noch unsere Wegbeschreibungen im Buch …

Kartentipps

- Eine verlässliche (und wetterfeste) Karte »Bregenzerwald« im Maßstab 1:35 000 bietet der Schweizer Verlag Kümmerly+Frey. Manko: Es fehlten der Nordzipfel um Sulzberg und der Westen mit Schröcken und Warth.
- Die Kompass-Karte Nr. 292 »Vorarlberg« im Maßstab 1:50 000 umfasst das gesamte Bundesland (und damit den kompletten Bregenzerwald); sie besteht aus zwei leider etwas unhandlichen Teilen.
- Für den Norden bis zur Linie Alberschwende–Hittisau eignet sich zudem die vom Bayerischen Landesvermessungsamt herausgegebene Karte UK50-45 »Lindau/Naturpark Nagelfluhkette« im Maßstab 1:50 000.

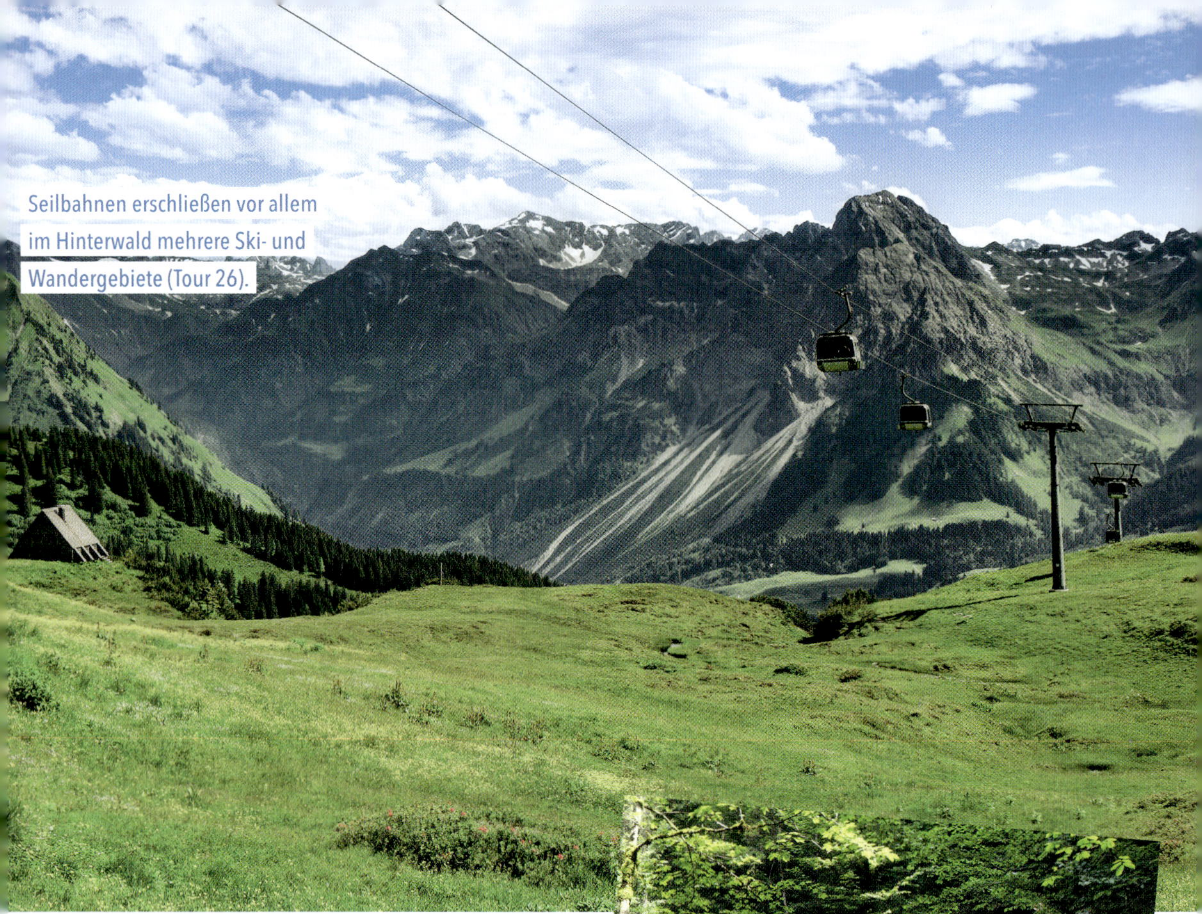

Seilbahnen erschließen vor allem im Hinterwald mehrere Ski- und Wandergebiete (Tour 26).

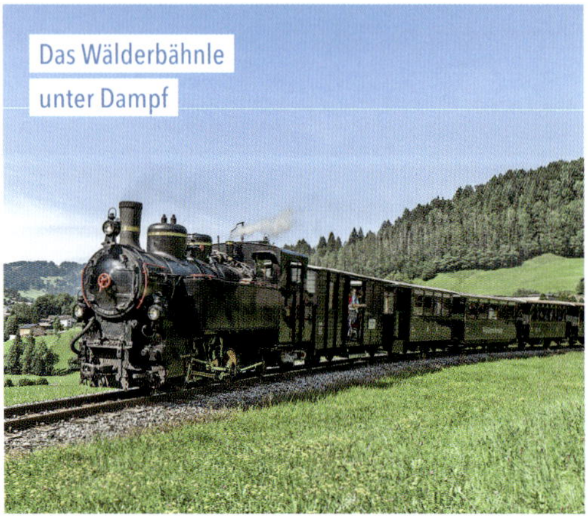

Das Wälderbähnle unter Dampf

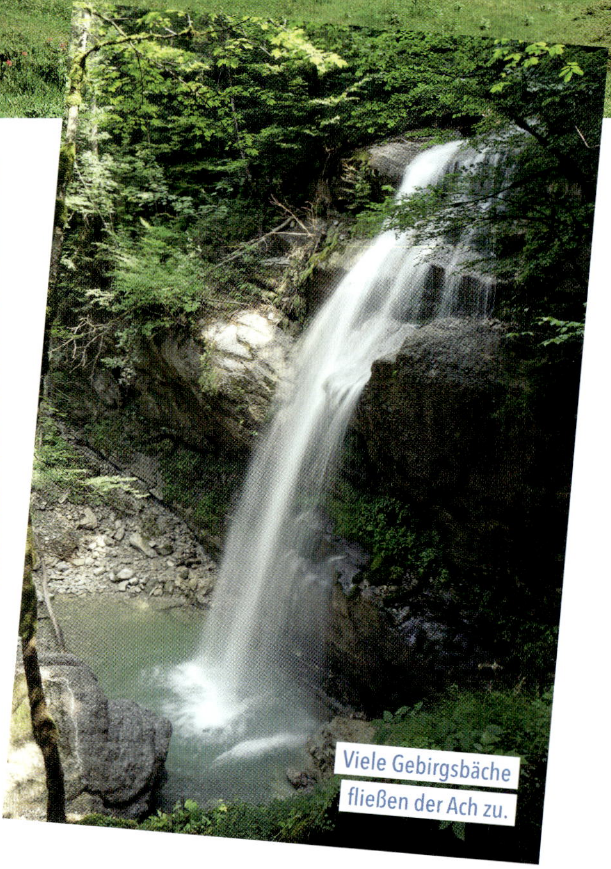

Viele Gebirgsbäche fließen der Ach zu.

Die Wege bieten alle Varianten: von breiten Wald- und Forstwegen über steile, enge und wurzelige Trampel-, Geröll und Felspfade, von (zum Glück eher seltenen) Gehsteigen neben Autostraßen bis hin zu sehr einsamen und stillen Täler- und Tobelwegen. Besonders schwierige Abschnitte sind extra erwähnt, insbesondere in Hinsicht auf ihre Begehbarkeit bei und nach Niederschlägen. Berücksichtigen sollte man jedoch gerade bei höher gelegenen Touren, dass die Wegbeschaffenheit schnell wechseln kann: Soeben noch auf einem breiten Waldsträßchen dahinflanierend, geht es urplötzlich auf engstem Raum auf einem kurvigen Steig hinauf oder hinab, wo Gebirgserfahrung grundsätzlich vorausgesetzt wird. Rote Markierungen trifft man hin und wieder (etwa bei Tour 18) auch an scheinbar harmlosen, geteerten Wegen: Der Grund ist dann eine hohe Steilheit, die auf Dauer recht anstrengend ist.

Internetadressen

- bregenzerwald.at: Vorstellung aller Gemeinden, aktuelle Veranstaltungen, Unterkünfte, Tipps etc.
- vorarlberg.travel: für das gesamte Bundesland Vorarlberg, mit vielen Infos zum Bregenzerwald
- regiobregenzerwald.at: alle wichtigen aktuellen Infos der beteiligten Gemeinden
- nagelfluhkette.info: Hier präsentiert sich der Naturpark, der Teile des Allgäus und des Vorderen Bregenzerwalds umfasst.
- kaesestrasse.at: Vorstellung der Käsestraße Bregenzerwald mit kulinarischen Produkten, Standorten und Angaben zu Führungen etc.
- vmobil.at: ÖPNV-Seite für Vorarlberg mit allen Strecken, Tarifen, mit Verbindungssuche und der aktuellen Lage

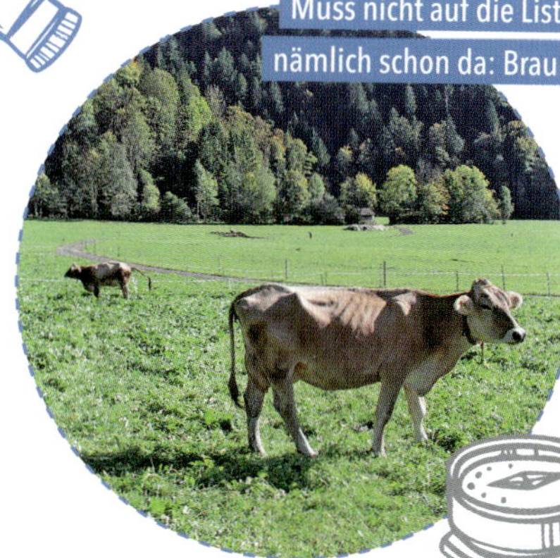

Muss nicht auf die Liste, ist nämlich schon da: Braunvieh.

Checkliste

Das sollten Sie dabeihaben:

- Wanderschuhe ✓
- Wanderkarte ✓
- Rucksack ✓
- Erste-Hilfe-Set ✓
- Warme Kleidung (in Frühjahr, Herbst und Winter) ✓
- Ausweis (bei Grenzübertritt) ✓
- Regenschutz ✓
- Wasserflasche/Getränk ✓
- Proviant ✓
- Sonnenschutz ✓
- Insektenschutz (gegen Zecken und Stechmücken) ✓
- Geld ✓
- Taschentücher ✓
- Uhr ✓
- Schreibzeug ✓
- Handy ✓
- Wechselkleidung ✓
- Taschenmesser ✓
- Busfahrplan Landbus Bregenzerwald ✓
- ggf. Wander-, Trekkingstöcke ✓
- Fernglas ✓
- Fotoapparat ✓
- evtl. Taschenlampe ✓
- Kulturbeutel (für Übernachtungen) ✓

Bergab-Touren

Einige Strecken führen von hohen Punkten (fast) nur bergab, doch wie wir als erfahrene Wanderer wissen, macht das die Sache manchmal nicht einfacher – aber schneller als bergauf allemal.

Von Sulzberg nach Thal (Seite 28)
Von der Niedere nach Bezau (Seite 104)
Vom Kalbelesee nach Schröcken (Seite 150)

Bergauf-Touren

Wer's lieber andersherum mag und Steigungen liebt, der dürfte sich auf diesen Strecken wohlfühlen – schließlich sind wir im Gebirge, schwitzen gehört dazu und wird mit großartigen Aussichten belohnt:

Von Alberschwende zum Lorenapass (Seite 38)
Von Reuthe auf das Känzele (Seite 112)
Auf die Sünser Spitze (Seite 144)

UNSERE BESTEN TOUREN Highlights

Üblicherweise und der Einfachheit halber beschreibt man Wanderungen von einem Ort zum anderen, hier geht's los, dort kommt man an. Das hat natürlich seinen Sinn, aber viele Touren sind mehr als nur die Verbindung zweier Punkte in schöner Landschaft. Darum hier einige Extras …

Wasser marsch!

Die Bregenzer Ach und ihre Nebenflüsse beherrschen die Täler – und wer Nässe nicht scheut, ist auf diesen Touren genau richtig. Nur nicht bei Regen!

Von Alberschwende zur Bregenzer Ach (Seite 34)
Durch die Engenlochschlucht (Seite 50)
Von Egg nach Müselbach (Seite 68)

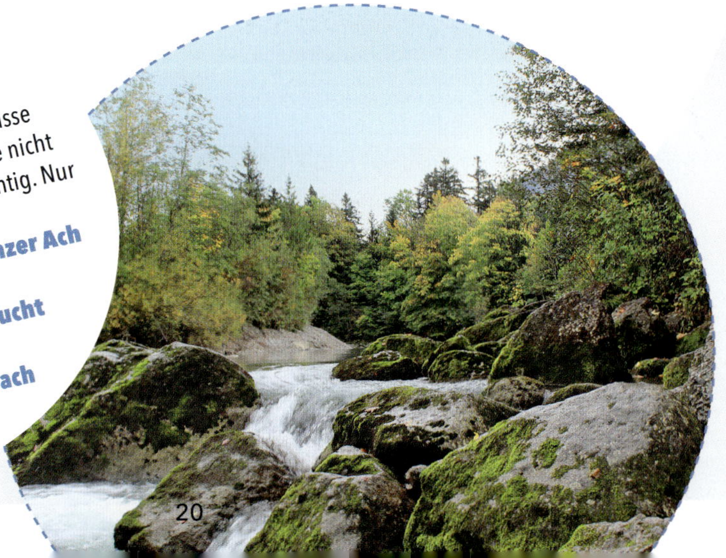

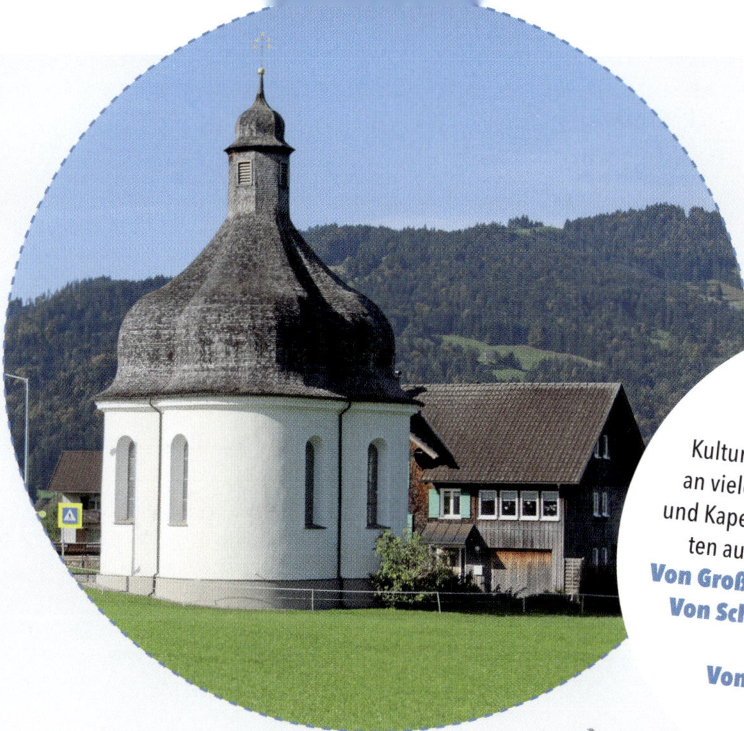

13, 14, 26

Kunstgenuss

Kultur erwandern ist im Bregenzerwald an vielen Orten möglich, schöne Kirchen und Kapellen und interessante Museen warten auf (kunst)historisch Interessierte.

Von Großdorf nach Lingenau (Seite 78)
Von Schwarzenberg zur Theresienkapelle (Seite 82)
Von Schoppernau nach Au (Seite 136)

Reichhaltiges Käseglück – immer und überall

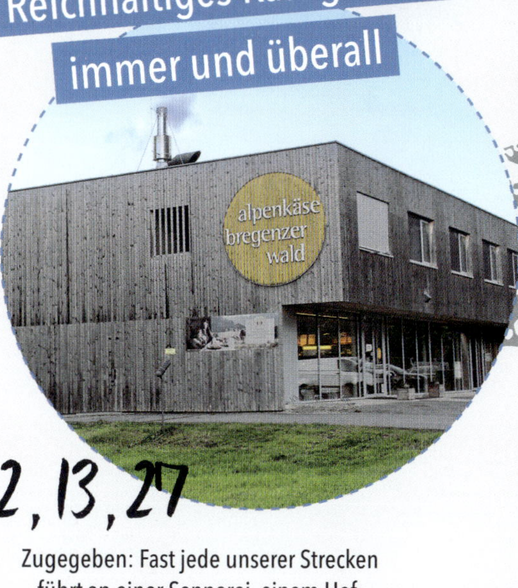

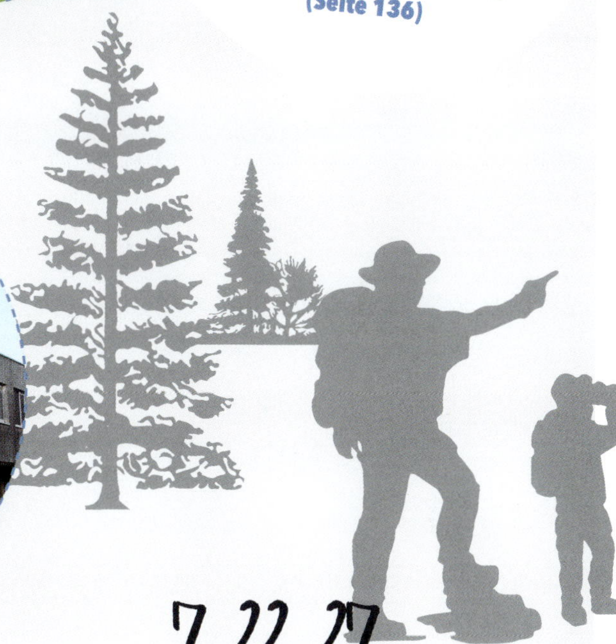

2, 13, 27

Zugegeben: Fast jede unserer Strecken führt an einer Sennerei, einem Hof- oder Käseladen vorbei – der Bregenzerwald ist eben Käseland!

Von Sulzberg nach Thal (Seite 28)
Von Großdorf nach Lingenau (Seite 78)
Rund um Schoppernau (Seite 140)

7, 22, 27

Enkelspaß

Wenn auch die Jüngsten mit dabei sind, lohnen sich Ziele wie die Engenlochschlucht, der Wälderspielplatz bei Schoppernau oder der Barfußpfad Bizau.

Durch die Engenlochschlucht (Seite 50)
Am Bizauer Barfußpfad (Seite 120)
Rund um Schoppernau (Seite 140)

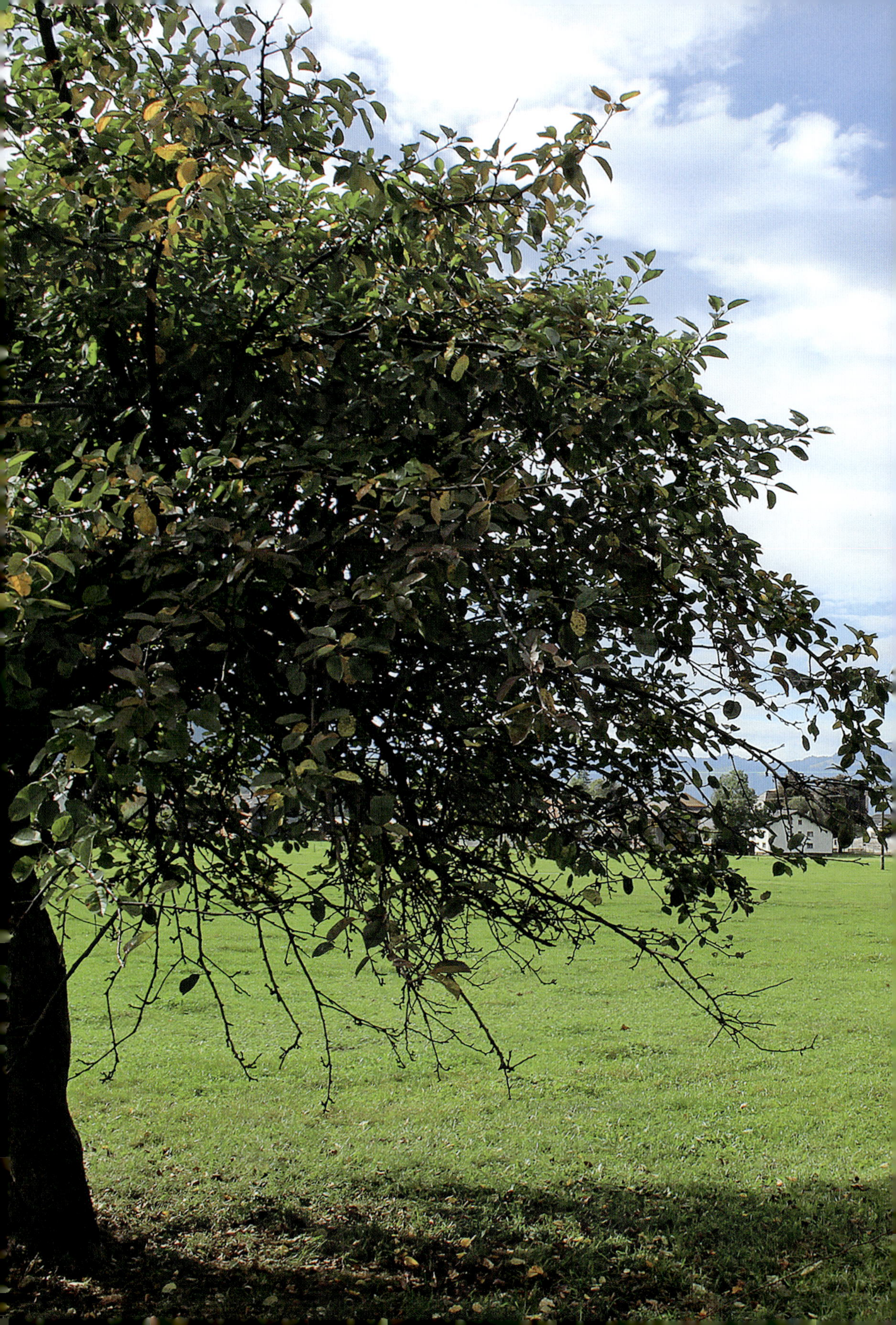

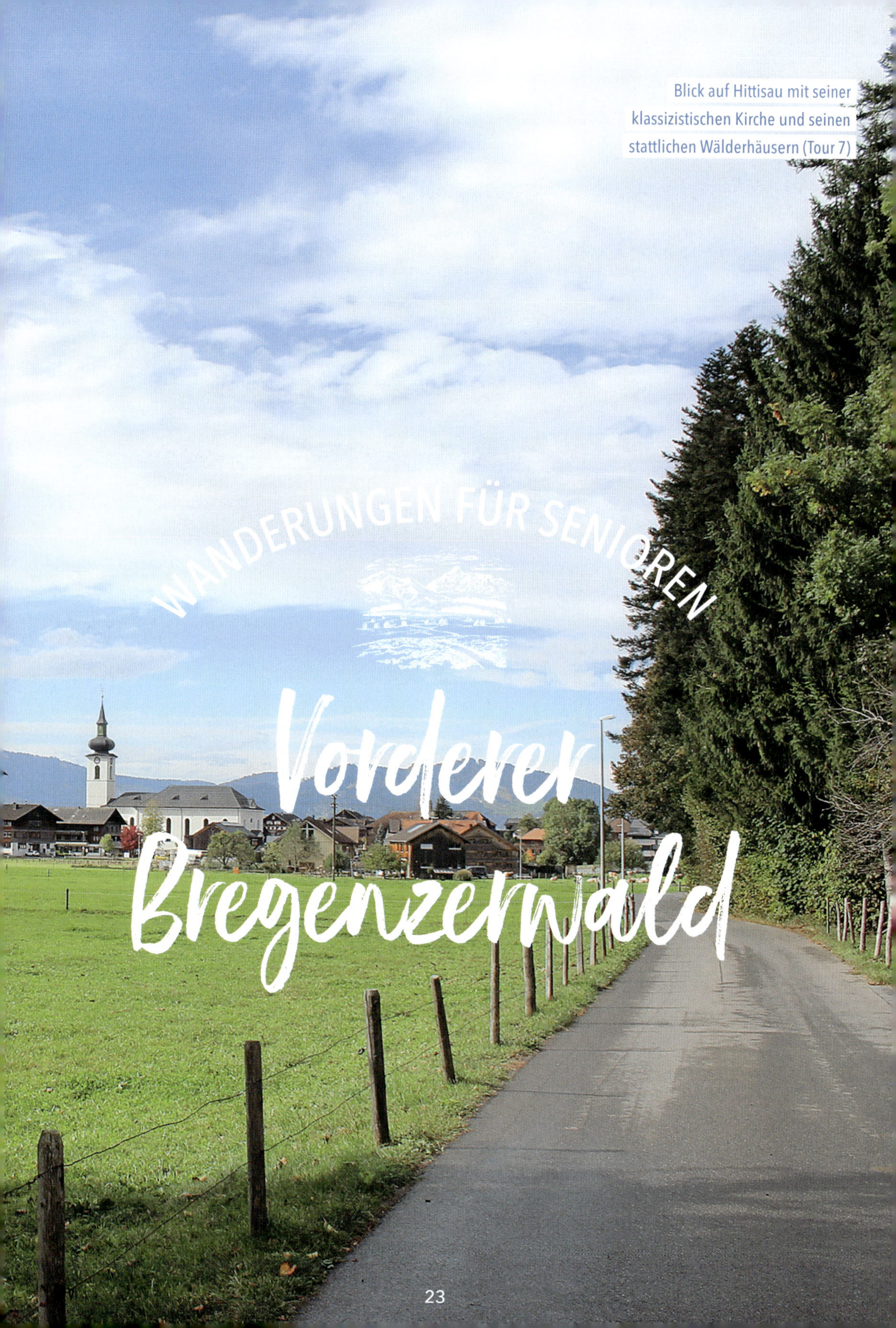

Blick auf Hittisau mit seiner klassizistischen Kirche und seinen stattlichen Wälderhäusern (Tour 7)

WANDERUNGEN FÜR SENIOREN

Vorderer Bregenzerwald

HINTER DEM PFÄNDER

1

Von Langen nach Stollen

Langen steht zu Recht am Beginn unserer Reise durch den Bregenzerwald, auch wenn es sich in einer Art »Zwischenwelt« befindet: nicht mehr Rheintal, aber auch noch nicht ganz Bregenzerwald.

Die Frage »Sind wir schon da?«, die gern von ungeduldigen Kindern vom Autorücksitz oder auch von manch müdem Wandergenossen auf einer anstrengenden Tour gestellt wird, lässt sich auf die Lage unseres Ausgangspunkts Langen übertragen. Sind wir (wirklich) schon da? Nämlich im Bregenzerwald? Diese Standortdiskussion verfolgt Langen schon seit jeher, und genau genommen ist das bis heute auch noch keineswegs eindeutig geklärt.

Nördliches Eingangstor

Es ist wirklich nicht einfach: Geologisch gehört Langen zu den Allgäuer Alpen – was allerdings für viele Orte des Vorderen Walds und zum Beispiel auch für den Pfänder gilt. Geografisch wurde der Ort meist dem Vorderen Rheintal zugeordnet, da die Zuständigkeit für Langen früher dort lag und nicht etwa bei den Bregenzerwälder Gerichtsbezirken. Die Argumente auf der Gegenseite haben allerdings auch einiges für sich: Langen liegt über der Bregenzer Ach, die Bäche der Gemeinde fließen zu ihr hin, und dieses wird – siehe Einleitung – für gewöhnlich als Kriterium der Zugehörigkeit zur Talschaft gesehen. Tatsächlich geht die Orientierung des Dorfs immer mehr in Richtung Bregenzerwald, man gehört dem dortigen Regio-Verbund an, der Käsestraße und auch dem Werkraum. Letzten Endes ist es wohl gar nicht so wichtig, ob man nun die 23. Gemeinde der Talschaft ist oder nicht, denn unzweifelhaft stellt Langen das nördliche Eingangstor zum Bregenzerwald dar und fühlt sich ihm selbst mehr und mehr zugehörig. Was vielleicht auch daran liegen mag, dass man über Jahrhunderte hinweg sozusagen zwischen den Welten recht einsam war: Eine sehr einfache Straßenverbindung ins Rheintal gab es erst seit Kaiserin Maria Theresias Zeiten um 1760, und Richtung Weiler im Allgäu verlängert und ausgebaut wurde sie erst Anfang des 20. Jahrhunderts. Auch eine Klostergründung 1422 am Hirschberg ging schief: Ein Blitz traf den Konvent, und die Nonnen sahen dies als schlechtes Omen an und zogen nach wenigen Jahrzehnten hinunter ins Rheintal. Immerhin wurde man 1565 kirchlich unabhängig und musste dank einer eigenen Pfarrei nicht mehr nach Bregenz zum Gottesdienst. Rund um den Dorfkern mit Kirche bildete sich das kleine Zentrum, ansonsten verteilt sich Langen in

Literaturtipps

Beim »Einstieg« in den Bregenzerwald helfen einige Bücher, die sich mit verschiedenen Aspekten der Talschaft beschäftigen:

- Alois Niederstätter: »Wäldar ka nüd jedar sin!« (Universitätsverlag Wagner, 2020) – reich bebilderter Überblick über die Geschichte des Bregenzerwalds
- Georg Sutterlüty: »Bregenzerwald-Lesebuch« (unartproduktion, 2012)
- Franz Michael Felder: »Aus meinem Leben« – Autobiografie als (angenehme) Pflichtlektüre (siehe Tour 27)
- Benedikt Grimmler: »Wander-Geheimtipps Bregenzerwald« (J.Berg Verlag, 2021) – für alle, die noch mehr wandern möchten

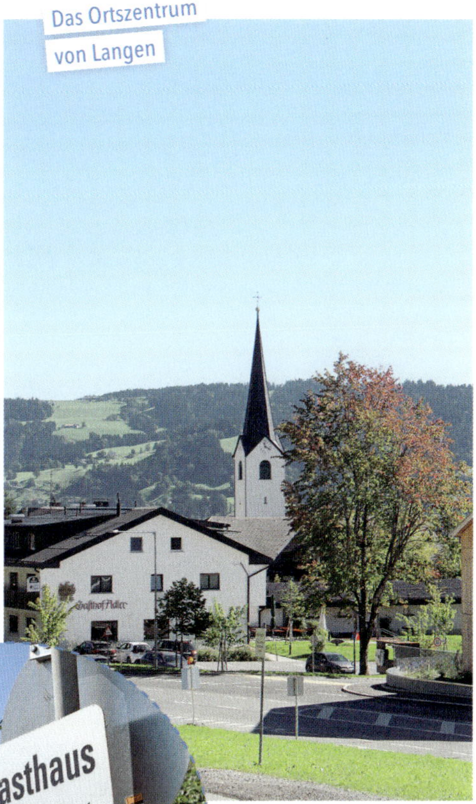

Das Ortszentrum von Langen

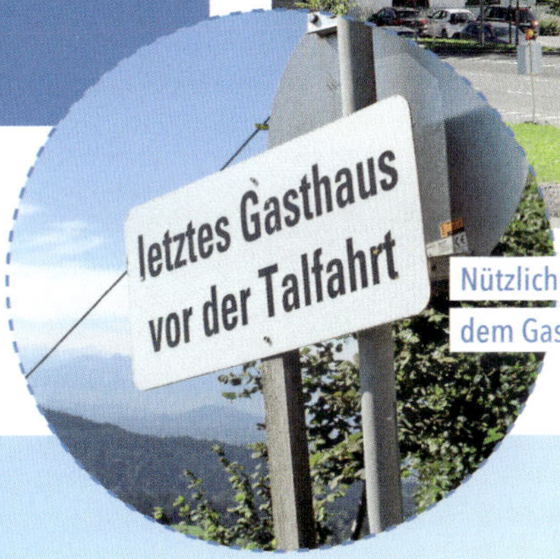

Nützlicher Hinweis vor dem Gasthaus Stollen

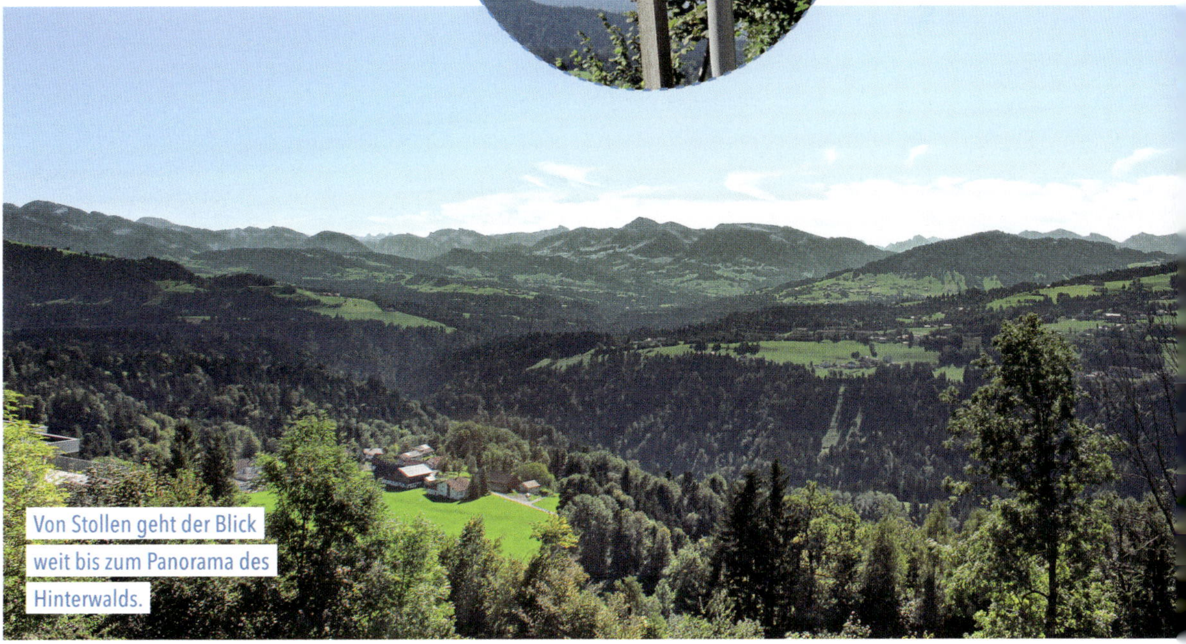

Von Stollen geht der Blick weit bis zum Panorama des Hinterwalds.

Langen präsentiert sich als nördliches Tor zum Bregenzerwald.

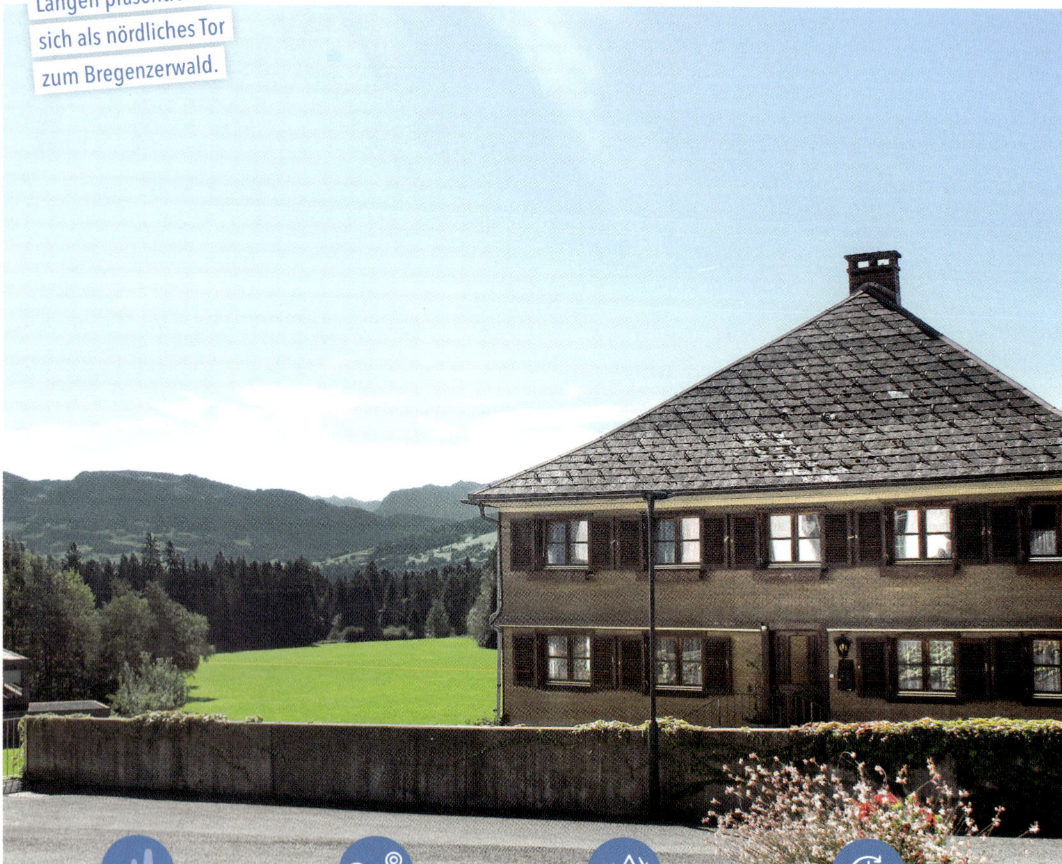

leicht | 4,5 km | 130/130 Hm | 1.30 Std.

Auf einen Blick

Tourencharakter
Sehr einfache und bequeme Tour mit sanftem Anstieg auf Teerwegen. Für den Rückweg wird zusätzlich eine etwas schwierigere Alternative angeboten.

Ausgangs-/Endpunkt
Langen, Kirche
GPS: 47.508476, 9.830078

Höchster Punkt
Stollen, Kapelle (790 m)

Anfahrt
ÖPNV: Vom Bahnhof Bregenz weiter mit Bus 820 nach Langen
Auto: A 14 (Rheintalautobahn) bis Ausfahrt Bregenz und weiter auf der L 2 nach Langen

Einkehr
Gasthaus Stollen und in Langen

Weitere Informationen
langen.at

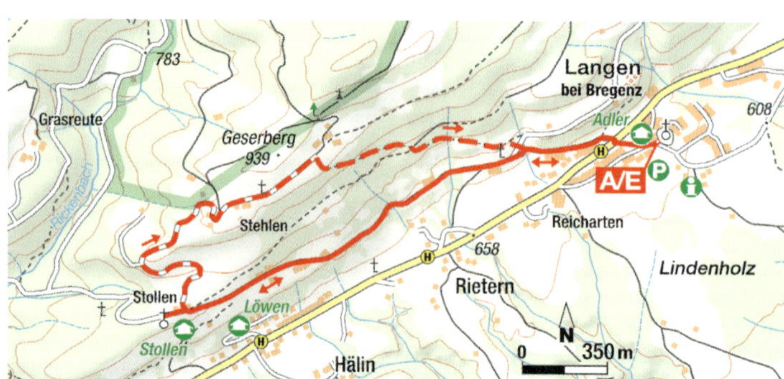

kleine Siedlungen auf dem gesamten Gebiet hinter dem Pfänder bis zur deutschen Grenze.

Stollener Wallfahrtsziel …

Wir starten unsere Tour in Langen an der Kirche, deren Bau auf einen im 19. Jahrhundert stark veränderten Vorgänger zurückgeht; im Inneren sind noch einige Ausstattungsstücke der Barockzeit zu sehen. Vom Vorplatz aus laufen wir rechts hoch zur Landstraße, nutzen beim Spar-Markt den Zebrastreifen, um diese zu queren, und gehen dann gegenüber bei der Bushaltestelle scharf links den Berg hinauf. Die Orientierung fällt leicht, bleiben wir doch immer auf diesem Landsträßchen nach Stollen und halten uns damit stets geradeaus. In einem kurzen Waldstück kommen wir an einem kleinen Wasserfall vorbei, und schon bald ist der Weiler Stollen zu sehen. Hinter dem dortigen Gasthaus besuchen wir die beiden benachbarten Kapellen: Die kleine hölzerne wurde 1933 aufgrund eines Gelübdes von Anwohnern errichtet. Da sie zum gern besuchten Ziel von Wallfahrern wurde, entschloss man sich 1950 zu einem größeren Neubau gleich nebenan, der vor allem durch seine stimmungsvollen Glasfenster beeindruckt.

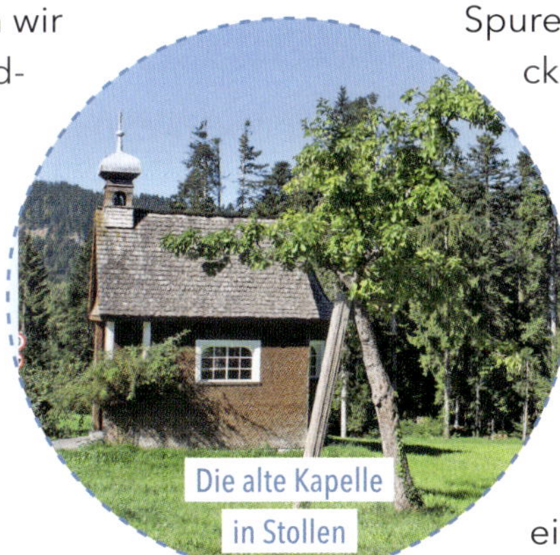

Die alte Kapelle in Stollen

… und Bergbau

Wer beim Namen Stollen an Bergbau (und nicht an Weihnachten) denkt, hat durchaus recht, wie auch das Wappen am Gasthaus bestätigt: Nach ersten Versuchen im 18. Jahrhundert wurde rund um den Pfänder einige Jahrzehnte lang professioneller Abbau von Braunkohle mit einem Schwerpunkt in Stollen betrieben. Allerdings erlangte der örtliche Bergbau nie große Bedeutung und unterlag vielen Schwankungen, denn die Vorkommen waren zu gering und nicht von bester Qualität. Hauptsächlich wurden damit die Region und die Bodenseeschifffahrt versorgt; das Geschäft lief von der Mitte des 19. Jahrhunderts bis in die 1920er-Jahre, mit mehreren zwischenzeitlichen Stilllegungen und Wiederbelebungen in Krisenzeiten. Um die Spuren der Kohlezeiten zu entdecken, bedarf es eines genauen Auges, doch der Name Stollen wird natürlich auf immer daran erinnern.

Rückwegvariante

Für den Rückweg können wir das uns schon bekannte Sträßchen wählen. Als eine etwas schwierigere Alternative bietet sich ein Bogen über den Wald an: Dazu biegen wir gegenüber dem Gasthaus Stollen nach links hinauf ab und folgen der roten Markierung (»Langen Waldweg«). Anfangs wandern wir einen Forstweg entlang, von dem jedoch nach einiger Zeit rechts ein Waldpfad abzweigt, der uns bis Langen führen wird. Im scharfen Zickzack führt er uns auf einem engen, teils steilen Trampelpfad bis kurz vor das Ortszentrum. Die letzten Meter laufen wir dann auf der Teerstraße hinunter nach Langen.

UNGLEICHE DORFGESCHWISTER

2

Von Sulzberg nach Thal

Zwei besondere Dörfer bilden bis heute eine Gemeinschaft. Sulzberg hat eine wunderbare Lage auf einem Bergrücken, Thal eine bemerkenswerte Entstehungsgeschichte.

Dass Sulzberg auf einem Sattel sitzt, ist eine recht treffende Metapher. Das Dorf liegt exakt auf dem First des gleichnamigen Höhenzugs, und da wir uns auf knapp über 1000 Meter Höhe befinden, ermöglicht dies nicht nur einen Blick auf Sulzberg von überall aus der Umgebung, sondern auch die Aussicht vom Ort selbst ist fantastisch: Der Blick schweift südlich bis tief in den hinteren Bregenzerwald, und dreht man sich um, genießt man auf der anderen Seite das Panorama des sich ausbreitenden Allgäus.

Wertvolle Kleinode

Es verwundert also nicht, dass der zentrale, großzügige Dorfplatz von gleich mehreren Gastwirtschaften umgeben ist, wo vor allem im Sommer reger Ausflugsbetrieb herrscht. Im Westen bildet die Pfarrkirche den Abschluss des Platzes. Niemand Geringeres als Alois Negrelli, bekannt als Architekt von Eisenbahnlinien und Großprojekten (der nicht nur in Vorarlberg für zahlreiche Bauten, sondern u. a. auch für den Entwurf des ägyptischen Suezkanals verantwortlich war), schuf 1828 diese Kirche mit integriertem altem gotischem Chor als zentralem Punkt – im nördlichen Bregenzerwald ist ihr Zwiebelturm weithin sichtbar. Der benachbarte ehemalige Pfarrhof (18. Jh.) ist ein besonders schönes Bregenzerwälder Exemplar und dient heute als Gemeindehaus. Neben ihm steht die Marienlinde. Der gut 400 Jahre alte Baum birgt in einer Spalte seit dem Ersten Weltkrieg eine Marienstatue.

Hinter der Schule und dem Kindergarten findet sich mit der Leonhardskapelle noch

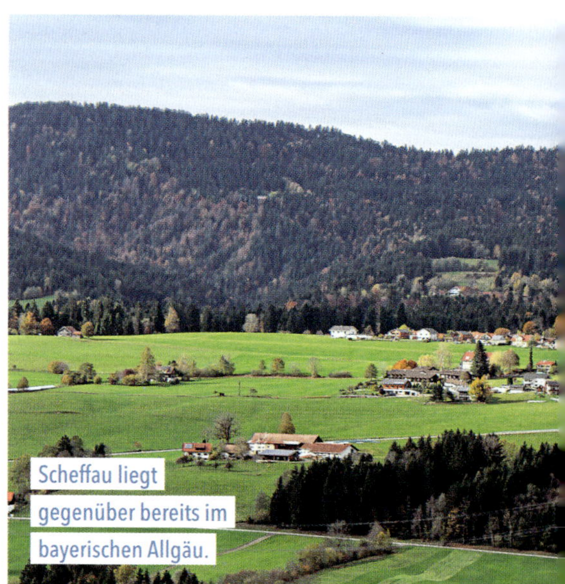

Scheffau liegt gegenüber bereits im bayerischen Allgäu.

Auf dem Sulzberger Dorfplatz ist immer etwas los.

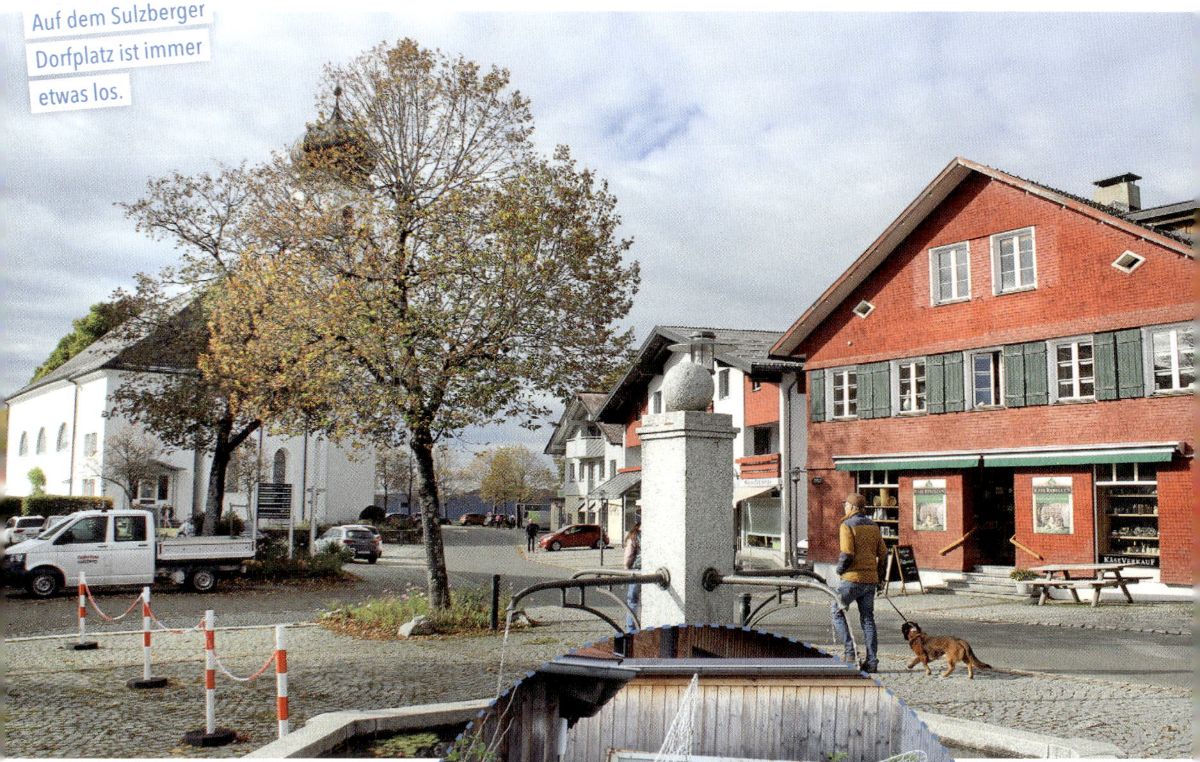

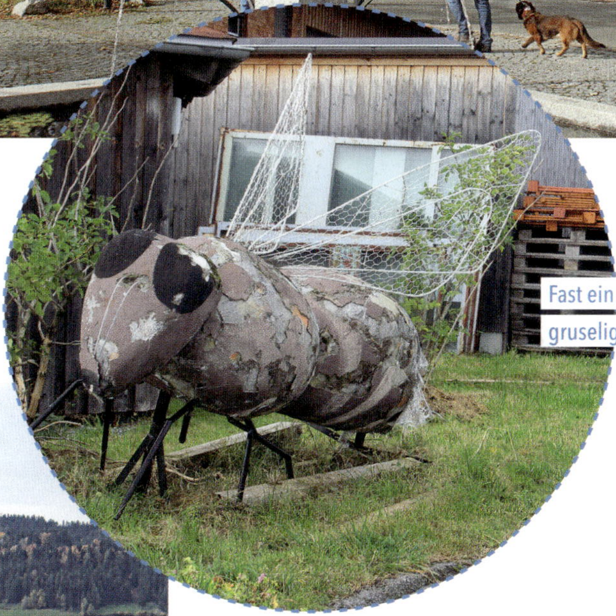

Fast ein bisschen gruselig: Riesenbiene

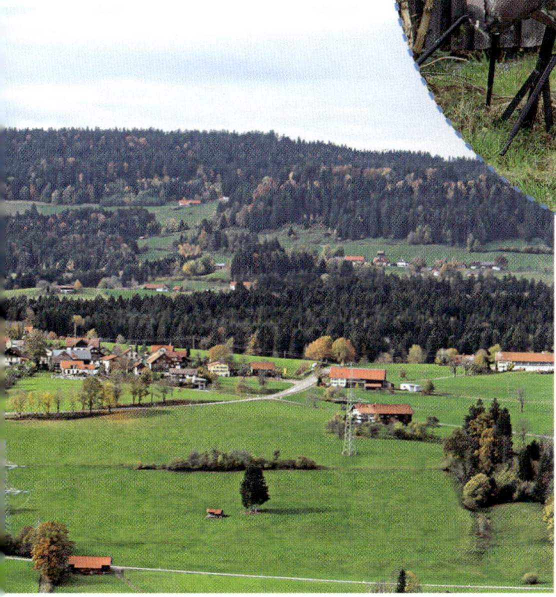

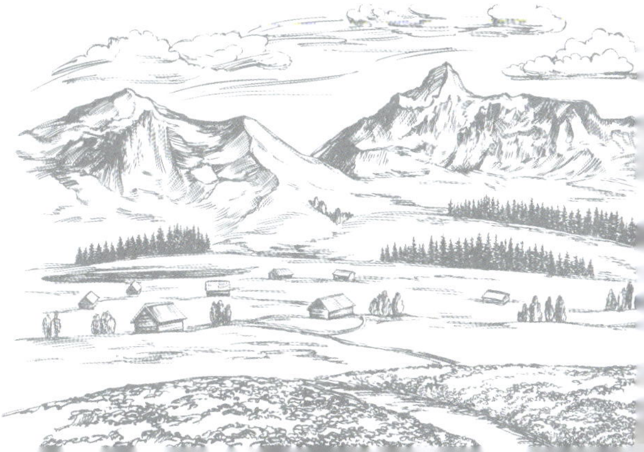

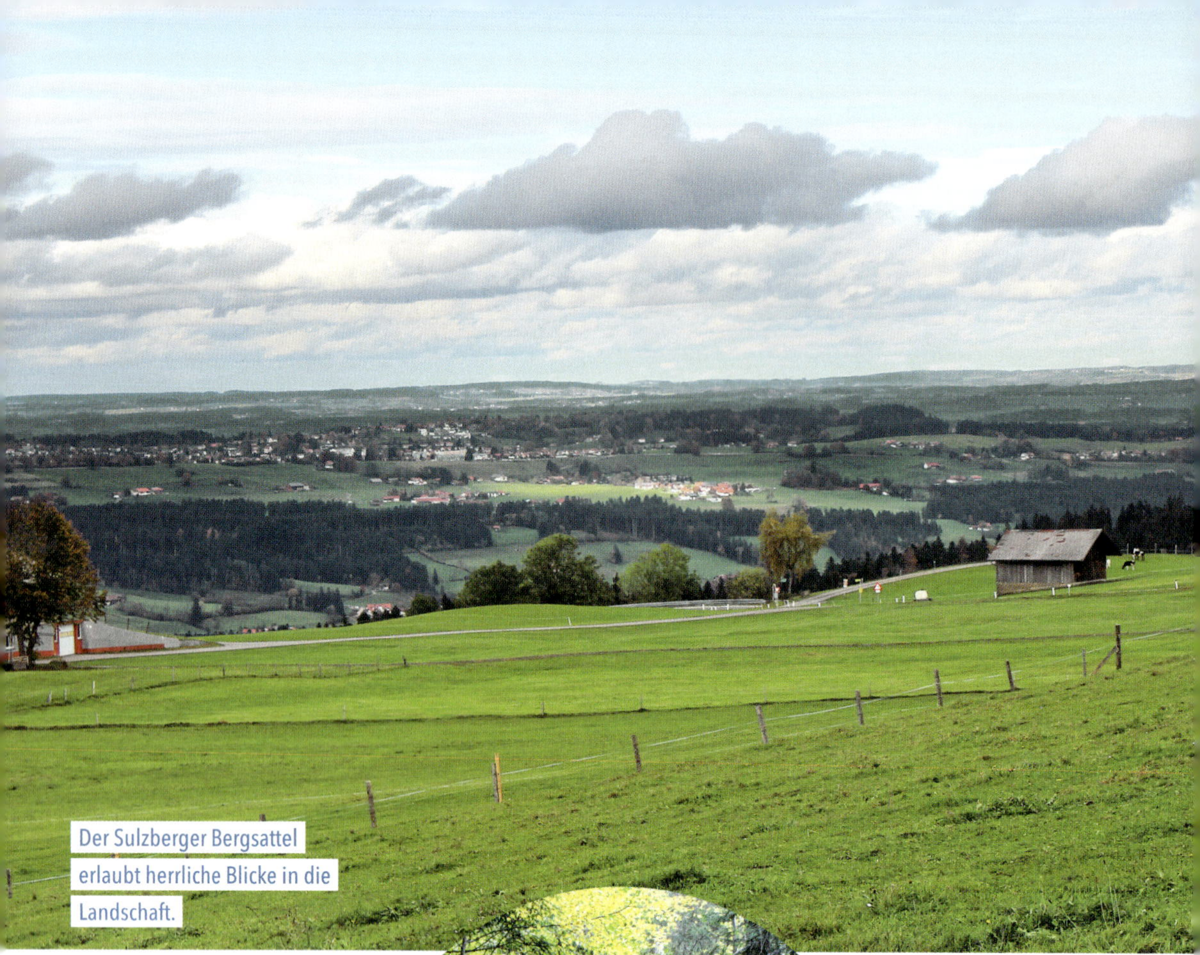

Der Sulzberger Bergsattel erlaubt herrliche Blicke in die Landschaft.

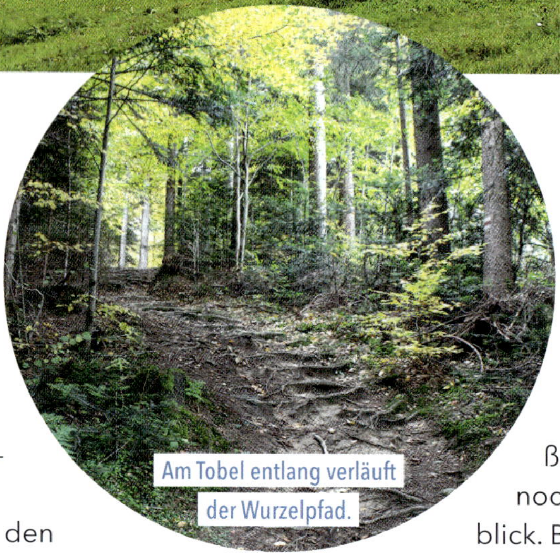

Am Tobel entlang verläuft der Wurzelpfad.

ein wertvolles Kleinod: Schon von außen als Ensemble mit dem benachbarten Mesnerhaus (18. Jh.) äußerst hübsch anzusehen, erweist sich das kleine Gotteshaus im Innern als Kunstwerk von höchstem Rang. Neben den frühbarocken Altären machen vor allem die zwar teils beschädigten, aber zahlreichen Fresken aus dem Spätmittelalter (15. Jh.) die Leonhardskapelle zu einem der bedeutendsten Baudenkmäler des Bregenzerwalds. An die Zeit als beliebtes Pilgerziel erinnern zahlreiche Wandkritzeleien von Wallfahrern, die sich hier verewigten.

Es geht bergab

Als Startpunkt wählen wir den großartigen Dorfplatz und genießen vor dem Abmarsch noch einmal den Rundumblick. Beim großen Wanderwegweiser wechseln wir auf die andere Straßenseite und biegen links neben der Bäckerei mit Café in den Weg zwischen den Häusern hinab bis zur Straße, wo wir rechts auf dem Gehsteig bis zur Abzweigung zu den Sulzberger Sportstätten laufen. Hier biegen wir nach links und pas-

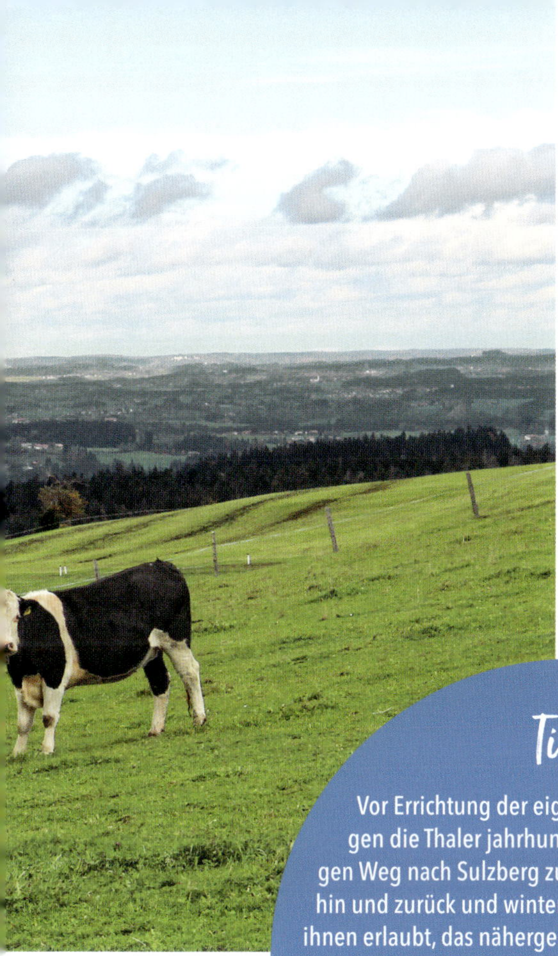

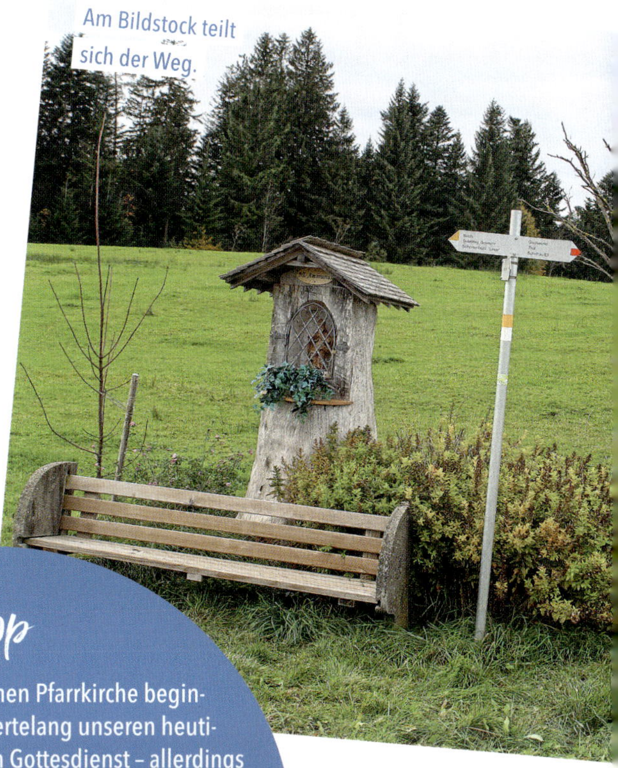

Am Bildstock teilt sich der Weg.

Tipp

Vor Errichtung der eigenen Pfarrkirche begingen die Thaler jahrhundertelang unseren heutigen Weg nach Sulzberg zum Gottesdienst – allerdings hin und zurück und winters wie sommers. 1785 wurde ihnen erlaubt, das nähergelegene Scheffau aufzusuchen. Mit dieser Erleichterung war es jedoch 1814 wieder vorbei, da wurde das Dörfchen endgültig bayerisch. Einen Besuch (auch der dortigen Kirche) ist der kleine Ort im Nachbarland aber immer wert – neben einem sehr schönen Dorfkern lockt der nahe Gletschertopf, ein seltenes Naturdenkmal, dessen Entstehung noch nicht ganz geklärt ist.

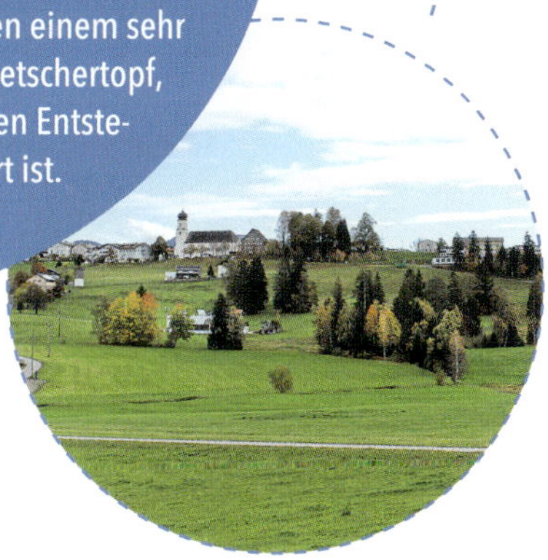

sieren das Sportgelände. Es folgt ein leichter Anstieg – der Einzige der Strecke –, bis es an der Kreuzung beim Bildstock nach rechts zu einem Hof geht. An diesem vorbei erreichen wir den nächsten Bauernhof, gehen hier rechts auf den geteerten Zufahrtsweg und folgen diesem bis zur Straße. Hier ist kurz Vorsicht geboten, denn wir müssen für wenige Meter der Straße nach links folgen, um sie vor der Kurve dann zu queren und gegenüber am Markierungspfeiler vor Beginn der Leitplanke auf den Wiesenweg zu wechseln, der bergab führt.

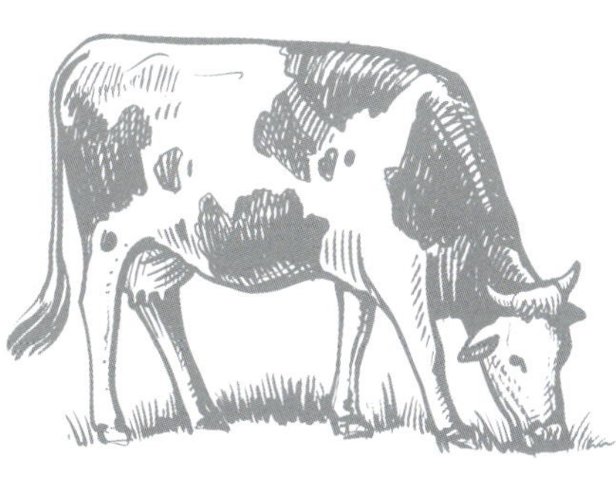

Nach Thal

Wir treffen auf den nächsten Hof, halten uns kurz links, dann auf den nächsten Wiesenabschnitt und hinunter zum nächsten Bauernhof. Vom Wegkreuz geht es schräg links hinunter direkt in den Hof und nach wenigen Schritten links hinab auf den Weg am Tobel. Diesem folgen wir nun für längere Zeit, was nicht immer unbeschwerlich ist, denn der durchaus des Öfteren recht steile Abstieg erfolgt teils auf einem Wurzelpfad. Stets gilt es, auf die – gut sichtbaren – roten Markierungen zu achten.

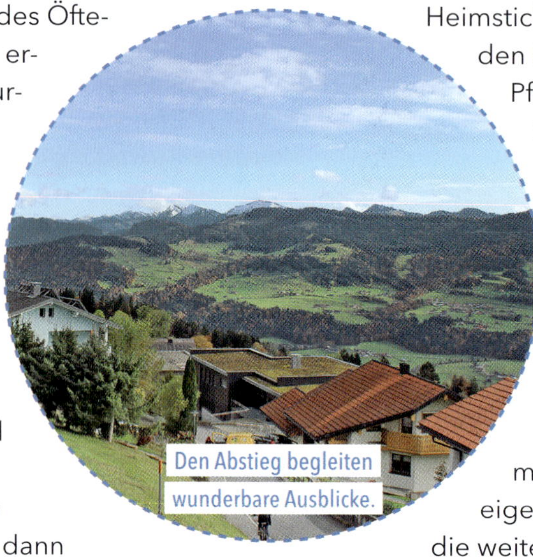
Den Abstieg begleiten wunderbare Ausblicke.

Am Ende des Waldes kommen wir links auf die Wiese am Lift, wandern hier rechts weiter hinab und am Ende dieses erneut recht steilen Abschnitts durch das Weidekreuz, dann leicht rechts geradeaus auf der Wiese hinab. Anschließend geht es kurz rechts bis zu einem Brückchen, an diesem links hinüber und wieder rechts hinab zum bereits sichtbaren roten Markierungspfeiler. Dann wandern wir auf dem Feldweg weiter und geradeaus hinab ins Dorf Thal.

Liebenswert und selbstbewusst

Thal ist der nördlichste Punkt im Bregenzerwald, den wir auf unseren Wanderungen in diesem Buch erreichen, die deutsche Grenze ist nur noch einen Steinwurf entfernt (siehe auch Tipp). Die überschaubar große Ortschaft – aber bei Weitem nicht die kleinste des Bregenzerwalds – hat eine sehr interessante Geschichte: Die verstreuten Höfe in dem abgelegenen und einst sehr sumpfigen Tal, das seit jeher zu Sulzberg gehörte, waren stets von Armut geprägt – ein Zustand, den am Ende des 19. Jahrhunderts ein gebürtiger Thaler, der katholische Pfarrer Martin Sinz, zu ändern versuchte.

Und er hatte Erfolg: Er etablierte die Heimstickerei, dann setzte er den Bau einer Kirche, eines Pfarrhauses und einer Schule durch.

Dieses Ensemble steht heute noch und bildet den Ortskern, zu dem sich das Gasthaus Krone mit dem Dorfladen sowie die Feuerwehr gesellen. Kirchlich konnte man die Einrichtung einer eigenen Pfarrei durchsetzen, die weiteren Versuche, selbstständig zu werden, scheiterten jedoch, und so blieb das Dörfchen Teil der Gemeinde Sulzberg. Mit viel Selbstbewusstsein im besten Sinn hat die kleine Thaler Ortsgemeinschaft seit den Zeiten von Pfarrer Sinz ein sehr liebenswertes Dorf geschaffen und stets weiterentwickelt – etwa durch den Erhalt der Gastwirtschaft und der Einrichtung des Dorfladens – und ist weiterhin aktiv, um diese am Leben zu erhalten.

Von hier können wir mit dem Bus nach Fahl und mit Umstieg dort weiter nach Sulzberg zurückfahren (die Verbindung der Buslinien in Fahl ist aufeinander abgestimmt).

Starke Gemeinschaft: der Dorfladen mit Biergarten in Thal

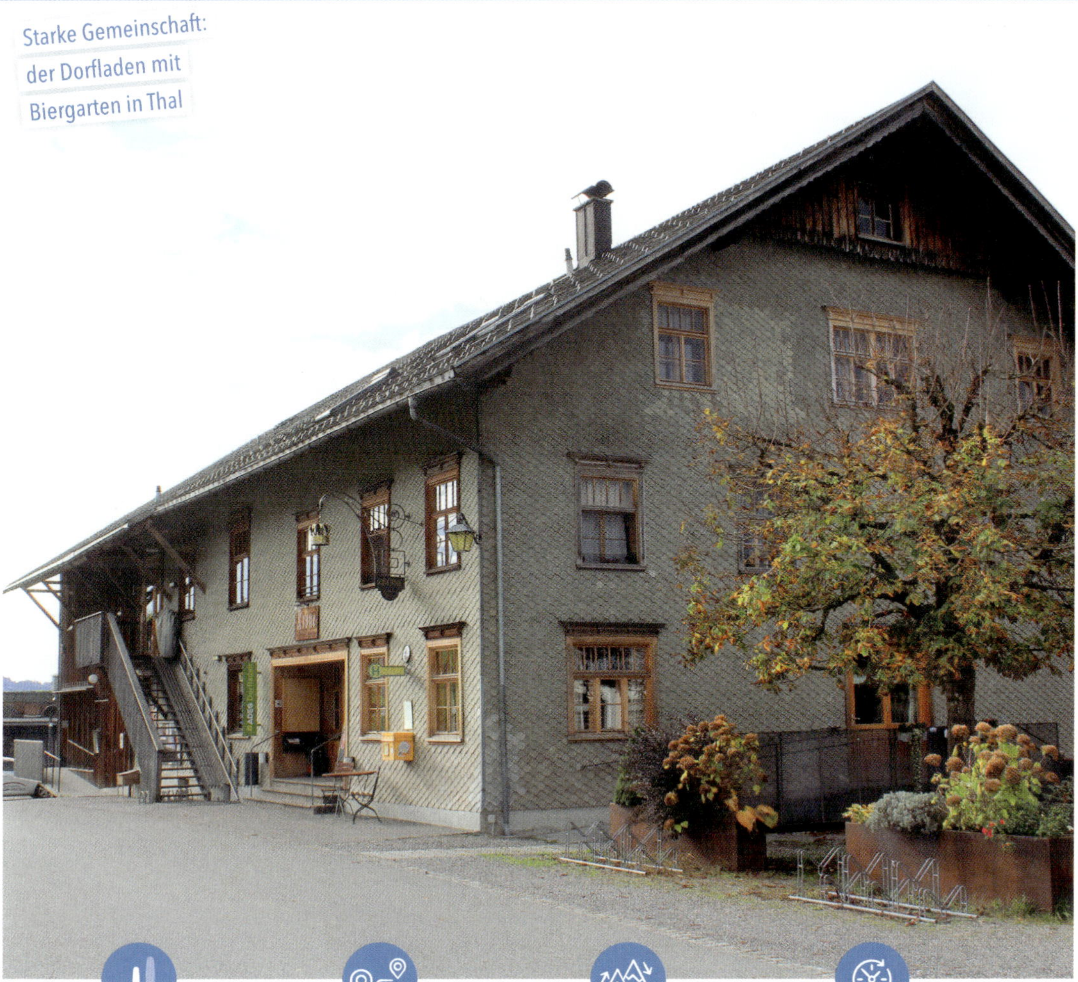

mittel | 6 km | 15/420 Hm | 2 Std.

Auf einen Blick

Tourencharakter
Anfangs bequem auf Teerwegen und Sträßchen, in der zweiten Hälfte zunehmend schwieriger über Wurzelpfade und Wiesenwege mit teils kräftigen Abstiegen. Grenzübertritt bei Verlängerung der Strecke bis Scheffau

Ausgangspunkt
Sulzberg, Dorfplatz
GPS: 47.520968, 9.913582

Endpunkt
Thal, Kirche
GPS: 47.538120, 9.883650

Höchster Punkt
Sulzberg (1013 m)

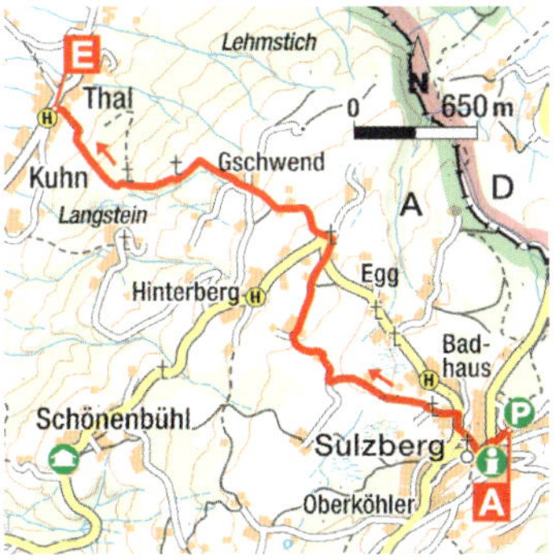

Anfahrt
ÖPNV: Vom Bahnhof Bregenz mit Bus 820 bis Fahl, dann weiter mit Bus 823 (auch für den Rückweg)
Auto: A 14 (Rheintalautobahn) bis Ausfahrt Bregenz, weiter auf der L 2, dann über die L 21 bis Sulzberg

Einkehr
In Sulzberg und Thal (Gasthaus Krone)

Weitere Informationen
■ *sulzberg-bregenzerwald.com*

DIE KRAFT DES WASSERS

3

Von Alberschwende zur Bregenzer Ach

Angekommen im Bregenzerwald, erkunden wir nun den prägenden Fluss dieser Talschaft: die Bregenzer Ach. Sie kann ein Idyll sein, ihre Kraft war und ist aber auch gefürchtet – und nützlich.

Vom Alberschwender Dorfplatz mit seiner berühmten Linde und der mächtigen Kirche gehen wir links an der Polizei und Mesmers Stall – einem Teil des Heimatmuseums (siehe Tipp bei Tour 4) – vorbei abwärts zum Sportgelände. Dieses umrunden wir in einer Rechtskurve und laufen die Straße entlang bis zur Holzfirma an deren Ende. Hier geht es links weiterhin auf dem Sträßchen bis in den Ortsteil Höll-Moos, wo wir die Straße verlassen, kurz geradeaus zum Wegweiser gehen und an diesem links in den Wald hineinwandern – so kommen wir in den Weiler Fischbach.

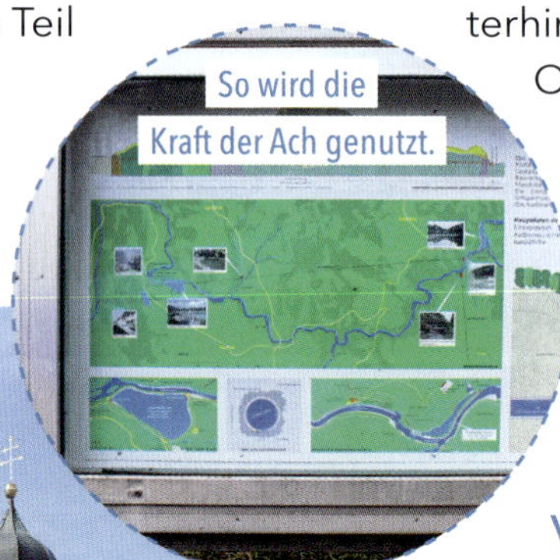

So wird die Kraft der Ach genutzt.

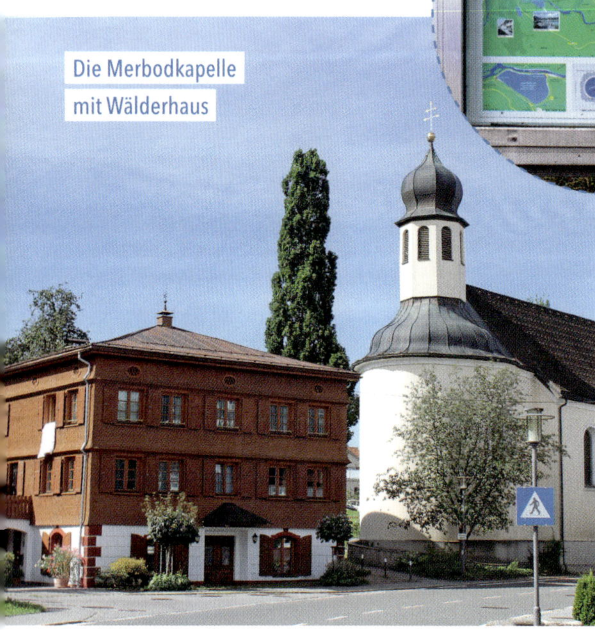

Die Merbodkapelle mit Wälderhaus

Von Fischbach zur Ach

Bei der Kapelle halten wir uns links hoch, gehen zur Straße und diese dann rechts entlang. Wer möchte, kann kurz darauf hier rechts in den Wald einbiegen, wo ein steiler Waldpfad hinabführt – dies ist jedoch nur bei genügend Trittsicherheit und Kondition empfehlenswert! Nur mit wenig zusätzlichen Metern kommt man auch auf dem Sträßchen weiter und biegt dann rechts ab. Egal, welche Variante man wählt: Der Abstieg zur Bregenzer Ach nimmt nun spürbar zu. Nach einem unverputzten Haus

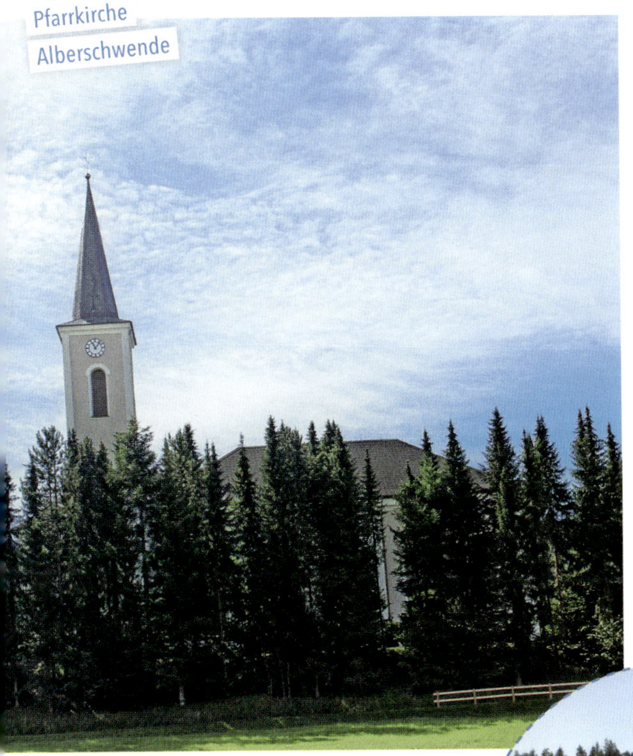

Pfarrkirche Alberschwende

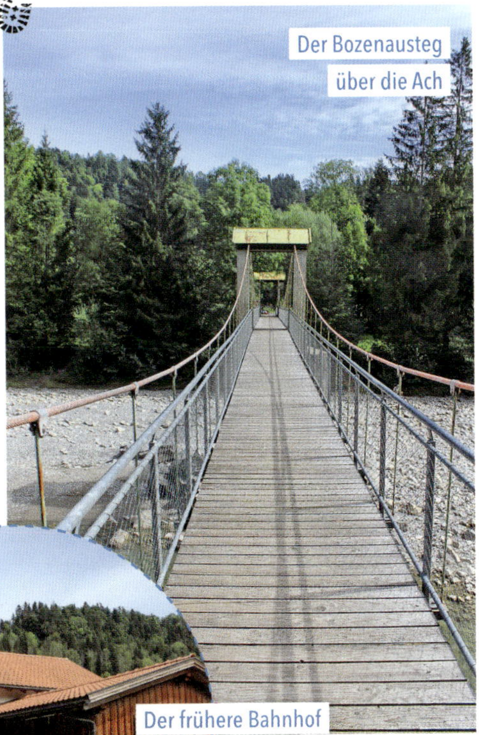

Der Bozenausteg über die Ach

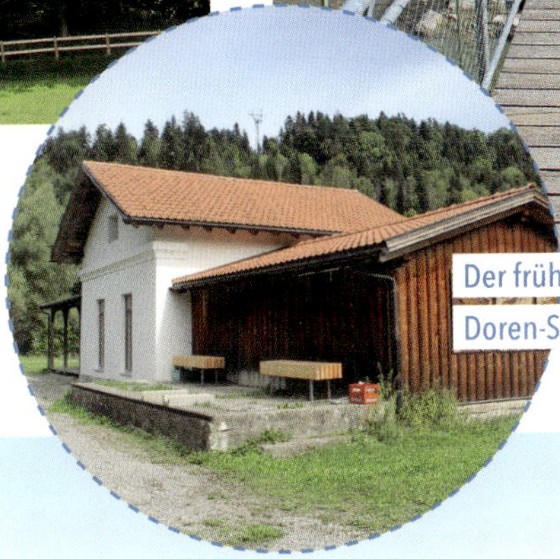

Der frühere Bahnhof Doren-Sulzberg

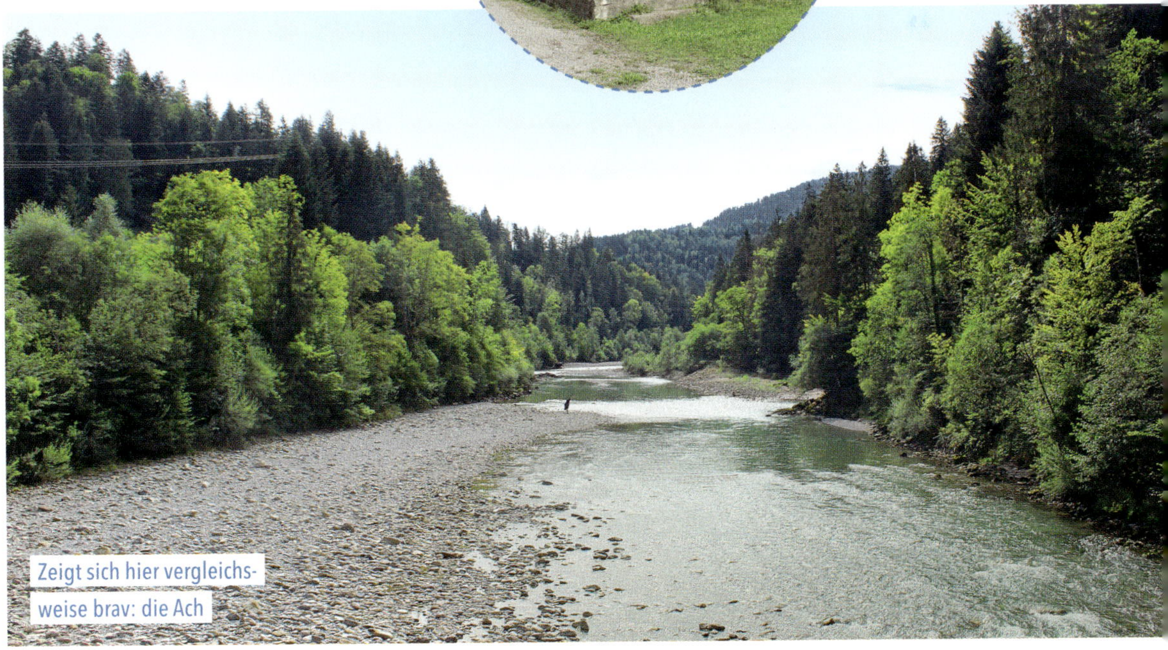

Zeigt sich hier vergleichsweise brav: die Ach

Eine der Touren mit viel Natur: auf dem Weg zur Bregenzer Ach

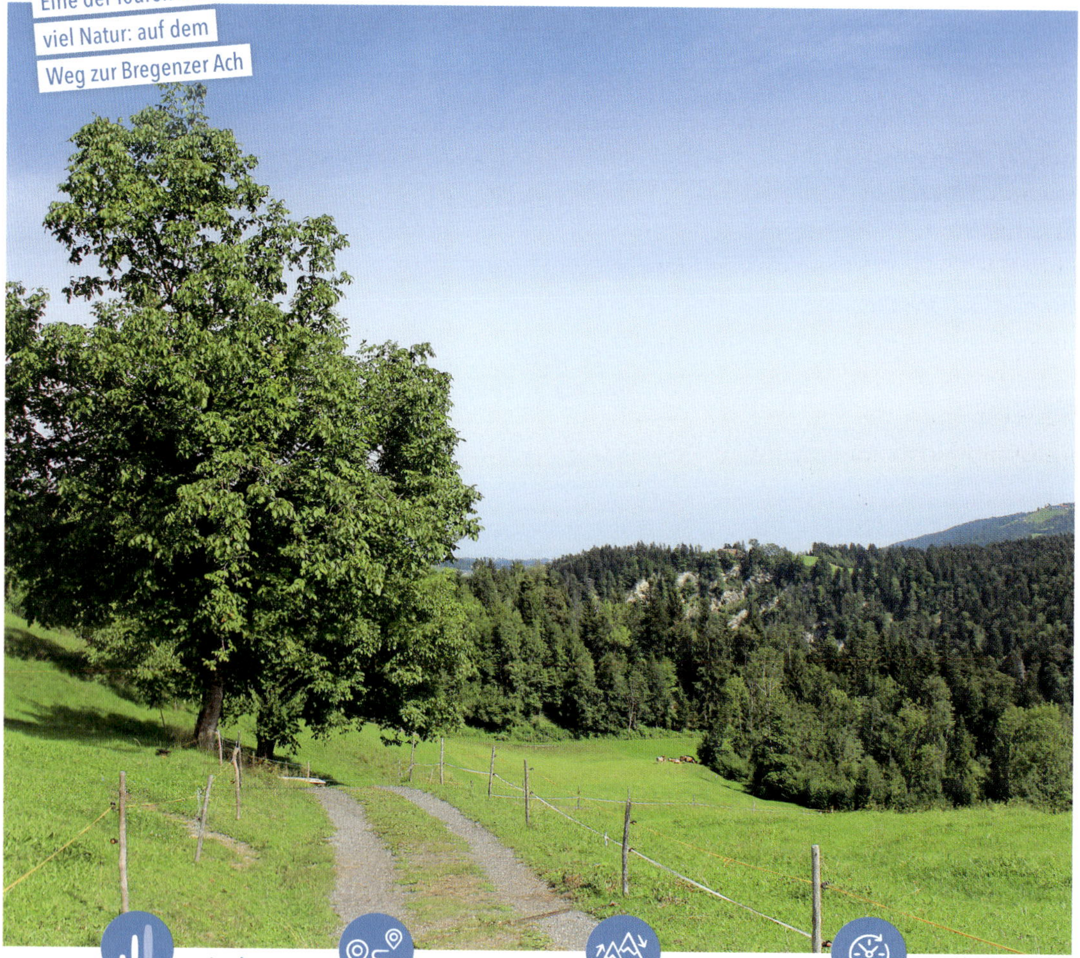

mittel | 8 km | 440/440 Hm | 2.30 Std.

Auf einen Blick

Tourencharakter
Größtenteils gut befestigte, beim Aufstieg nur geteerte Wege mit kürzeren Alternativen über steile Waldpfade, allerdings jeweils langer Ab- und Aufstieg

Ausgangs-/Endpunkt
Alberschwende, Dorfplatz
GPS: 47.450766, 9.830957

Höchster Punkt
Alberschwende (721 m)

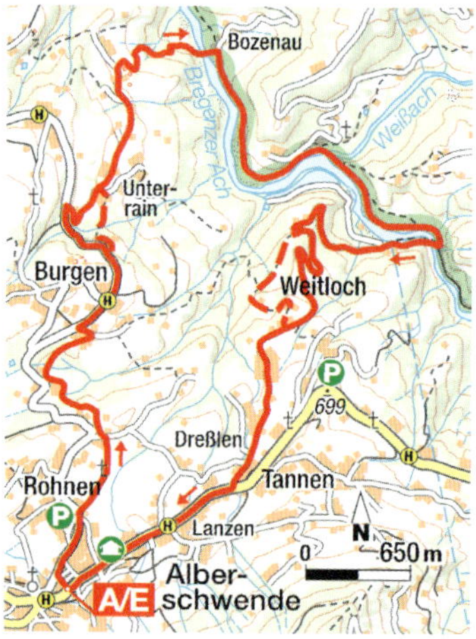

Anfahrt
ÖPNV: Vom Bahnhof Bregenz weiter mit Bus 830 oder 840 bis Alberschwende
Auto: A 14 (Rheintalautobahn) bis Ausfahrt Dornbirn-Nord und weiter auf der L 200

Einkehr
In Alberschwende; Achstüble Bozenau

Weitere Informationen
■ *alberschwende.at*

trifft der Waldpfad oben links wieder auf das Sträßchen, auf dem wir rechts bzw. geradeaus weiterwandern. Wir kommen zu einem größeren Hof, an dem wir geradeaus (durch das Drehkreuz auf die Weiden) vorbeispazieren und in Serpentinen in den nächsten Waldabschnitt kommen. Durch diesen steigen wir auf einem Kieselweg endgültig hinab zur Ach.

Wasser marsch!

Hier in der Bozenau gehen wir rechts auf der ehemaligen Bahnstrecke (siehe Tour 10) weiter und stets am Fluss entlang bis zu den Kraftwerken beidseits der Ach. Der flache, gut begehbare Weg, der auch von vielen Radfahrern genutzt wird, verschafft uns nicht nur wegen der schönen Landschaft erst einmal Erholung, ehe der Wiederaufstieg nach Alberschwende beginnt.

Vorher kommen wir über eine ehemalige Eisenbahnbrücke am gegenüberliegenden Ausgleichsbecken, dem Seitenspeicher Bozenau, vorbei. Dieser weist uns bereits auf das bald auftauchende Kraftwerk Langenegg hin, wo – nicht das einzige Mal – die Kraft der Bregenzer Ach zur Stromerzeugung genutzt wird. Seit 1979 fließt hier über einen langen unterirdischen Stollen Wasser auf abschüssiger Strecke vom Stausee Bolgenach zwischen Krumbach und Hittisau auf die Turbinen.

Unser Weg führt nun rechts über die Brücke zum nicht zu übersehenden Turbinenhaus des nächsten Kraftwerks, dieses Mal dem von Alberschwende. Dessen Wasser kommt aus dem Stausee bei Andelsbuch (siehe Tour 15) und trägt seit 1992 zur Deckung des erhöhten Strombedarfs bei. Schautafeln bei beiden Kraftwerken geben zusätzliche technische und geografische Informationen.

Aufstieg nach Alberschwende

Rauschen die Wassermassen stromerzeugend mit aller Kraft ins Tal bergab, geht es für uns nun auf den nächsten Kilometern stetig ansteigend in Serpentinen auf einem geteerten Weg bergan. Nach der Kurve bei den Stromverteilern des Umspannwerks Vorderwald gibt es auch hier eine Abkürzung für Wagemutige (rote Markierung!), die den steileren Pfad auf sich nehmen möchten. Ansonsten wandert man etwas bequemer auf dem Sträßchen weiter und erreicht schließlich den Alberschwender Ortsteil Tannen. Hier, nun wieder flacher, geht es rechts an der L 200 entlang zurück in die Dorfmitte.

Tipp

Alberschwende ist der Geburtsort von Hermann Gmeiner (1919–1986), dem Gründer der SOS-Kinderdörfer. Als Bergbauernkind im Ortsteil Tannen aufgewachsen und geprägt von seiner kinderreichen Familie, dem frühen Tod der Mutter und den Erlebnissen des Zweiten Weltkriegs, verschrieb sich Gmeiner der Sorge um Waisenkinder in aller Welt. In Alberschwende erinnern sein Geburtshaus, eine Büste vor der Schule und viele Ehrungen wie der Hermann-Gmeiner-Saal an den verdienstvollen Sohn des Orts. Begraben ist Hermann Gmeiner allerdings nicht hier, sondern in Imst (Tirol), wo das erste der mittlerweile gut 550 Kinderdörfer entstand.

DIE SELIGEN VOM BRÜGGELEKOPF

4

Von Alberschwende zum Lorenapass

Das »Tor zum Bregenzerwald«, so nennt sich Alberschwende noch heute, und das zu Recht. Hier gab es mit dem Lorenapass im Mittelalter einen der wenigen Zugänge in die Talschaft.

Als Ausgangspunkt wählen wir den Alberschwender Spar-Markt. Nur ganz kurz laufen wir ortsauswärts in Richtung Müselbach/Egg und biegen dann im Ortsteil Bühel rechts hinauf ab zum ehemaligen Lift, der leider seit einiger Zeit geschlossen ist. Der Alberschwender Hausberg Brüggelekopf mit seinen 1128 Metern ist aufgrund der Lage, wie wir selbst noch feststellen werden, und dem herrlichen Ausblick über den Vorderwald bis hin zum Bodensee ein beliebtes Wandergebiet. Im Winter war er einst fest in der Hand der Skifahrer – die dafür benötigten Hänge mit gutem Gefälle bekommen wir nun zu spüren, wenn wir an den verlassenen Liftgebäuden vorbei weiter bergan bis zur Markgröninger Hütte hochsteigen.

Musikalisches am Brüggelekopf

Auch an dieser vorbei marschieren wir weiter kräftig ansteigend bis zur nächsten Hütte und dort zum kreuzenden Forstweg. Hier geht es ganz kurz links, dann rechts weiter hoch auf den Waldweg. Dies ist der schwierigste Abschnitt unserer Strecke: Nicht nur geht es weiter gehörig bergan, der Weg ist auch sehr wurzelig – diese bilden fast eine, wenn auch reichlich krumme, natürliche Treppe. Oben beim nächsten Forstweg angekommen, können wir entweder links einen Abstecher zum Gipfel des Brüggelekopfs (mit Gasthof) machen oder gleich nach rechts weiterwandern. Dieser Wegabschnitt in Richtung Lorena ist bestückt mit mehreren Musikstationen, an denen Aufnahmen der Alberschwender Vereine und Chöre mit traditionellem Liedgut des Bregenzerwalds zu hören sind. Auf den zugehörigen Bänkchen rastend, kann man hier inmitten der Natur diesen Klängen lauschen.

Zum Lorenapass

An der nächsten Kreuzung beim Weiler Greban laufen wir nun links hoch Richtung Lorenapass und kommen dort zu einigen Kapellen. An diesen vorbei erreichen wir schließlich die Passhöhe (1048 m), die, wie schon angedeutet, über Jahrhunderte

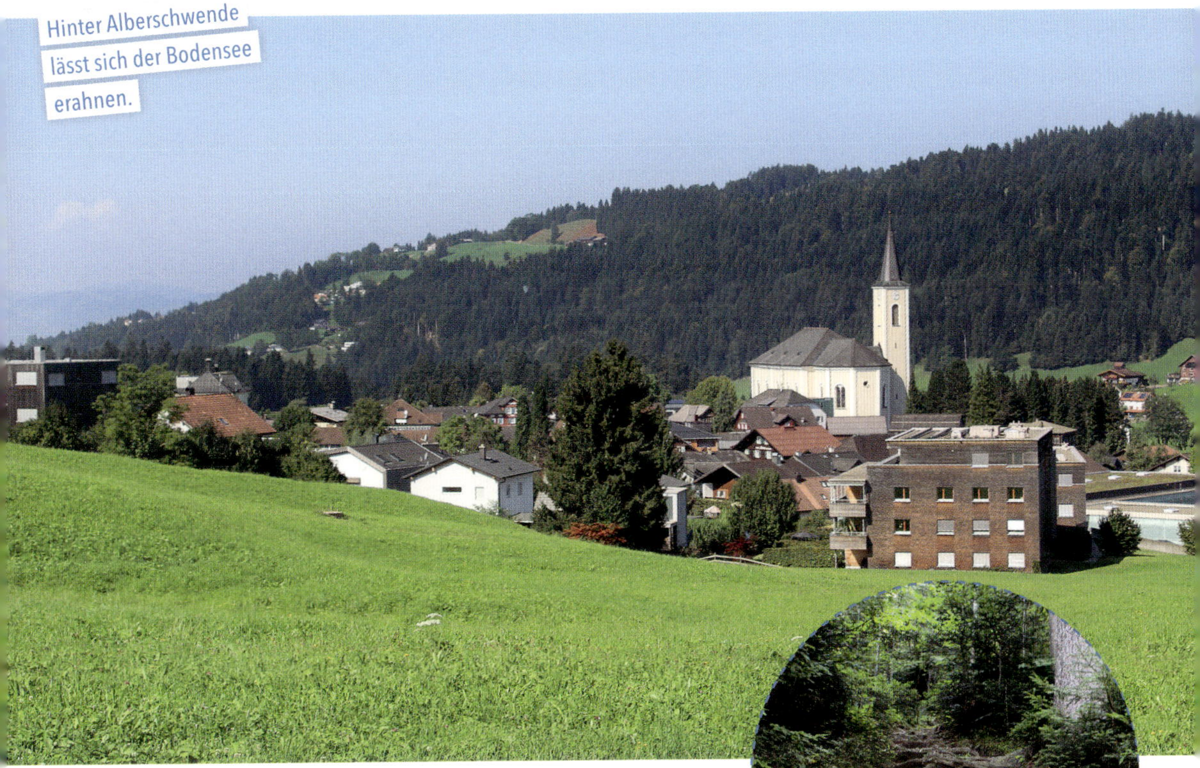

Hinter Alberschwende lässt sich der Bodensee erahnen.

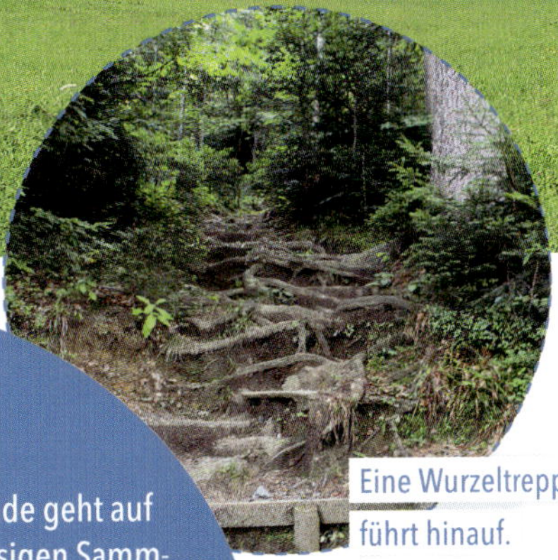

Eine Wurzeltreppe führt hinauf.

Tipp

Das Heimatmuseum Alberschwende geht auf eine private Initiative von ortansässigen Sammlern zurück, die hierfür von der Gemeinde 1977 einen Teil des neuen Arzthauses als Ausstellungsort erhielten. Später kam als zweites Gebäude noch Mesmers Stall hinzu (siehe Tour 3). Gezeigt werden neben der Geschichte Alberschwendes auch die Bregenzerwälder Wohnkultur und das landwirtschaftliche Leben. Zugänglich ist das Museum nach Absprache, auch Führungen werden angeboten.

■ *alberschwende.at/Unser_Dorf/Museum*

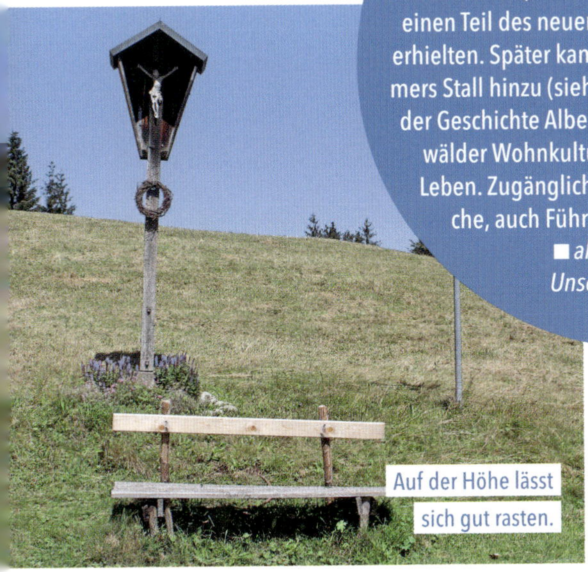

Auf der Höhe lässt sich gut rasten.

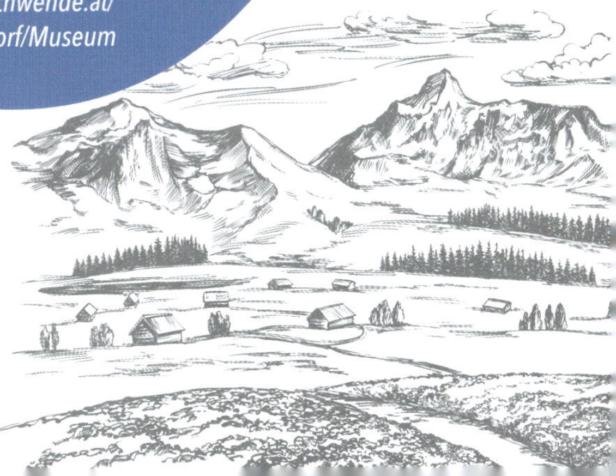

hinweg für den Bregenzerwald von hoher Bedeutung war. Neben dem Losenpass, dem heutigen Bödele, war die Lorena einst der wichtigste Zugang für alle, die in den Mittleren und den Hinteren Bregenzerwald wollten. Der historische Weg, der mit Steinplatten ausgelegt war, ist allerdings nicht mehr mit unserem heutigen identisch. Nachdem einfachere Verbindungen erbaut worden waren, geriet der alte Pass in Vergessenheit.

Drei selige Geschwister

Für die Bregenzerwälder hat er aber noch eine zweite große Bedeutung, denn nicht nur Händler machten sich hier auf den Weg, sondern auch Missionare. Die drei Geschwister Ilga, Diedo und Merbod, die der Überlieferung nach aus dem Geschlecht der Bregenzer Grafen stammten, nahmen hier auf der Lorena Abschied voneinander, um jeweils für sich einen Platz im Wald zu wählen. Ilga ging nach Schwarzenberg (siehe Tour 14), Diedo nach Andelsbuch (siehe Tour 15) und Merbod zurück nach Alberschwende. Dort diente er als Ortspfarrer, bis er im März 1120 nach einem Krankenbesuch von Einheimischen erschlagen wurde. Die »Drei seligen Geschwister« genossen in der Region hohes Ansehen, obwohl nur wenig von ihrer Geschichte überliefert ist. Einzig Merbod kann als gesicherte historische Persönlichkeit gelten, und wir werden ihm gleich noch einmal begegnen.

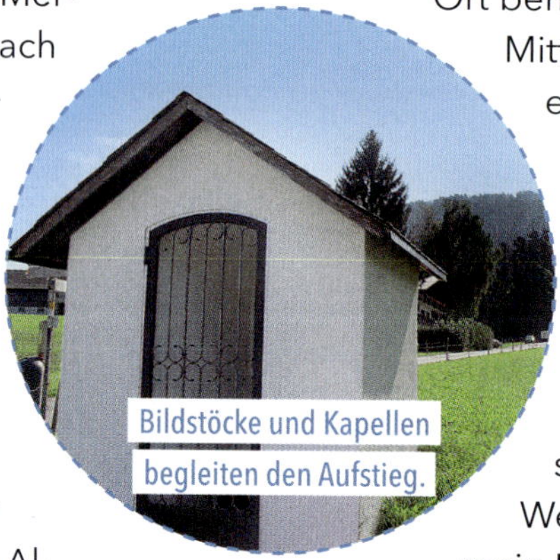
Bildstöcke und Kapellen begleiten den Aufstieg.

Gerichtslinde und Merbodkapelle

Nach dem Pass wenden wir uns rechts Richtung Bergvorsäß und bleiben auf diesem Weg bis zur Abzweigung links hinunter auf den Wiesenpfad nach Schwanteln. Dort wandern wir links weiter nach Maltach, einer hübschen Parzelle mit Kapelle, die einen herrlichen Ausblick auf den Bodensee erlaubt. Von dort geht es stetig bergab bis Hinteregg und an der T-Kreuzung schließlich weiter links bergab bis Alberschwende.

Im Ort angekommen, laufen wir rechts bis zum Dorfplatz mit seiner Linde, der ein Alter von gut 800 bis 1000 Jahren bescheinigt wird und die vermutlich im Mittelalter als Gerichtsort diente. Die stattliche, den Ort beherrschende Kirche wurde Mitte des 19. Jahrhunderts neu errichtet; gemeinsam mit den sie umgebenden Häusern ergibt sich ein einladendes Ensemble, wie es dem »Tor zum Bregenzerwald« angemessen ist.

An der Bregenzerwaldstraße laufen wir auf die Wendelinkapelle zu, die allgemein Merbodkapelle genannt wird, was nicht verwundert, denn in dem großzügigen Barockbau liegt der selige Merbod begraben und verspricht den Gläubigen Heilung, vor allem für ihre Kinder. Da er nie offiziell heiliggesprochen wurde, ist das Gotteshaus, dessen Vorgänger bis ins Jahr 1150 zurückreichen, dem heiligen Wendelin geweiht. Nach dem Besuch geht es rechts um die Kapelle herum und zurück bis zum Spar-Markt.

Maltach liegt herrlich – der Blick schweift bis zum Bodensee.

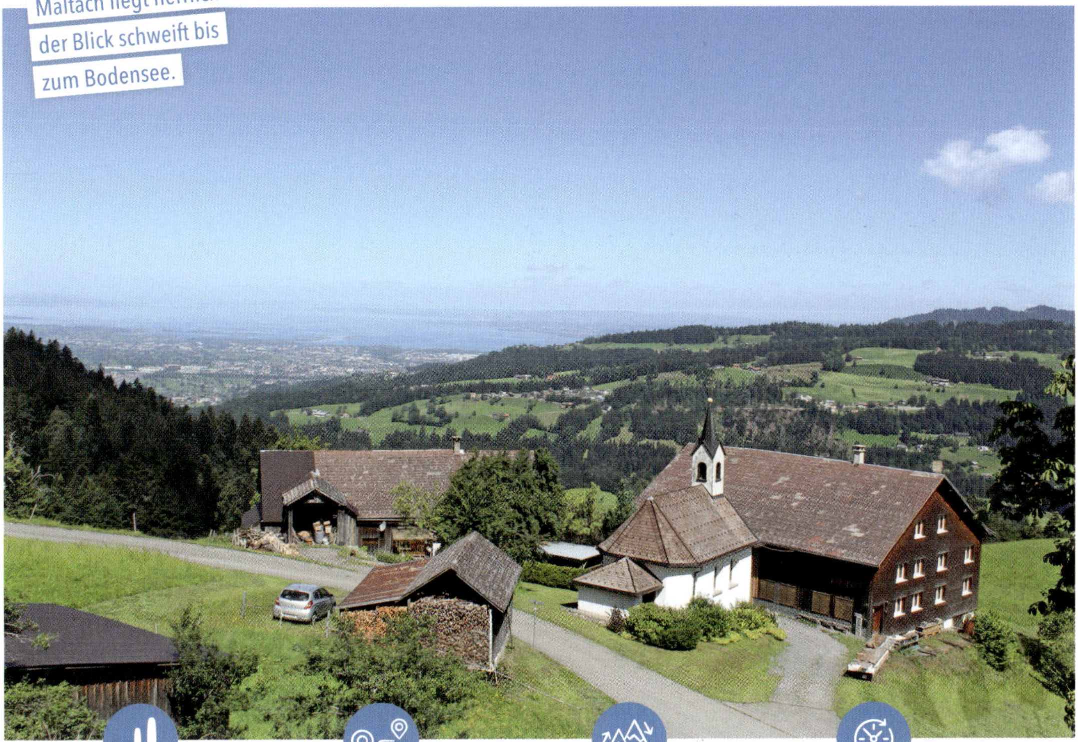

schwer | 10 km | 460/460 Hm | 3.30 Std.

Auf einen Blick

Tourencharakter
Die Tour ist aufgrund des jeweils langen Ab- und Aufstiegs sowie des Wegstücks nach der Markgröninger Hütte über einen sehr anspruchsvollen Wurzelpfad als schwer einzustufen.

Ausgangs-/Endpunkt
Alberschwende, Spar-Markt
GPS: 47.45144708622082, 9.836041496288546

Höchster Punkt
Am Brüggelekopf (1182 m)

Anfahrt
ÖPNV: Vom Bahnhof Bregenz weiter mit Bus 830 oder 840 bis Alberschwende
Auto: A 14 (Rheintalautobahn) bis Ausfahrt Dornbirn-Nord und weiter auf der L 200

Einkehr
In Alberschwende. Mit Abstechern: Alpengasthof Brüggelekopf, Jausenstation Berchtoldshöhe

Weitere Informationen
■ *alberschwende.at*

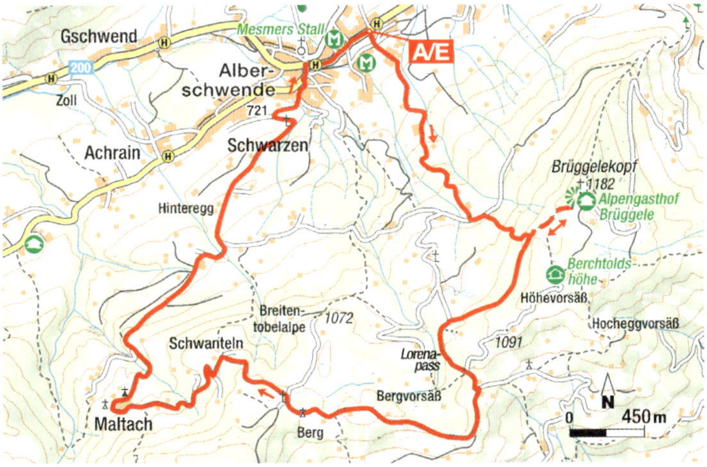

5

Rossbad und Lourdeskapelle

Hoch oben über den Tälern der Weiß- und der Bolgenach liegt Krumbach an zentraler Stelle im Vorderwald. Der Ort bietet spannende Architektur im Ort und beschauliche Natur drumherum.

Das Dorf mit seinen gut 1000 Einwohnern lag von jeher am Knotenpunkt einiger wichtiger Verbindungen, da sich hier die Straßen von Doren nach Hittisau und von Langenegg nach Riefensberg kreuzten. Daran erinnern noch heute die stattlichen Gasthofgebäude im Zentrum. Leicht versetzt liegt die Kirche, ein außen sehr schlichter Spätbarockbau von 1802/03, der im Inneren über eine sehr schöne Ausstattung aus der Bauzeit und aus Vorgängerbauten verfügt.

Von Aufständischen und Architektonischem

Krumbach steht auch für das Selbstbewusstsein der Wälder und für ihr Freiheitsverständnis – in diesem Fall waren es die Wälderinnen, die hier 1807 gegen die bayerische Besatzung aufbegehrten, als diese die Wehrpflicht durchsetzen wollte. Die Krumbacher Frauen waren nicht gewillt, ihre Söhne, Brüder und Männer an die fremde Macht abzugeben – sie schlugen die Beamten in die Flucht und riefen zum Aufstand auf, den sie aktiv in weitere Dörfer und bis nach Bezau vor die weiß-blauen Behörden trugen. Letztlich ohne Erfolg, denn die Bayern wurden der Lage schnell Herr – die Frauen wurden streng bestraft, aber nach kurzer Zeit begnadigt. Nicht lange danach waren dann aber auch die Bayern wieder weg, und heutzutage geht es friedlich in Krumbach zu. Die Gemeinde macht mittlerweile vor allem durch ihren architektonischen Mut von sich reden.

Über Engisholz zum Rossbad

Wir starten vor der Kirche, gehen auf die andere Straßenseite und begleiten nun anfänglich die Straße nach Langenegg. Dabei laufen wir am ersten der beiden früheren Krumbacher Bäder, dem Kressbad, vorbei bis kurz vor die Gaststätte Schulhus. Hier biegen wir am Wegweiser rechts ab und kommen nun in das Krumbacher Moorgebiet; eine Mini-Ausgabe des Moores sehen wir schon links am Weg in einer Senke. Der leichte Anstieg führt uns hinauf in die Parzelle Engisholz, wo wir zwischen den Häusern nach links weiterwandern und bis vor die moderne Kapelle in Rain kommen. Hier halten wir uns rechts abwärts und biegen am nächsten Wegweiser links zum bereits sichtbaren Rossbad ab. Ein inzwischen bedauerlicherweise leerstehendes großes

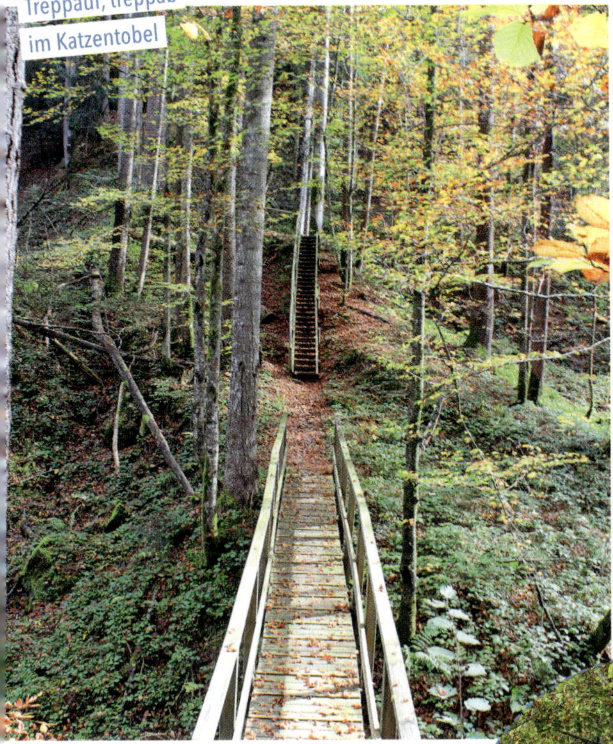
Treppauf, treppab im Katzentobel

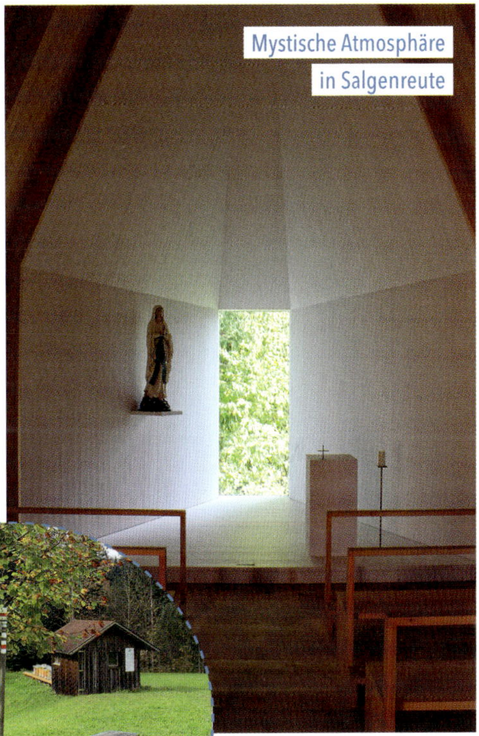
Mystische Atmosphäre in Salgenreute

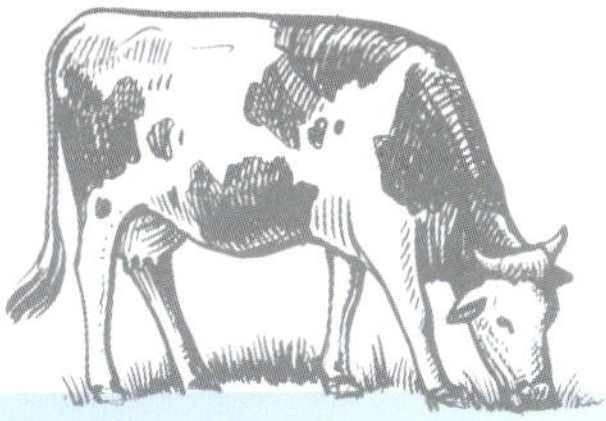

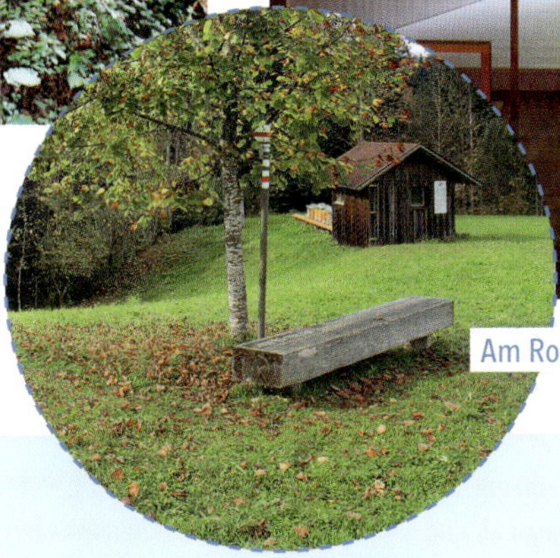
Am Rossbad

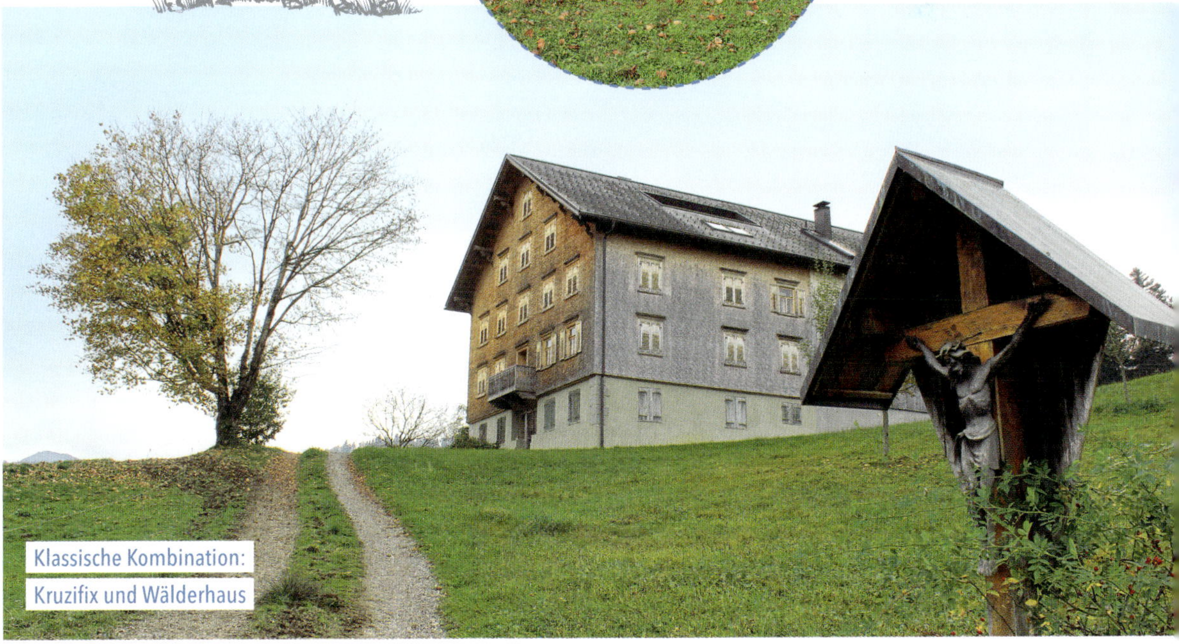
Klassische Kombination: Kruzifix und Wälderhaus

Vorbildlich: verlässliche und gut beschilderte Wegführung

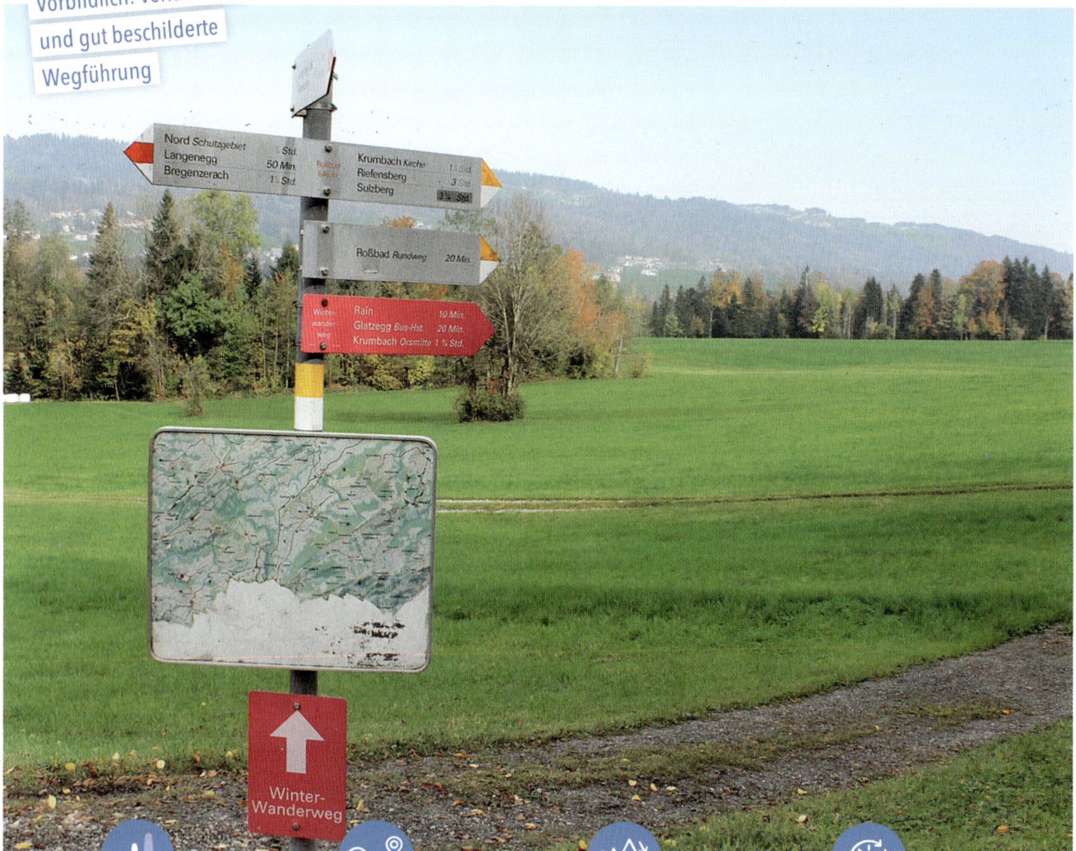

mittel | 9 km | 130/130 Hm | 3 Std.

Auf einen Blick

Tourencharakter

Bis kurz vor Rossbad und Katzentobel bequeme Teerwege. Der wurzelige Pfad in den Katzentobel und wieder hinauf ist steil, schmal und teils mit Treppchen versehen – also etwas für Wanderprofis.

Ausgangs-/Endpunkt

Krumbach, Kirche
GPS: 47.48347994640566, 9.933506039874304

Höchster Punkt

Oberkrumbach (753 m)

Anfahrt

ÖPNV: Vom Bahnhof Bregenz weiter mit Bus 820 nach Krumbach

Auto: A 14 (Rheintalautobahn) bis Ausfahrt Dornbirn-Nord, weiter auf der L 200 und ab Müselbach auf der L 205 bis Krumbach

Einkehr

In Krumbach

Weitere Informationen

■ *krumbach.at*

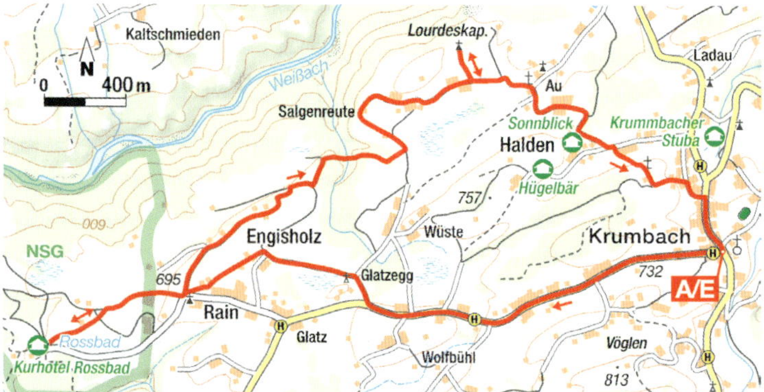

Kurhotel kündet vom ältesten bekannten Heilbad des Bregenzerwalds. Schon seit 1640 existierte es an dieser Stelle mitten im Hochmoor, das zum Naturschutzgebiet gleichen Namens erklärt wurde. Die wunderbare Landschaft und die einsame Lage waren neben den Anwendungen für die Erholung der Kurgäste ideal, und über Jahrhunderte hinweg erfreute sich das Rossbad großer Beliebtheit.

Katzentobel und Lourdeskapelle

Wir kehren hier um, laufen über den verlassenen Parkplatz des Hotels auf demselben Weg zurück bis kurz vor Rain, zweigen hier nun aber knapp unterhalb der Kapelle links ab und wandern bergab an zwei Höfen vorbei. Im Anschluss geht es über eine Wiese, dann weiter auf den Wald zu und am Waldrand schließlich scharf links (rote Markierung). Dieser Weg führt dann rechts über Brückchen und Holztreppen hinunter in den Katzentobel.

Auf der anderen Seite erreichen wir nach einem ähnlich steilen Aufstieg das Salgenreuter Sträßchen und wandern hier nach links weiter durch die Krumbacher Moorlandschaft. Links, etwas abseits vom Weg, sehen wir bald darauf die markante Lourdeskapelle im modernen Bregenzerwald-Stil (siehe auch Touren 18 und 19); sie ist über einen Privatweg durch die Weiden erreichbar. Das architektonische Schmuckstück von 2016 sollte man nicht verpassen: Der hier gepflegte Minimalismus, zu Recht mit Preisen ausgezeichnet, ist nicht nur von außen ein ungewöhnlicher Anblick, auch das Innere vermittelt ein einzigartiges Raumgefühl.

Zurück auf dem Sträßchen bleiben wir erst einmal auf diesem geradeaus und wandern so wieder bergan an einem Wäldchen entlang. An der nächsten Straße biegen wir links ab und halten uns kurz darauf rechts hoch auf den Wanderweg. Hier am Ortsrand von Krumbach geht es noch einmal kurz rechts, dann wieder rechts und so zurück zur Hauptstraße im Ortszentrum.

Tipp

Die Bushaltestellen-Häuschen im Bregenzerwald sind oft ganz modern als kleine Holzhütten gestaltet und verweisen damit auf die einzigartige Vorarlberger Architektur. In Krumbach ging man noch etwas weiter: Das internationale Projekt BUS:STOP führte dazu, das seit 2010 sieben Haltestellen im Gemeindegebiet mit Unikaten renommierter Architekten aus verschiedenen Ländern versehen sind – hier wird also das Warten auf den Bus auf keinen Fall langweilig!

■ *vorarlberg.travel/bus-stop-krumbach*

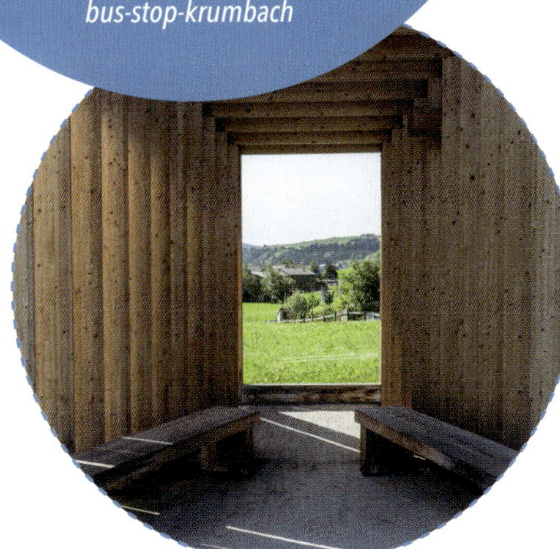

ZWEI-LÄNDER-WANDERUNG

6

Von Riefensberg nach Aach im Allgäu

Zwei recht unterschiedliche Dörfer besuchen wir auf unserer heutigen Tour – und das liegt nicht nur daran, dass zwischen ihnen eine Staatsgrenze verläuft.

Los geht es in Riefensberg an der Kirche. Hier zwischen der Weißach im Tal und dem Großhäderich lagen einst Jagdgebiete, die die Grafen von Montfort mit einem Turm absicherten, der ungefähr am Ort des heutigen Gotteshauses stand. Dies lockte nach und nach Siedler an, die vom Kloster Mehrerau, dem neuen Besitzer, gefördert wurden, um die Gegend zu roden. 1249 wurde Riefensberg schließlich erstmals urkundlich erwähnt, bald folgte die Errichtung einer Kirche. Um 1426 wurde sie durch einen spätgotischen Bau ersetzt, der in Teilen wie dem Chor (siehe Sakramentshaus) bis heute erhalten geblieben ist.

Von Riefensberg zur Grenzbrücke

Der Kern des Dorfs erstreckt sich entlang der Hauptstraße, an der sich alle wichtigen Gemeindefunktionen aufreihen, von der Bücherei bis zum Supermarkt und von der Sennerei bis zur Juppenwerkstatt (siehe Tipp). Diese Straße laufen wir nun ortsauswärts Richtung Osten, an der Juppenwerkstatt vorbei. Bei der folgenden Kreuzung geht es links auf dem Sträßchen weiter – dieses wirkt zwar wie eine übliche kleine Landstraße, endet allerdings als Sackgasse; es gibt also nur wenig Verkehr, auf den man natürlich trotzdem etwas achten muss. Wir folgen diesem Sträßchen, das schließlich in einen Waldweg übergeht, auf dem wir weiter bergab, vorbei am Bogenschützenparcours, bis hinunter zur Grenzbrücke über den Littenbach wandern.

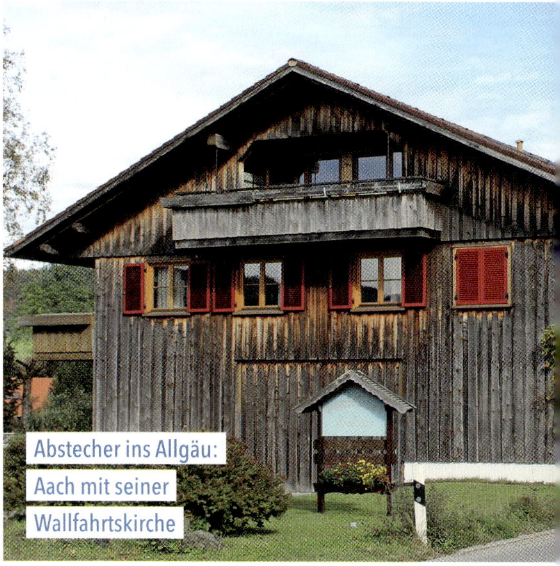

Abstecher ins Allgäu: Aach mit seiner Wallfahrtskirche

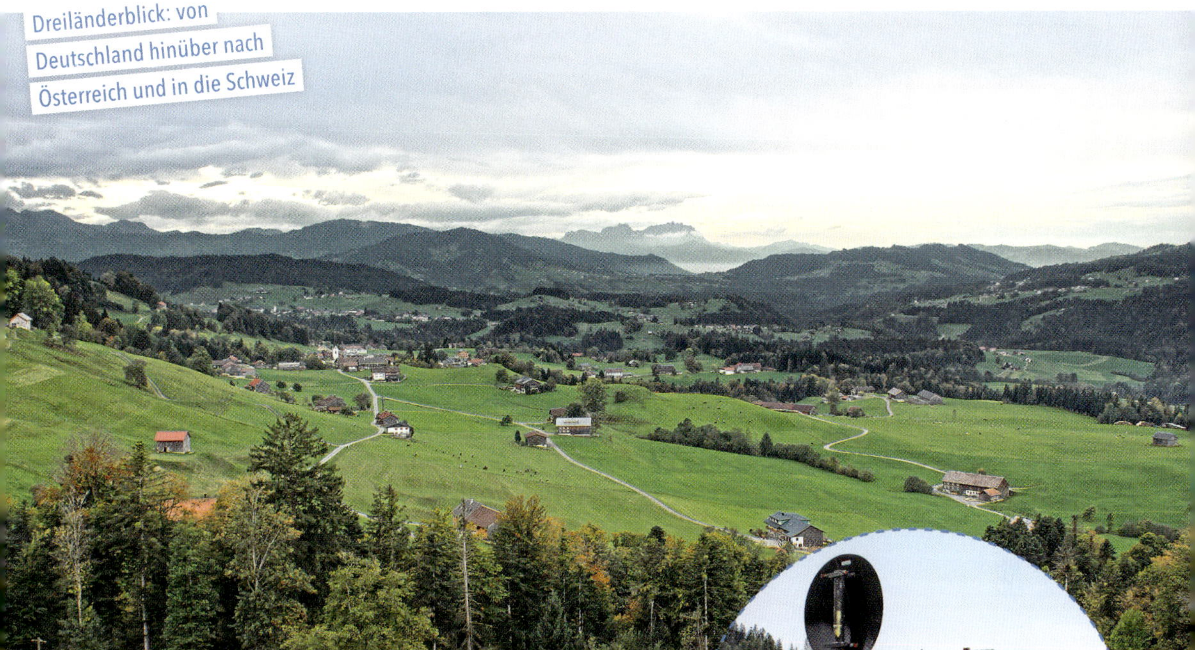

Dreiländerblick: von Deutschland hinüber nach Österreich und in die Schweiz

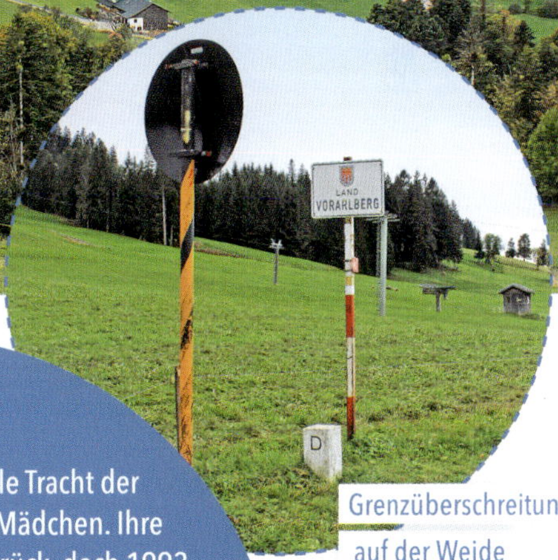

Grenzüberschreitung auf der Weide

Tipp

Die Juppe ist die traditionelle Tracht der Bregenzerwälder Frauen und Mädchen. Ihre Anfänge gehen bis ins 15. Jh. zurück, doch 1993 gab in Egg der letzte Hersteller seinen Betrieb auf. Engagierte Bürger und das Land Vorarlberg konnten jedoch 2002 mit der Einrichtung der Juppenwerkstatt den Erhalt der Juppe garantieren. Schon das junge Mädchen erhält die Juppe, die dann immer weiter verziert und nur zu besonders feierlichen Anlässen getragen wird. Die Tracht wurde von der UNESCO als immaterielles Kulturerbe ausgezeichnet. Die Juppenwerkstatt ist von Mai bis Oktober geöffnet und bietet Führungen an.

■ *juppenwerkstatt.at*

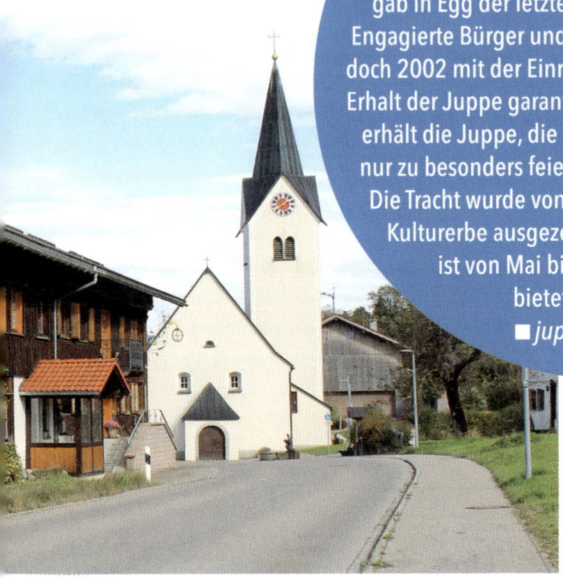

Aach im Allgäu und Hagspiel

Nach rechts über die Brücke kommen wir hinüber ins Allgäu und damit nach Deutschland. Wir merken hier sogleich einen Unterschied: Anders noch als Riefensberg wirkt Aach leider recht unbelebt, das Dorf, nach langer Selbstständigkeit als eine der größten Gemeinden Bayerns inzwischen ein Teil Oberstaufens, hat viel an seiner dörflichen Infrastruktur eingebüßt. Trotzdem ist es ein hübsches Örtchen, dominiert von der Pfarr- und Wallfahrtskirche Maria Schnee, einem stattlichen Barockbau, der eine wertvolle Marienstatue als Pilgerziel beherbergt. Wir gehen auf diese zu und hinter der Kirche hoch zum Friedhof mit seiner markanten Kapelle, dann geht es kurz darauf (hinter dem einzelnen Häuschen) rechts auf einen Waldweg. Diesem folgen wir bergauf und erreichen dann zwischen den Häusern hindurch einen Teerweg. Auf diesem wandern wir links hoch bis zum Landsträßchen und folgen diesem nach rechts immer weiter bergan über ein anstrengendes und sehr langes Stück mit einigen Windungen bis zur Bruder-Klaus-Kapelle in Hagspiel.

Der moderne Rundbau von 1965 bietet uns eine gute Rastmöglichkeit sowie einen herrlichen Ausblick hinüber bis zum Bodensee und belohnt damit alle Aufstiegsstrapazen.

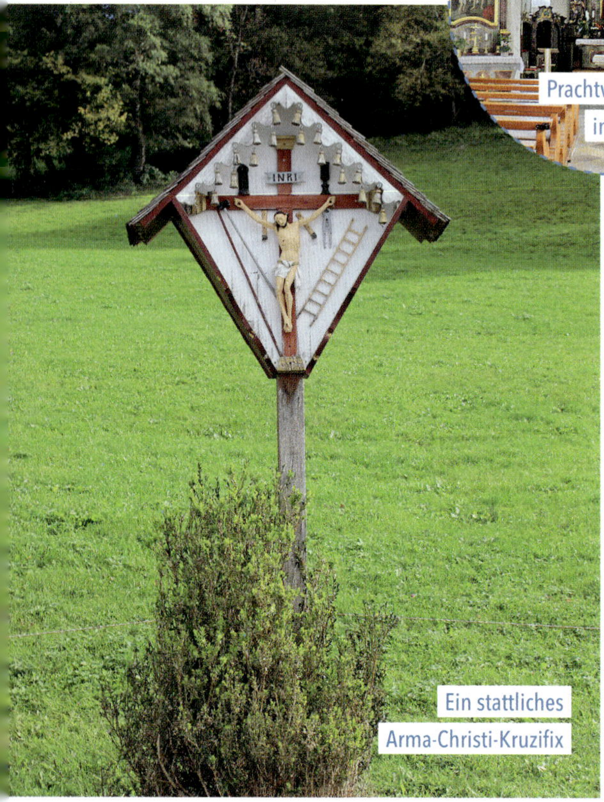

Ein stattliches Arma-Christi-Kruzifix

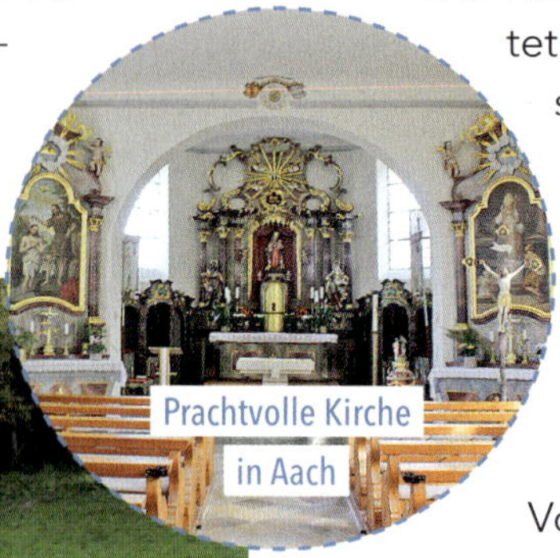

Prachtvolle Kirche in Aach

Dreiländerblick und Jagdbachtal

Von der Kapelle laufen wir links zum Gasthof Dreiländerblick, nehmen die Kurve dann rechts bis zum Wegweiser und halten uns hier erneut rechts auf den Weg bis zum Wegkreuz. An diesem links vorbei geht es auf dem Wiesenweg bis zur markierten Landesgrenze und weiter bis zum Parkplatz an der Skistation Hochlitten, wo wir uns rechts bergan halten.

Für den bequemen Abstieg hinunter nach Riefensberg wählen wir nun das Sträßchen nach rechts (eine anspruchsvollere Alternative ist der beschilderte Waldweg nach links). Unten im Tal des Jagdbachs treffen wir an der Kreuzung (beim Bauhof) auf den uns bereits bekannten Weg und erreichen nach links schnell wieder die Kirche in Riefensberg.

Die Juppenwerkstatt Riefensberg, ein aktives Museum

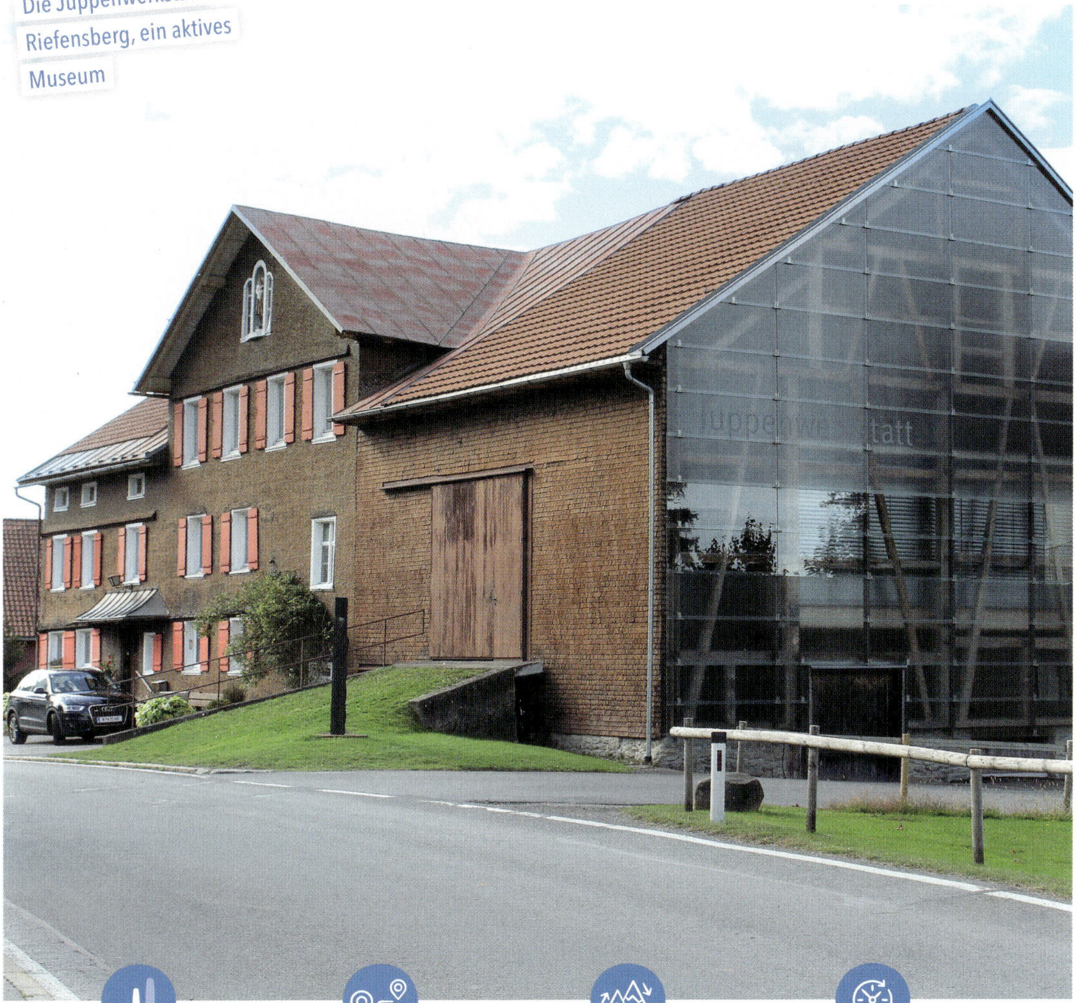

mittel | 8 km | 330/330 Hm | 2.30 Std.

Auf einen Blick

Tourencharakter
Gute, breite Wege mit einem zwar nicht extrem steilen, aber sehr langen Anstieg bis Hochlitten. Grenzübertritt nach Deutschland

Ausgangs-/Endpunkt
Riefensberg, Kirche
GPS: 47.504683, 9.963882

Höchster Punkt
Hochlitten-Skilifte (977 m)

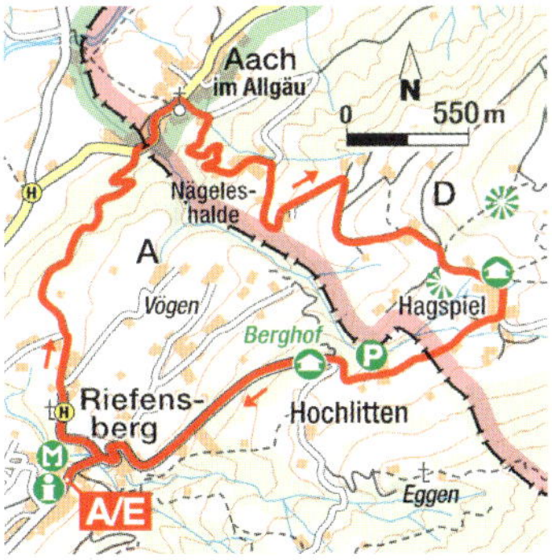

Anfahrt
ÖPNV: Vom Bahnhof Bregenz weiter mit Bus 820, umsteigen in Krumbach (890) oder Hittisau (891)
Auto: A 14 (Rheintalautobahn) bis Ausfahrt Dornbirn-Nord, dann weiter auf der L 200 und ab Müselbach auf der L 205

Einkehr
In Riefensberg

Weitere Informationen
■ *riefensberg.at*

WASSERWEG UND URGEWALT

7

Durch die Engenlochschlucht

Im Mittelpunkt dieser Tour steht – neben unserem Ausgangsort Hittisau – das Wasser, dessen Kraft wir recht anschaulich in der Engenlochschlucht vor Augen geführt bekommen.

Alle Wege führen auf sie zu: Wer vor dem Portal der klassizistisch-neubarocken Pfarrkirche von Hittisau steht, der erahnt die Bedeutung des Ortes. Wendet man sich dem Gebäude zu, hat man eines der größten Gotteshäuser Vorarlbergs vor sich. Dreht man sich um zum Dorfplatz, sieht man die vor der Eingangstür der Kirche aufeinandertreffenden Straßen: vom Vorderwald aus Krumbach, aus Riefensberg via Bolgenach, aus Lingenau und aus Balderschwang bzw. aus Sibratsgfäll. Die stattlichen Bregenzerwaldhäuser um den Platz, alte und moderne, noch heute oft Gasthöfe und Einkaufsmöglichkeiten, unterstreichen die Rolle Hittisaus als wichtigem Verkehrsknotenpunkt bis heute.

Alpen und glückliche Dachse

Hier bei der Kirche liegt der Kern des Ortes mit seinen knapp 2000 Einwohnern, die sich allerdings um dieses Zentrum herum, wie für die Talschaft typisch, sehr weit über das gesamte Gemeindegebiet verstreuen. Hat Hittisau um den Dorfplatz herum fast kleinstädtischen Charakter, mit Läden, Kirche, Schule, Gemeindesaal, Busbahnhof, Polizeistation, Feuerwehr, Museen und Seniorenheim, so gehört es umgekehrt zugleich zu den Orten mit den meisten Alpen in ganz Österreich.

Von der Kirche gehen wir hinüber zum Hotel Krone und vor diesem in die Straße nach rechts, die am Supermarkt vorbeiführt. Wir kommen zu einem Holzlagerplatz mit einem Türmchen und wechseln dort links auf den Pfad, der zwischen Weiden und Hangkante entlangführt. Nach kurzer Zeit treffen wir auf einen Wegweiser, der mit der Ankündigung »Dachsbau« auf einen Pfad nach rechts unten verweist. Es handelt sich dabei aber nicht um einen kuriosen Flurnamen, sondern tatsächlich um die im Hang befindlichen Gangbauten von Dachsen, wie wir beim steilen Abstieg feststellen können.

Am Hittisauer Wasserweg

Unten angekommen, gehen wir links auf die Bolgenach zu und stoßen damit auf den Hittisauer Wasserweg, wie an der Station mit Infotafel erkennbar. Er informiert uns gewissermaßen direkt an der Quelle über zahlreiche Aspekte des kühlen Nass: über Flora und Fauna, über die verschiedensten Arten von Wasser, über dessen Funktionen im

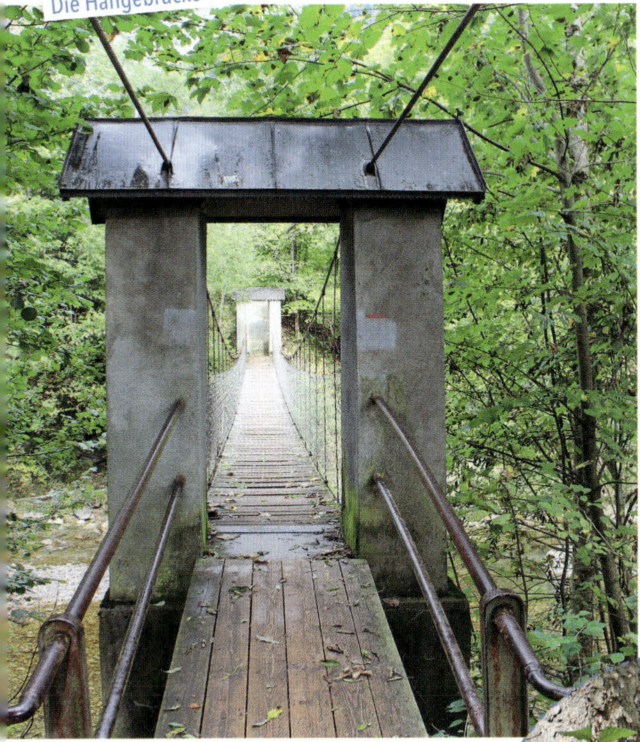

Die Hängebrücke

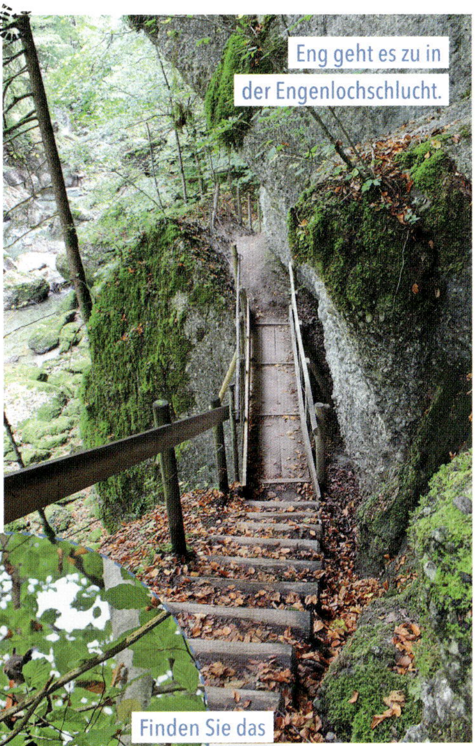

Eng geht es zu in der Engenlochschlucht.

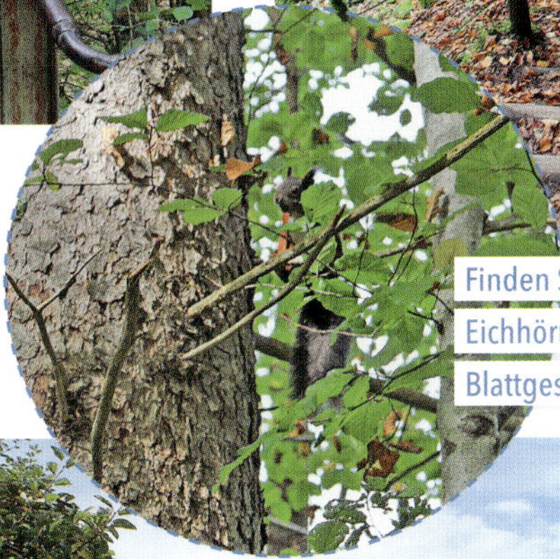

Finden Sie das Eichhörnchen im Blattgestrüpp?

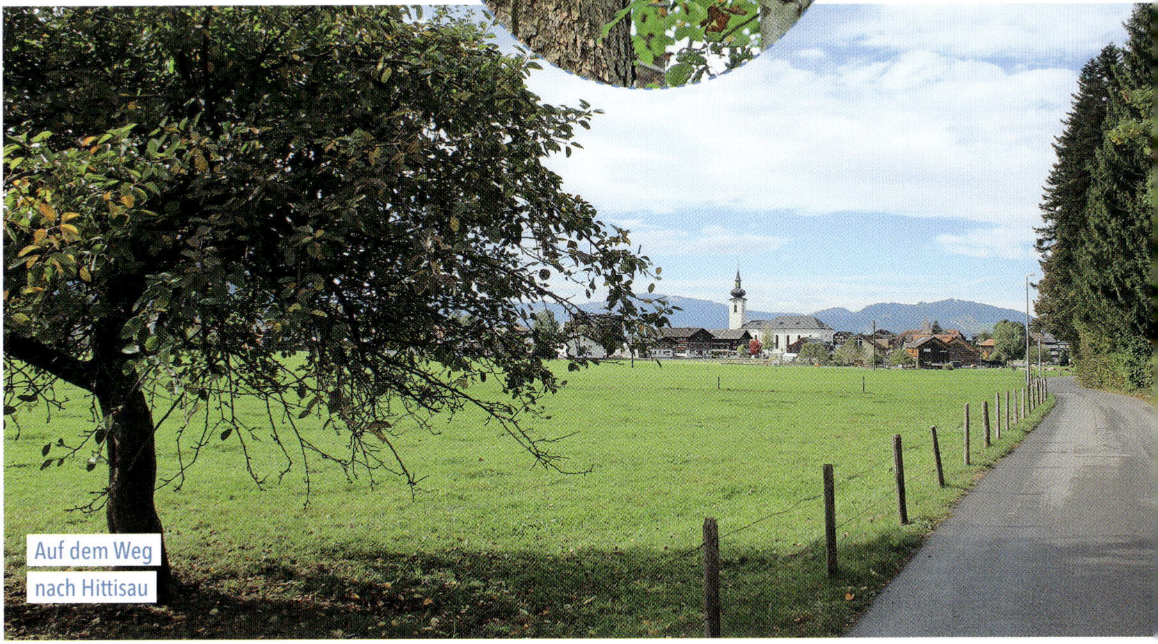

Auf dem Weg nach Hittisau

Rund um den Kirchturm von Hittisau gibt es zahlreiche stattliche Wälderhäuser.

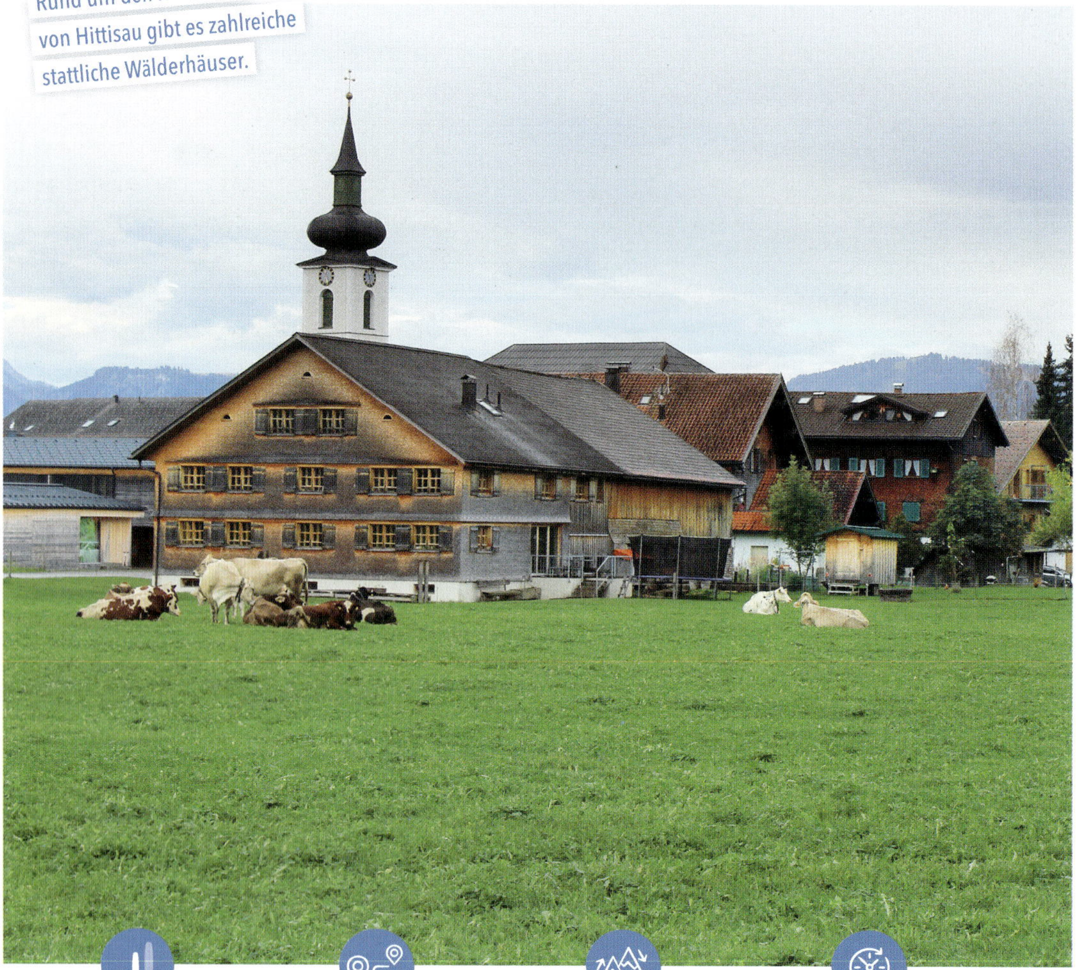

mittel | 4 km | 40/40 Hm | 1.30 Std.

Auf einen Blick

Tourencharakter
Sehr schöner, lehrreicher Pfad mit langer Strecke am Wasser entlang, darum dauerfeucht. Viele Treppchen und kleine Auf- und Abstiege in der Engenlochschlucht, Großgewachsene müssen dort ab und zu den Kopf einziehen.

Ausgangs-/Endpunkt
Hittisau, Kirche
GPS: 47.457478, 9.959473

Höchster Punkt
Parzelle Brand (805 m)

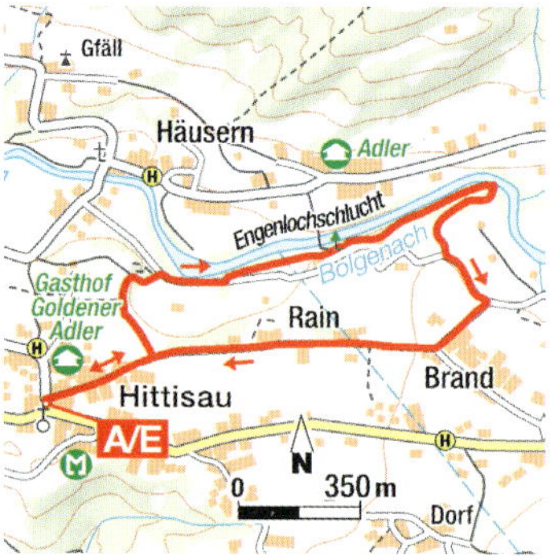

Anfahrt
ÖPNV: Vom Bahnhof Bregenz mit Bus 820 nach Hittisau bzw. vom Bahnhof Dornbirn mit Bus 860
Auto: A 14 (Rheintalautobahn) bis Ausfahrt Dornbirn-Nord und weiter auf der L 200 und der L 205 nach Hittisau

Einkehr
In Hittisau

Weitere Informationen
■ *hittisau.at*

Alltag und im Handwerk und über seine Rolle in der Region.

An der Bolgenach, die hier noch in einem breiten Bett fließt, geht es anschließend nach rechts weiter. Nach der Drahthängebrücke entdecken wir ein kleines funktionstüchtiges Sägewerk und einige Meter weiter eine Wasserstation, in der man spielerisch Eimer füllen kann. Kurz danach wird der Weg anspruchsvoller, merklich geht es auf die Engenlochschlucht zu. Das hier angebrachte Schild, das vor Gefahren vor allem im Winter warnt, weist bereits darauf hin, dass der folgende Abschnitt mit Vorsicht zu genießen ist – vor allem bei eisigen Temperaturen oder nach Niederschlägen (etwas feucht ist es am Fluss ohnehin immer).

Die Engenlochschlucht

Zu genießen ist der Weg jedoch allemal, denn die sich hier durch die Felsen ihren Weg suchende Bolgenach hat bizarr schöne Formationen geschaffen, indem sie die harten Formen des Gesteins abschliff. Die nicht wenigen Strudellöcher dienten den Menschen aus Hittisau und Umgebung früher gar einmal als Freiluftschwimmbad, eine reichlich wagemutige Erfrischung. Gut 550 Meter lang ist die teils sehr enge Schlucht, die damit ihrem Namen alle Ehre macht, aber sie bietet auch ein wunderbares Naturschauspiel. Am Ende der Schlucht angelangt, steigen wir nach oben und wenden uns nach rechts. Auf einem Pfad hoch über der Schlucht geht es durch ein kurzes Waldstück, dann links auf einen weiteren schmalen Weg am Weidezaun entlang. Wir wandern hier auf einem natürlichen Damm, der einst einen See begrenzte, der sich in der Eiszeit gebildet hatte und dessen Umrisse noch gut erkennbar sind. Erst der Durchbruch der Bolgenach formte die von uns durchwanderte Schlucht. Am Teerweg angekommen, wenden wir uns nach links und gehen bis zum Wegkreuz, wo wir rechts auf dem Sträßchen am Gasthof Sonne vorbei zurück ins Hittisauer Zentrum gelangen.

Tipp

Der auffällige Bau hinter der Volksschule Hittisau ist ein architektonischer Hingucker: Hier ist das 2000 eröffnete Frauenmuseum untergebracht, ein Unikum in Österreich. Nach Konzepten einheimischer Frauen errichtet, widmet es sich diversen Themen – mal geht es um Hexen, mal um Künstlerinnen oder ums Putzen. Zudem gibt es Vorträge und Konferenzen.
■ *frauenmuseum.at*

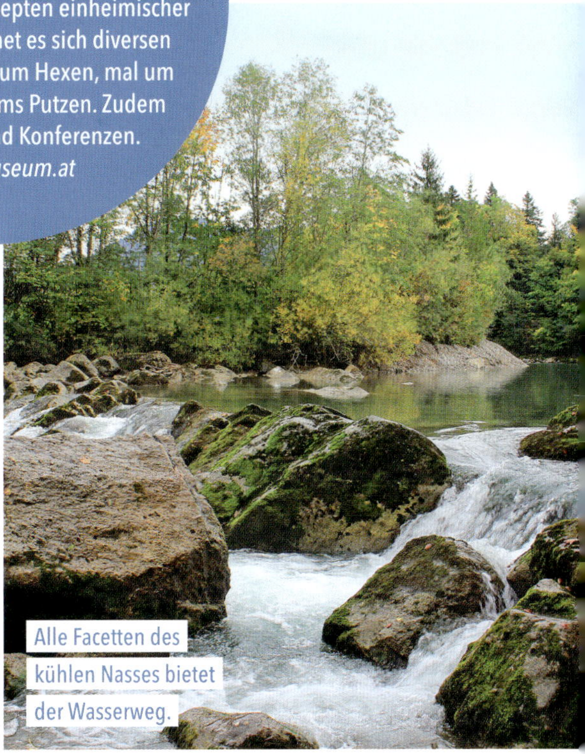

Alle Facetten des kühlen Nasses bietet der Wasserweg.

MOORBADEN UND BERGESCHAU

8

Von der Waldrast nach Sibratsgfäll

Unsere Wanderung beginnt mit einem Bad im Moor. Dann geht es bequem hinunter nach Sibratsgfäll, wobei wir stets die herrliche Kulisse des Hohen Ifen genießen dürfen.

Wir beginnen unsere Tour an der Waldrast, wo es eine Bushaltestelle und einen Parkplatz gibt. Von dort laufen wir wenige Meter nördlich auf dem Pfad neben der Straße entlang zum Waldrastweg, wo das Moorbad bereits ausgeschildert ist. Wir gehen links bis zum Holzhaus und biegen vor diesem rechts in den Wald ab auf den Weg in Richtung Bad.

Heilsames Moorwasser

Wir spüren nun schon am weichen Untergrund, auf dem es sich wunderbar laufen lässt, dass wir uns in einem Hochmoor befinden, auch die Flora rundum deutet darauf hin. Der mit Holzspänen belegte Pfad führt uns schließlich mitten hinein in das urige Moorbad, das aus einigen Becken und einer Wassertretanlage in rustikalem Stil besteht, hinzu kommen eine Hütte mit Umkleide sowie eine einfache Dusche. Das Eintauchen in das Moorwasser hier mitten im Wald ist nicht nur ein besonderes Erlebnis, es werden ihm auch allerlei gesundheitsfördernde Wirkungen nachgesagt, etwa bei Hautkrankheiten oder Rückenschmerzen. In jedem Fall ist das Schwimmen in dem dunklen Gewässer sicher eine außergewöhnliche Erfahrung. Der Zugang ist frei, allerdings nachvollziehbarerweise herrscht nur in den warmen Sommermonaten Betrieb.

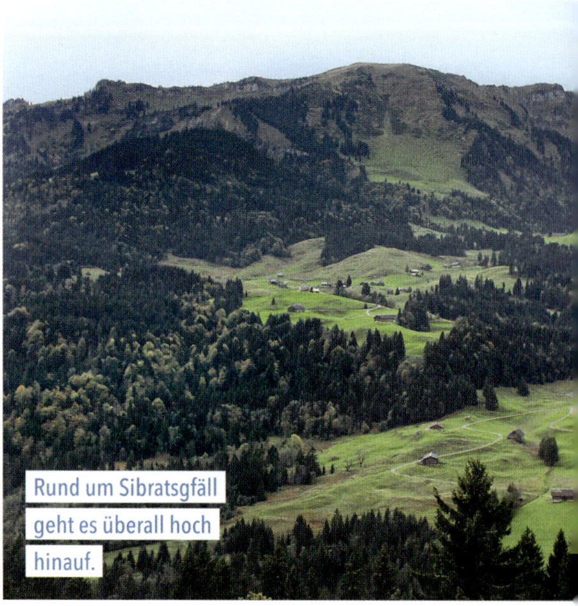

Rund um Sibratsgfäll geht es überall hoch hinauf.

Hinter dem Dorf ragt der beherrschende Hohe Ifen auf.

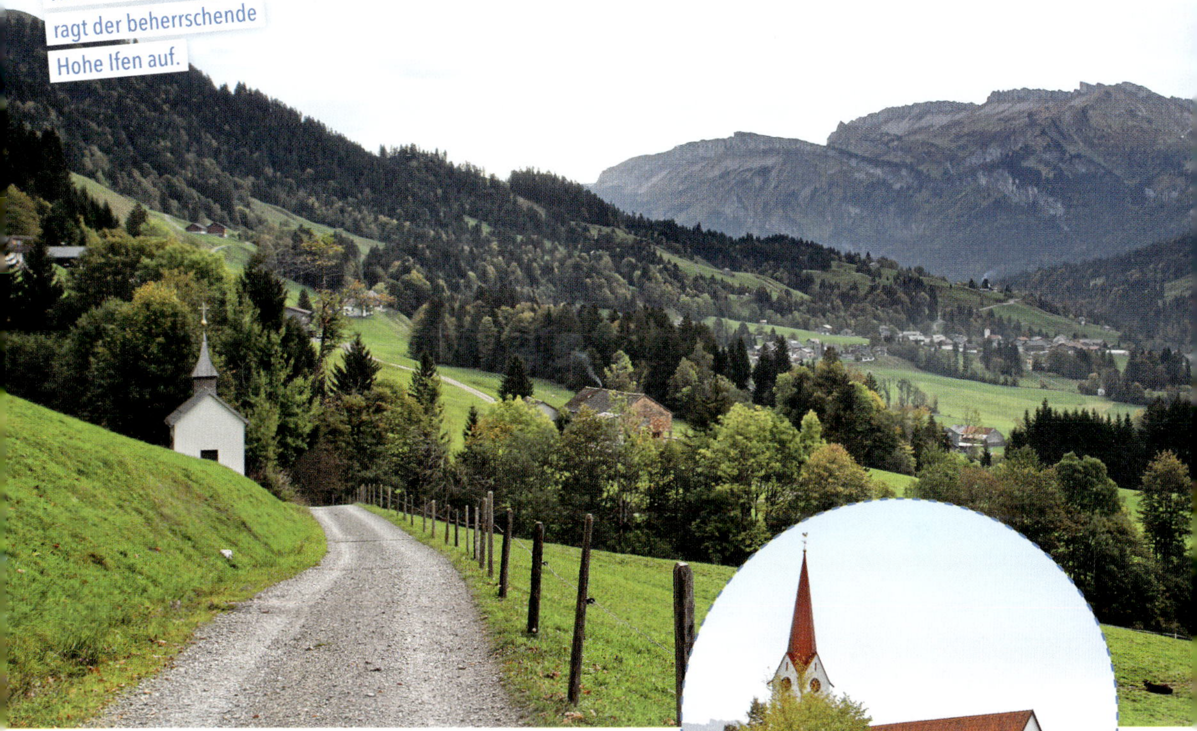

Tipps

In Sibratsgfäll gibt es zwei unter Denkmalschutz stehende Gebäude: die Pfarrkirche und das alte Sägewerk (Dorf 30), das noch immer in Betrieb ist – als »Motor« dient ein Mühlrad, das oberschlächtig mit Wasser versorgt wird und ein einzelnes Sägeblatt in Bewegung setzt. Ein anderes markantes Sibratsgfäller Gebäude (Parzelle Rindberg) ist Felbers schiefes Haus, ein Museum: Geführt wird man durch ein gefährlich krummes Haus, das nach einem Hangrutsch in seine schiefe Lage geriet. Erinnert wird an die dramatischen Ereignisse, aber auch die Geologie der Region.
■ *sibra-bregenzerwald.com/felbers-schiefes-haus*

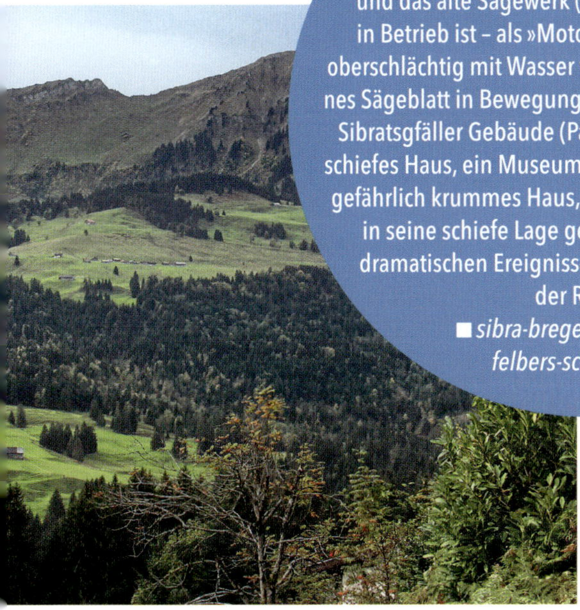

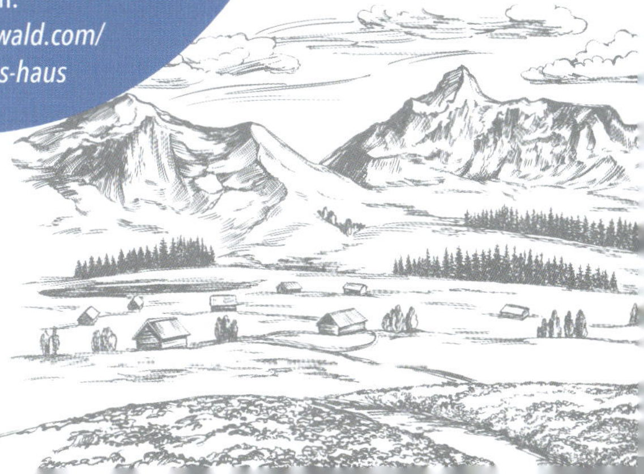

Im Schatten des Hohen Ifen

Nach der Durchquerung der Badeanlage folgen wir dem Wegweiser zum Gasthaus Ifenblick, der uns nach links führt. Im Wald halten wir uns erneut links, dann geht es an den ersten Häusern und dem genannten Gasthof vorbei und nach diesem – kurz vor der bereits wieder sichtbaren Waldrast – rechts auf den Teerweg, der anfangs parallel zur Straße verläuft. Langsam absteigend führt uns der Weg an der Josefskapelle vorbei auf das schon gut sichtbar vor uns liegende Sibratsgfäll zu, eingebettet in eine schöne Bergkulisse, die vom Massiv des Hohen Ifen beherrscht wird. Durch die Siedlung der Parzelle Mähmoos immer geradeaus kommen wir wieder zur Landstraße und gehen an ihr rechts entlang die restlichen Meter, vorbei am Gemeindeamt, bis zum Ortskern von Sibratsgfäll um den sehr schön hergerichteten Dorfplatz vor der Kirche. Der Bau entstammt dem Jahr 1805, der Turm wurde etwas später angefügt und noch später ein weiteres Mal erhöht.

Beschauliches Sibratsgfäll

Das Dorf, ursprünglich nur eine Vorsäß, wurde erstmals im 16. Jahrhundert erwähnt und wuchs im Lauf des 18. Jahrhunderts durch den Zuzug von Tiroler Holzfällern. Sibratsgfäll blieb zwar weiterhin etwas abgelegen, und die Straße endet hier auch heute noch. Zudem hat der Ort mit etwas über 400 Menschen eine überschaubare Einwohnerzahl, doch gerade dadurch blieb viel von seinem Charme bewahrt. Mit anderen kleineren Ortschaften des Bregenzerwalds wie Schnepfau und Thal gehört er zu den besonders liebenswerten Dörfern der Region. Es gibt Gasthöfe, Hofläden und einen Dorfladen zur Versorgung mit heimischen Produkten sowie gemütliche Ecken wie den erwähnten Dorfplatz, wo man die Stille eines Ortes ohne Durchgangsstraße genießen kann.

Mit der Buslinie 860 können wir schließlich nach Hittisau und weiter nach Dornbirn bzw. auch nur bis zum Startpunkt zurück zur Waldrast fahren.

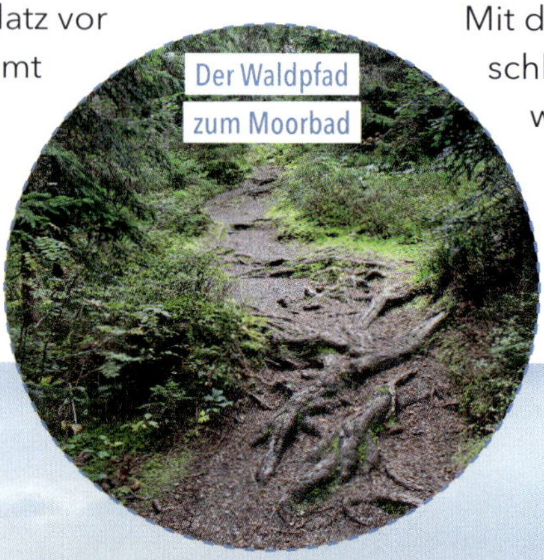
Der Waldpfad zum Moorbad

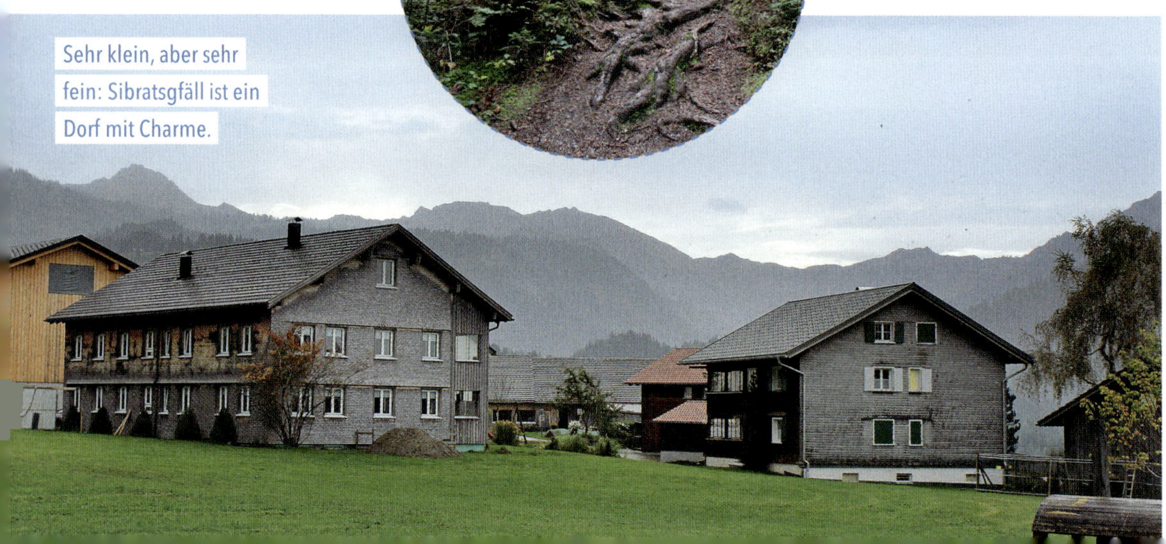
Sehr klein, aber sehr fein: Sibratsgfäll ist ein Dorf mit Charme.

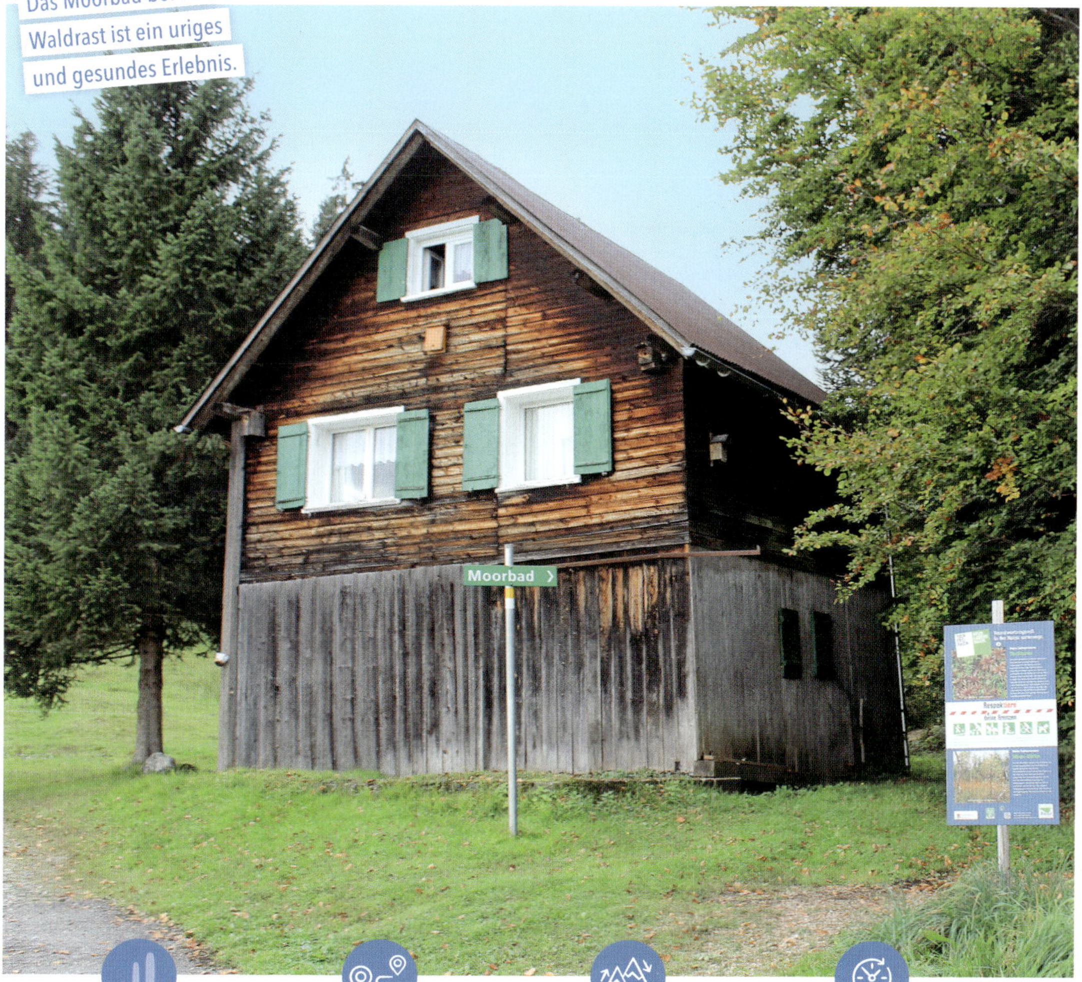

Das Moorbad bei der Waldrast ist ein uriges und gesundes Erlebnis.

leicht | 4 km | 10/130 Hm | 1 Std.

Auf einen Blick

Tourencharakter
Rund um das Moorbad weiche, gut gepflegte Pfade, nach Sibratsgfäll breite Teerwege, stets nur leicht bergab

Ausgangspunkt
Waldrast
GPS: 47.440507, 10.014206

Endpunkt
Sibratsgfäll, Kirche
GPS: 47.42667, 10.03806

Höchster Punkt
Moorbad (1057 m)

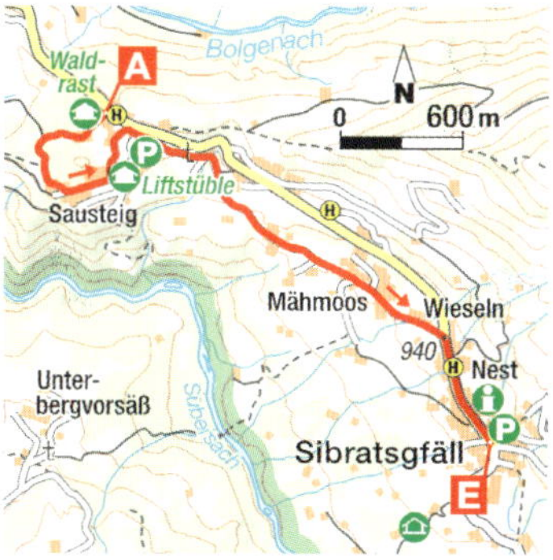

Anfahrt
ÖPNV: Vom Bahnhof Dornbirn weiter mit Bus 860 (auch für den Rückweg)
Auto: A 14 (Rheintalautobahn) bis Ausfahrt Dornbirn-Nord, weiter auf der L 200, dann auf der L 205 und ab Hittisau auf der L 24

Einkehr
Bei der Waldrast, Gasthof Ifenblick (beim Moorbad), in Sibratsgfäll

Weitere Informationen
■ *sibra.at*

9

Von Lingenau nach Langenegg

Langenegg hat eine lange Geschichte – eine Geschichte der Trennungen. Die sind heute längst aufgehoben, und das Doppeldorf ist wieder eine vereinte, sehr lebendige Gemeinde.

Älteste Gemeinde des Vorderen Bregenzerwalds: Mit diesem Titel darf sich Lingenau schmücken, wurde es doch schon zu Beginn des 13. Jahrhunderts urkundlich erwähnt. Einst zentraler Ort des Bregenzerwalds, musste Lingenau einige Rückschläge hinnehmen, besonders nach dem Bauernkrieg 1525, an dem sich die Bewohner beteiligt hatten, wofür sie schließlich mit dem Entzug einiger Privilegien bestraft wurden. Gleichwohl ist die Lage an wichtigen Durchgangsstraßen – was noch immer gilt – zum Beispiel an den weiterhin vorhandenen vielen Gastwirtschaften abzulesen. Zudem ist der Ort bekannt für seinen schönen Dorfplatz (unseren Startpunkt), für den modernen Käsekeller, die barocke Annakapelle auf dem Feld, die neugotische Kirche mit moderner Ausstattung und für eine der größten Stahlbetonbogenbrücken der Welt.

Von Lingenau zum Dörnlesee

Vom Dorfplatz gehen wir auf die Kirche zu – diese musste nach einem Dorfbrand 1866 neu errichtet werden – und dann die Straße unterhalb am Friedhof entlang. Schon wartet ein erstes Highlight auf uns: Ein Lehrpfad über die Pflanzen und Tiere des Nagelfluhgebirges begleitet uns mit vielen Stationen zum Mitmachen. Der ist zwar an sich für die Jugend gedacht, vermittelt aber auch Erwachsenen allerlei Wissenswertes.

Die folgende Kreuzung an der Landstraße überqueren wir hinüber auf die andere Seite und gehen weiter bis zur Parzelle Fehren. Mit dem kleinen Dörnlesee entdecken wir kurz darauf ein echtes Naturdenkmal und eine Hinterlassenschaft der Eiszeit inmitten eines winzigen Hochmoorgebiets.

Wir bleiben geradeaus bis zu den nächsten Häusern, biegen dort am Wegweiser vor dem Haus rechts auf die Wiese (Fehrenmühlweg) und wandern auf dem Waldpfad hinab in den Tobel sowie auf der anderen Seite wieder hinauf. Nun geht es über eine Weide links hoch und mit einer Kurve rechts auf dem Weg bis zur Straße, dann links das kurze Stück bis vor die Kirchenpforte.

Getrennt und doch vereint

Aus zwei wurde eins: Langenegg gab es in dieser Form bis vor gut 100 Jahren noch nicht. Im Gegenteil: Zwischen den beiden heutigen Ortsteilen Unter- und Oberlangenegg gab es jahrhundertelang bedeutende

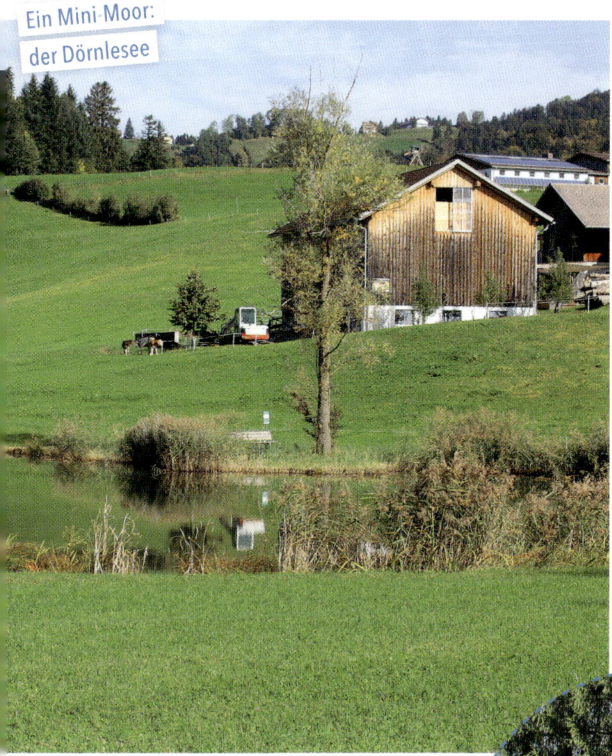

Ein Mini-Moor: der Dörnlesee

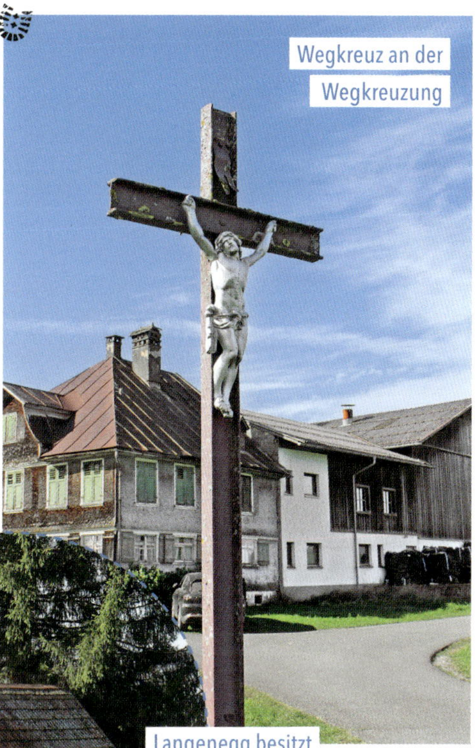

Wegkreuz an der Wegkreuzung

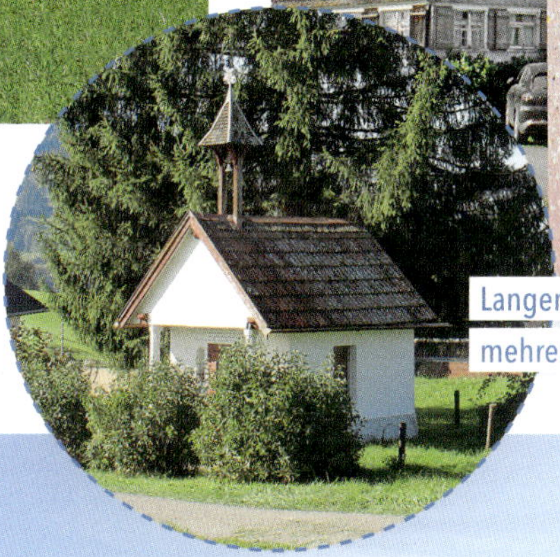

Langenegg besitzt mehrere Kapellen.

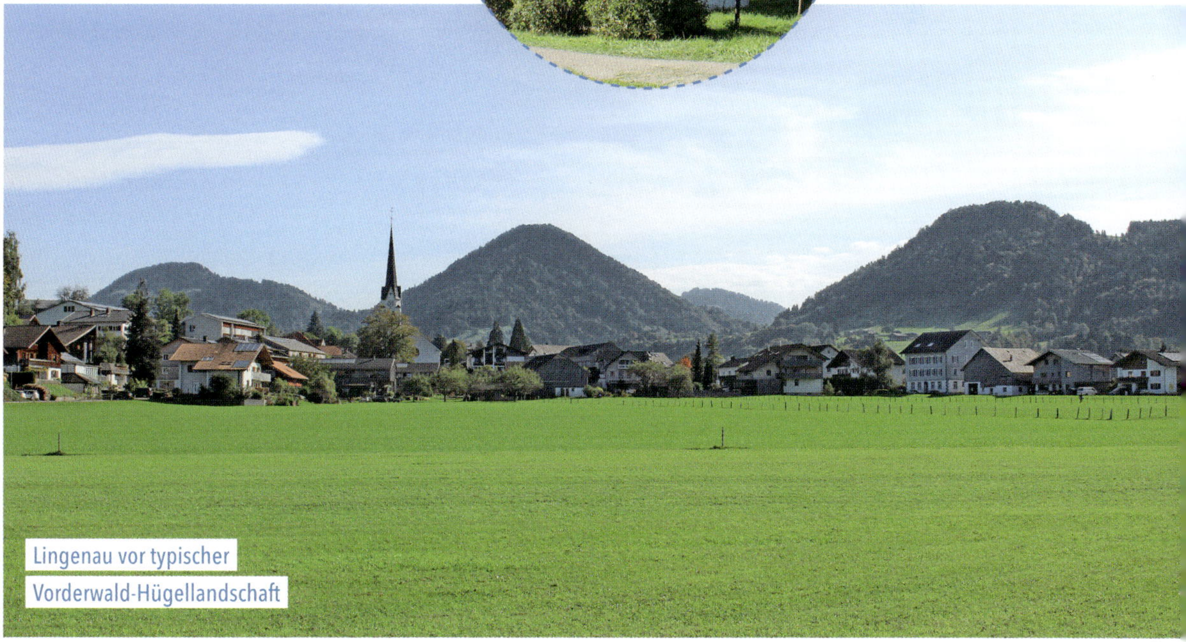

Lingenau vor typischer Vorderwald-Hügellandschaft

Am Rand des Doppeldorfs: die Barockkirche Langenegg

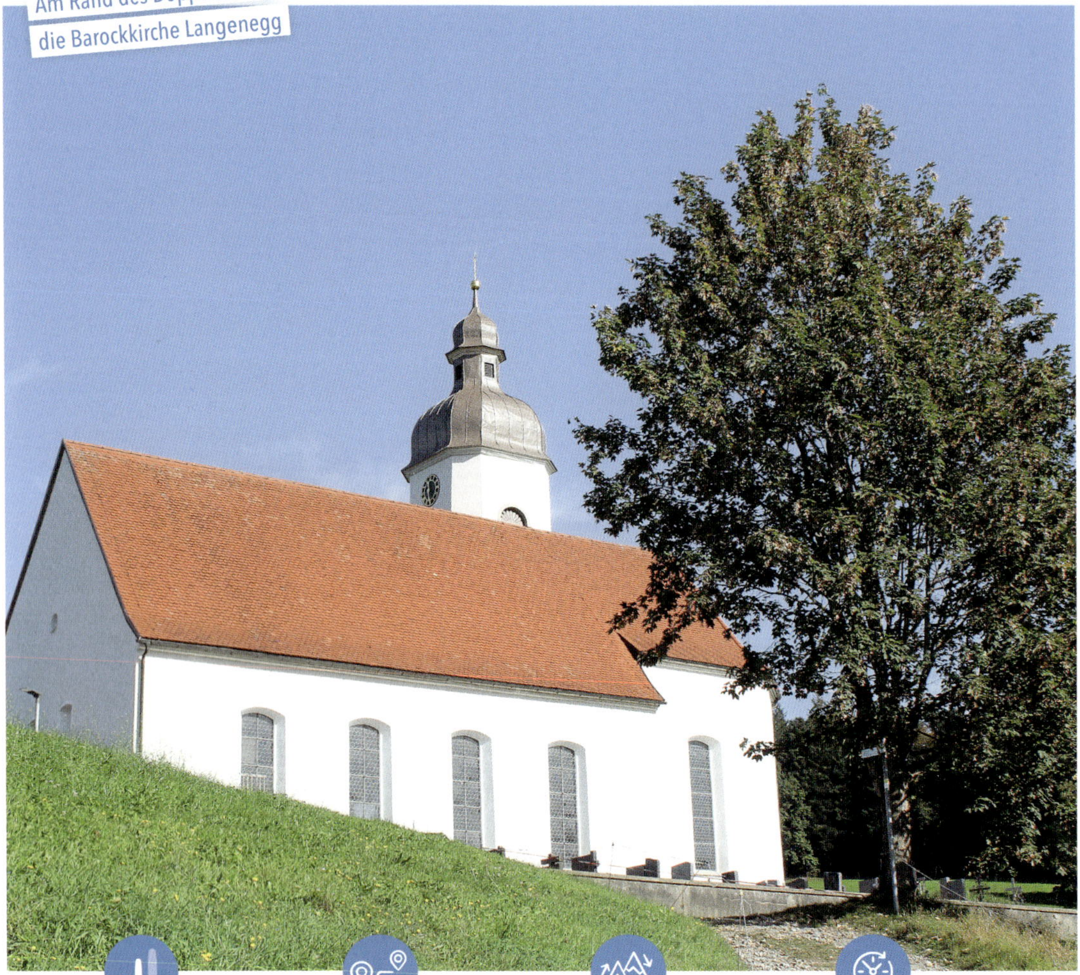

mittel | 4 km | 80/65 Hm | 1.30 Std.

Auf einen Blick

Tourencharakter
Leicht zu Beginn, dann Talquerung auf einem Waldpfad und Anstieg über eine Weide. Danach wieder gut befestigte Wege und nur noch wenige Anstiege

Ausgangspunkt
Lingenau, Dorfplatz
GPS: 47.450421, 9.920209

Endpunkt
Langenegg, Gemeindeamt
GPS: 47.46890, 9.89701

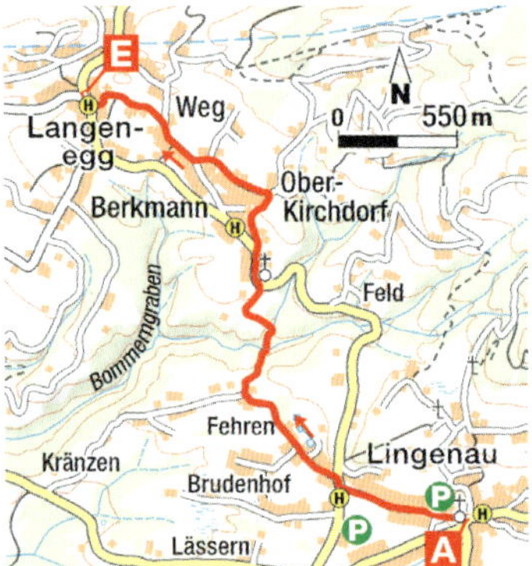

Höchster Punkt
Parzelle Weg (722 m)

Anfahrt
ÖPNV: Vom Bahnhof Bregenz weiter mit Bus 820 nach Lingenau
Auto: A 14 (Rheintalautobahn) bis Ausfahrt Dornbirn-Nord, dann weiter auf der L 200

Einkehr
In Lingenau und Langenegg

Weitere Informationen
- *lingenau.at*

Unterschiede. Das begann schon im Mittelalter. Beide Ortschaften waren damals noch selbstständig und hatten unterschiedliche Herren – Unterlangenegg gehörte zum Besitz des Klosters Mehrerau, Oberlangenegg den Montforts. Zwar kamen beide später unter österreichische Herrschaft, blieben aber weiterhin getrennte Gemeinden – bis zum Jahr 1923, als die Teilung offiziell aufgehoben wurde.

Immerhin erfolgte bereits 1537 die kirchliche Vereinigung, nachdem die Unterlangenegger zuvor nach Egg zum Gottesdienst, die Oberlangenegger aber nach Lingenau zur Messe gingen. Fortan war für beide die Pfarrei Lingenau zuständig, vor Ort gab es jedoch nur Kapellen. Aus einer davon, die auch ein beliebtes Wallfahrtsziel war, entstand schließlich die außen schlichte Barockkirche von 1775 mit ihrer im Inneren umso prächtigeren Rokoko-Ausstattung, unzweifelhaft ein Schmuckstück unter den Wälder Gotteshäusern.

Durch Langenegg

An der Kirche vorbei geradeaus, verlassen wir dann bald leicht rechts haltend die Straße und steigen bergan. Oben angelangt, wenden wir uns nach links (Richtung Langenegg-Ortsmitte), kommen zu einem Bildstock und nehmen die linke Abzweigung. Es geht ein paar Schritte bergab und dann erneut links auf dem geteerten Pfad hinunter zur Theresienkapelle, wo wir wiederum links zur Dorfstraße abbiegen. Dieser folgen wir rechts ins Dorfzentrum von Unterlangenegg, wo das Gemeindeamt, die Schule, der Dorfladen und einige weitere Geschäfte angesiedelt sind. Der Bus 890 fährt von hier zurück nach Lingenau.

Tipp

»Die Leute von Langenegg« fotografierte der Bauer Konrad Nußbaumer mit einer einfachen Kamera, die er 1934 bei einem Preisausschreiben gewonnen hatte. Obwohl nur als Hobby und ohne künstlerische Ambitionen entstanden, nehmen sich Nußbaumers beeindruckende Schwarz-Weiß-Bilder des Dorfalltags heute wie das Gesamtprojekt einer Dokumentation längst vergangener Tage aus. Hans Weiss hat sie gesammelt und mit biografischen Texten Langenegger Einwohner zu einem faszinierenden Bildband zusammengestellt. Wer Glück hat, findet diesen noch in Antiquariaten.

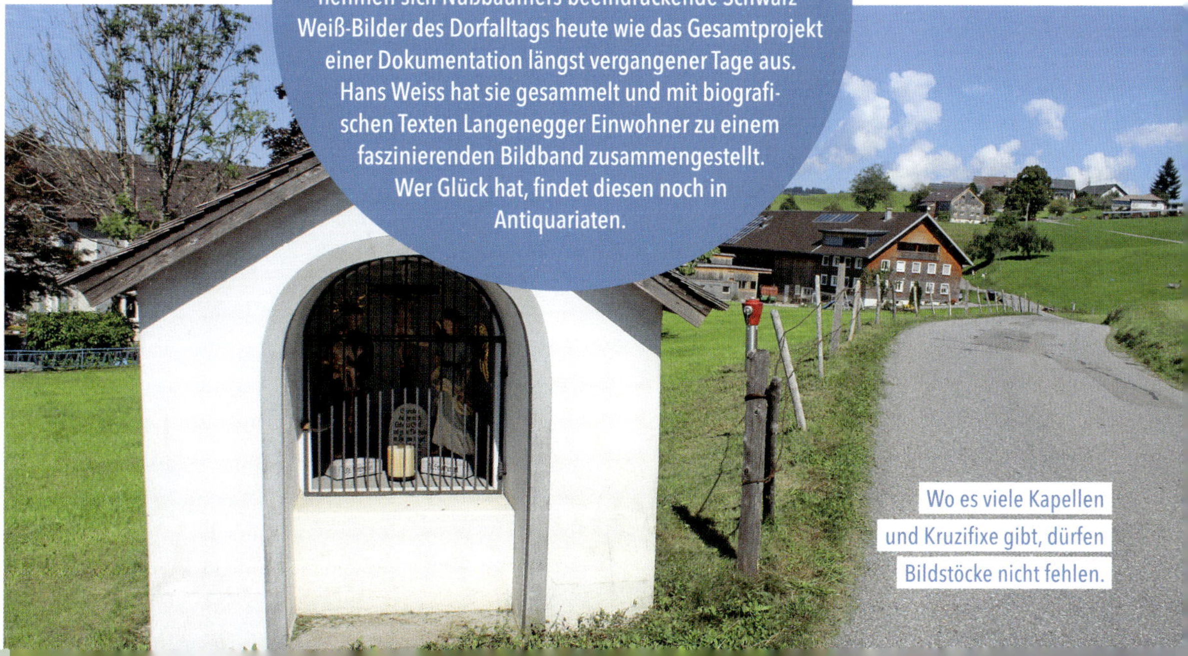

Wo es viele Kapellen und Kruzifixe gibt, dürfen Bildstöcke nicht fehlen.

AM STEILABFALL DER BREGENZER ACH

10

Von Langenegg nach Doren

Genau genommen sind Langenegg und Doren Nachbardörfer, sie sind aber durch tiefe Täler getrennt. Deshalb steigen wir vom einen Dorf erst hinab und dann zum anderen wieder hinauf.

In Langenegg starten wir am Dorfladen neben dem Gemeindeamt und gehen rechts an der Hauptstraße weiter bis zum nicht zu verfehlenden Energieturm. Hier wechseln wir die Straßenseite hinüber zum Sportgelände und halten uns an der Kreuzung links (folgen also nicht der gelben Markierung!). Auf der Straße steigen wir bergan bis zur sehenswerten Kapelle St. Michael, deren Anfänge bis ins 17. Jahrhundert zurückreichen. Mehrfach renoviert zeigt sie im Inneren unter anderem eine reiche Bemalung aus den 1930er-Jahren.

Im Zickzack zur Bregenzer Ach

An dem kleinen Gotteshaus vorbei und beim Einbiegen in die Straße leicht rechts haltend, wandern wir immer weiter Richtung Westen und folgen nun dem Straßenverlauf eine ganze Weile bis zur Parzelle Englen. Hier nehmen wir die Kurve rechtsherum an den Häusern vorbei und laufen etwas bergab bis hinunter zum Waldrand, wo wir den Weg geradeaus (bzw. ganz leicht rechts, rote Markierung) in den Wald wählen.

Nach diesem kurzen Stück laufen wir weiter auf dem Sträßchen bis kurz vor die letzten Häuser, biegen hier rechts in den Wald und halten uns dann – gut aufpassen! – am Wiesenrand erneut rechts auf den Pfad. Nachdem wir wieder im Wald sind, geht es sehr schnell und deshalb auch sehr steil auf dem schmalen Weg mit vielen Treppchen hinunter zur Bregenzer Ach. Nahe der Einmündung der Weißach erreichen wir den Fluss, halten uns links auf die frühere Eisenbahnbrücke und wandern nun auf dem flachen Kiesweg bis zur Bozenau.

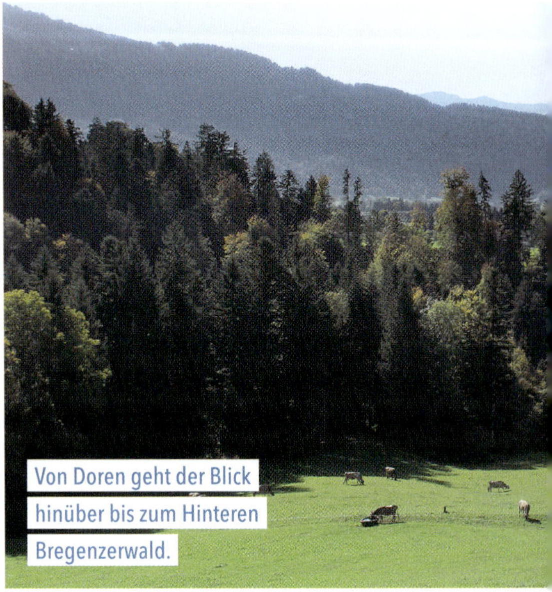

Von Doren geht der Blick hinüber bis zum Hinteren Bregenzerwald.

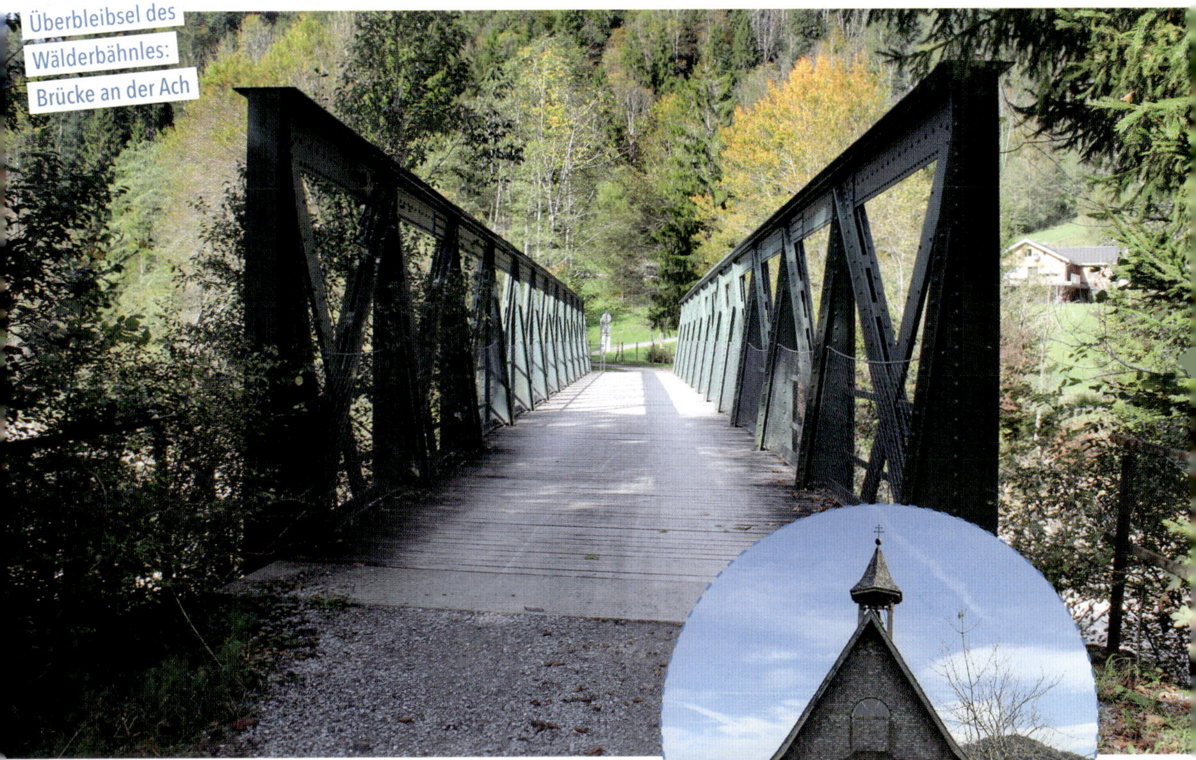

Überbleibsel des Wälderbähnles: Brücke an der Ach

Kapelle St. Michael in Langenegg

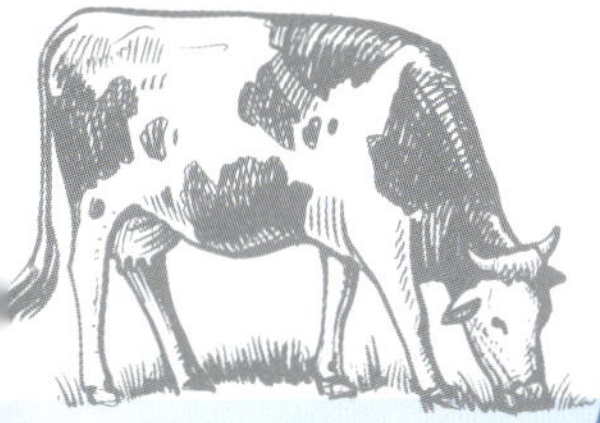

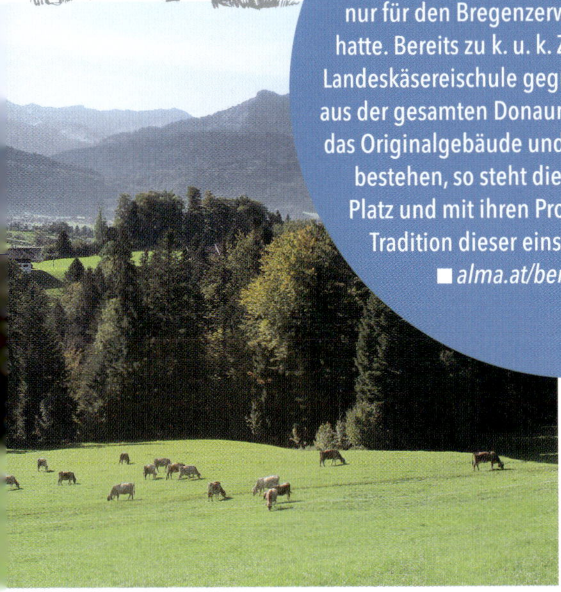

Tipp

Die zur Doren gehörende Parzelle Huban ist überregional für ihre Sennerei bekannt, die nicht nur für den Bregenzerwald besondere Bedeutung hatte. Bereits zu k. u. k. Zeiten wurde hier 1901 eine Landeskäsereischule gegründet, an die Auszubildende aus der gesamten Donaumonarchie kamen. Auch wenn das Originalgebäude und die Schule selbst nicht mehr bestehen, so steht die Sennerei noch am selben Platz und mit ihren Produkten noch immer in der Tradition dieser einst einmaligen Institution.
■ *alma.at/bergsennerei-huban*

In der Bozenau

Hier stand einst der Bahnhof der Station Doren-Sulzberg, und lange Zeit gab es hier auch eine Fähre. Um jedoch den Einwohnern von der Alberschwender Seite aus ebenfalls einen bequemeren Zugang zum Bahnhof zu ermöglichen, wurde 1902 ein Steg errichtet. Der hatte es nicht leicht, mehrfach wurde er bei Hochwassern beschädigt, danach aber auch immer wieder erneuert. Die Konstruktion der Brücke mit Holzelementen ist recht außergewöhnlich.

Wir bleiben aber ohne Stegüberquerung auf dieser Seite des Ufers. An der Ausflugsgaststätte Achstüble vorbei laufen wir auf dem Teersträßchen hoch, und nun geht es lange, aber bequem bergauf bis Doren. Als Fahrgast der Wälderbahn hatte man einst noch einen ordentlichen Marsch bergan vor sich, erst recht, wer weiter bis nach Sulzberg wollte.

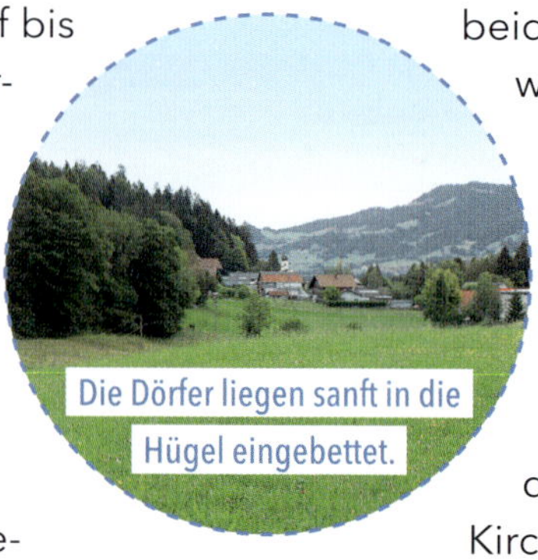
Die Dörfer liegen sanft in die Hügel eingebettet.

Nach Doren

Wir bleiben längere Zeit auf diesem Sträßchen, bis nach einer Holzhütte ein Weg – gekennzeichnet für Mountainbikefahrer – rechts abbiegt. In einer Kurve kommen wir nun auf das Landsträßchen, wo deutlich mehr Verkehr herrscht. Leider müssen wir hier rechts am Straßenrand einige Meter bis Brenden zurücklegen, vorbei an der modernen Kapelle von 1938, bis wir am nächsten Wegweiser links hoch abbiegen können. Bei den Häusern dann rechts haltend den ersten Weg nehmen, um das Haus herumlaufen (auf dem geteerten Weg) und am Ende der Bebauung auf die Wiese – man sieht Doren schon vor sich liegen. Wir kommen wieder zur Straße, können aber nun den Gehsteig nutzen und gelangen so links in das Ortszentrum von Doren mit Kirche, Gasthäusern, Gemeindeamt und Supermarkt.

An der Abbruchkante

Hoch über dem Tal der Bregenzer Ach gelegen, bietet sich von Doren ein wunderbarer Ausblick auf den gesamten südlich sich ausbreitenden Bregenzerwald. Der langgezogene Ort, der sich in viele kleine Parzellen und Einzel aufspaltet, gehörte lange Zeit zur Gemeinde und Pfarrei Sulzberg.

Der Wunsch nach Selbstständigkeit in beiden Bereichen kam früh auf, wurde jedoch erst vergleichsweise spät gewährt. 1847 wurde die politische, 1853 die kirchliche Gemeinde schließlich aus dem Verbund mit Sulzberg gelöst. Die Kirche, die äußerlich an die typischen Bregenzerwald-Kirchen des Barocks erinnert, entstand 1823–1826 und besitzt eine überwiegend neoromanische Ausstattung.

Der Steilabfall hinunter zur Bregenzer Ach, den wir auch beim Aufstieg gut sehen konnten, stellt aus Sicht der Gemeinde ein nicht unerhebliches Problem dar: Starke Unwetter und natürliche Erosion sorgen dafür, dass die Abbruchkante immer stärker an die Häuser Dorens heranrückt. Eine praktikable Lösung zur Eindämmung dieser Gefahr wurde bislang noch nicht gefunden. Mit dem Bus kommt man nach Langenegg zurück.

Die Dorener Kirche orientiert sich am schlichten Wälderbarock.

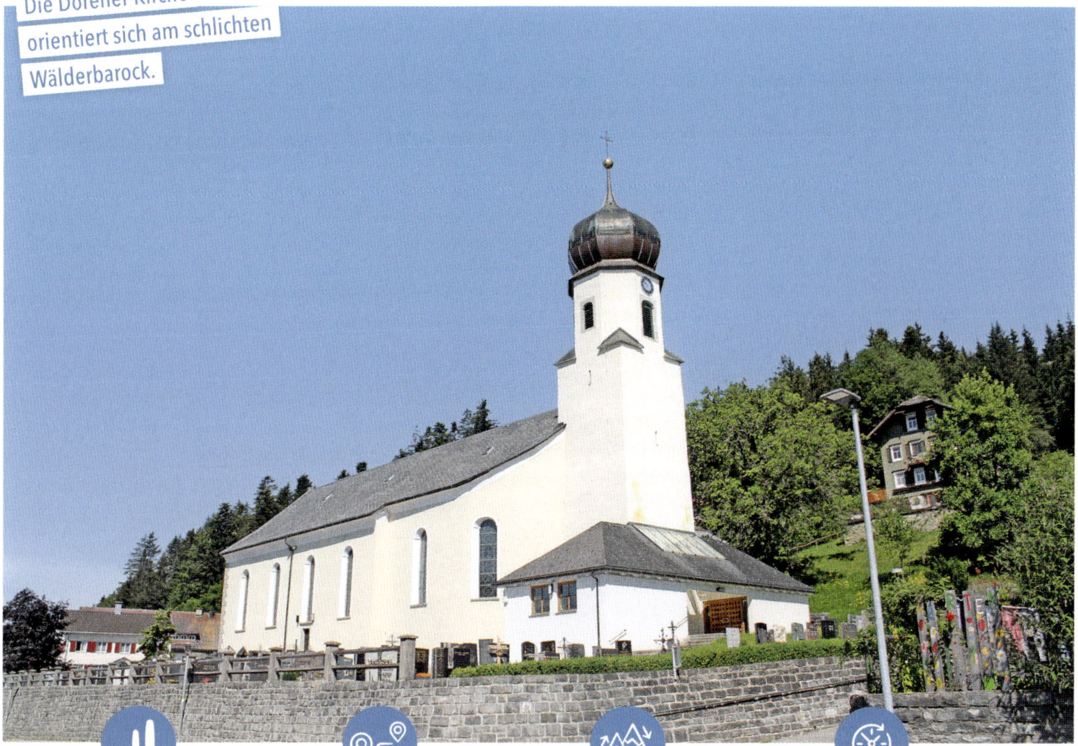

schwer | 9 km | 250/240 Hm | 3 Std.

Auf einen Blick

Tourencharakter
Der Abstieg ins Tal der Bregenzer Ach ist steil und erfolgt auf schmalem Waldpfad; der Aufstieg nach Doren ist etwas bequemer – beide Male sind jedoch einige Höhenmeter zu überwinden.

Ausgangspunkt
Langenegg, Dorfladen
GPS: 47.468117, 9.896939

Endpunkt
Doren, Kirche
GPS: 47.492988896920245, 9.879445744507287

Höchster Punkt
Doren (711 m)

Anfahrt
ÖPNV: Vom Bahnhof Bregenz weiter mit Bus 820

Auto: A 14 (Rheintalautobahn) bis Ausfahrt Dornbirn-Nord, dann weiter auf der L 200

Einkehr
In Langegg und Doren sowie Achstüble Bozenau

Weitere Informationen
- *doren.at*

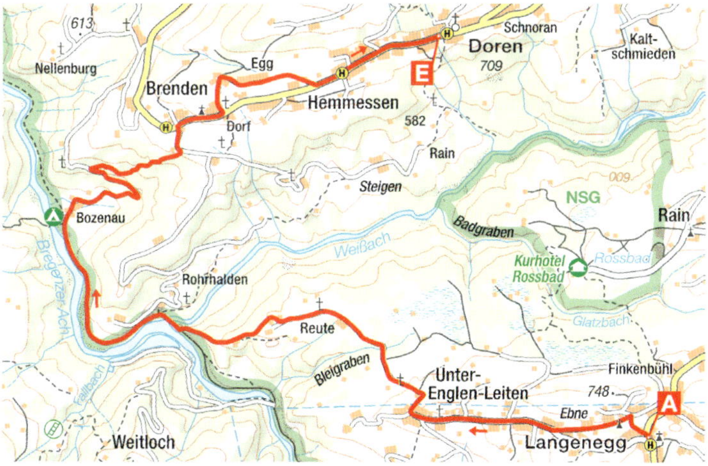

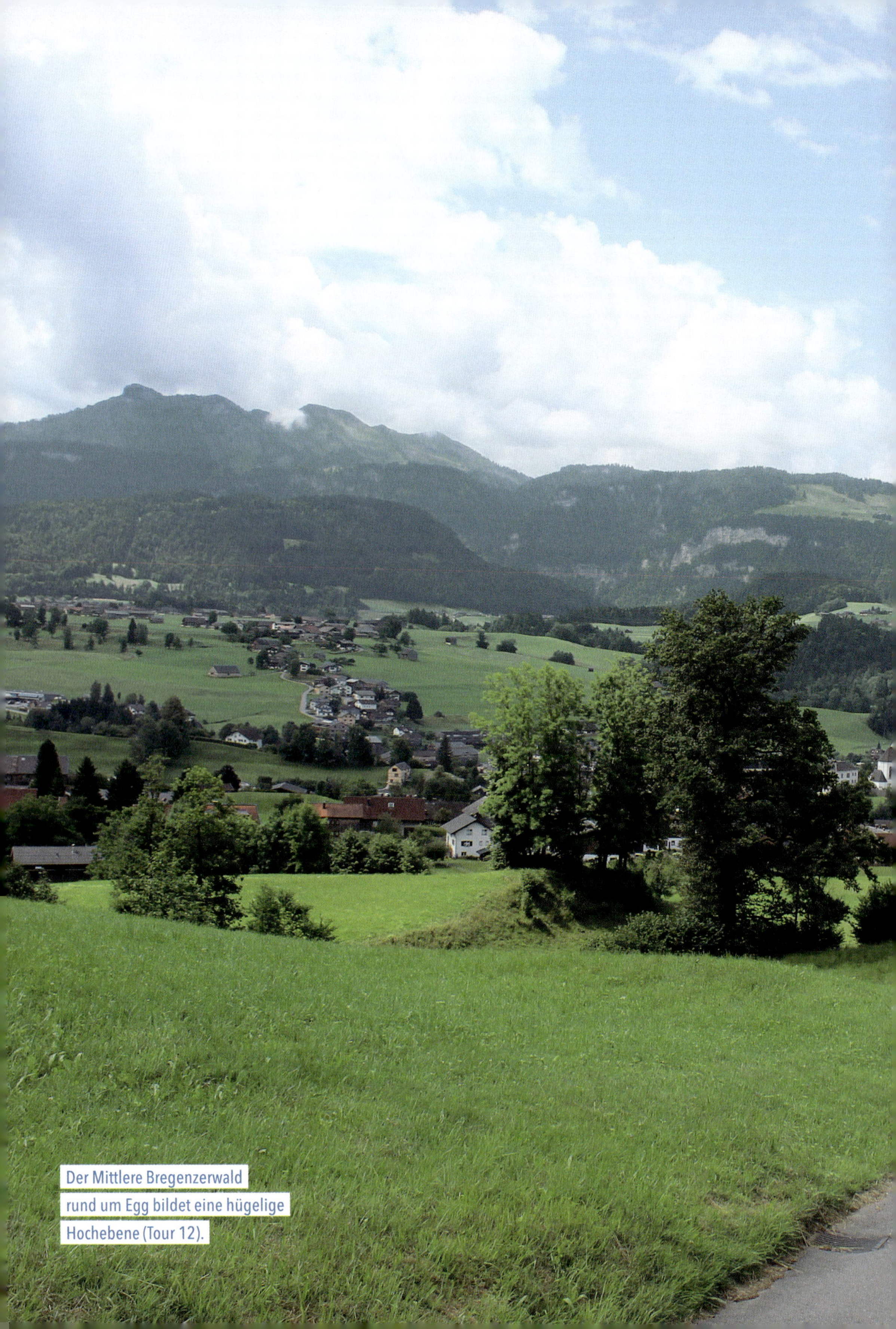

Der Mittlere Bregenzerwald rund um Egg bildet eine hügelige Hochebene (Tour 12).

WANDERUNGEN FÜR SENIOREN

Mittlerer Bregenzerwald

WANDERN AUF DER ALTEN BAHNTRASSE

11

Von Egg nach Müselbach

Wir sind einmal mehr an der Bregenzer Ach unterwegs, und wie immer geht es auf dieser Wanderung hier im Tal recht einsam zu.

Der noch junge Marktort Egg (Erhebung 2019) ist neben Bezau so etwas wie die Zentrale des Bregenzerwalds. Geografisch günstig gelegen, noch heute der Schnittpunkt von Ost-West- und Nord-Süd-Verbindungen, ist Egg zudem die flächenmäßig größte Gemeinde der Region – langgezogen reicht sie bis zur deutschen Grenze im Osten und ist zugleich die bevölkerungsreichste (naturgemäß ein relativer Wert bei etwa 3600 Einwohnern). Als wichtiges hiesiges Zentrum besitzt Egg auch die Funktion eines Versorgungszentrums vom Supermarkt bis zur Buchhandlung, ist Ort kultureller Veranstaltungen und hat einen hohen Freizeitwert im Sommer wie im Winter (bekannt ist z. B. das Skigebiet Schetteregg). Geprägt wird der Markt außer von seiner neugotischen Pfarrkirche vor allem durch seine Lage an gleich mehreren Flüssen, darunter vor allem an der rauschenden Bregenzer Ach, die hier kurzzeitig ihr enges Tal verlässt.

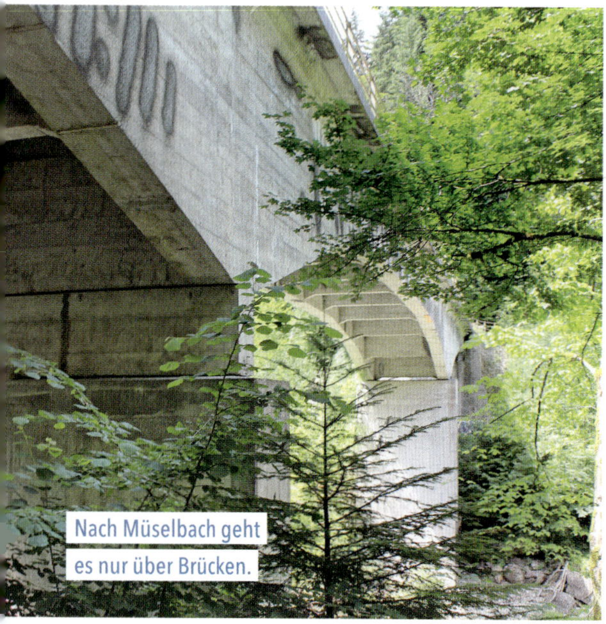

Nach Müselbach geht es nur über Brücken.

Bei Wanderern und Radlern beliebt

Wir allerdings wollen in dieses hineinwandern und gehen dazu am Busbahnhof nicht zur Hauptstraße, sondern auf der anderen Seite in die Gerbe und hier dann links hoch zum Ärztehaus. An diesem beginnt links ein Schotterweg, der uns auf der alten Bahntrasse hoch über der Straße langsam zum Fluss hinführt.

Dieses Stück der alten Bahntrasse der Bregenzerwaldbahn wurde, noch gut erkennbar, vor einigen Jahren gründlich aufgehübscht und mit erneuerten Brücken versehen, weshalb es auch bei Radfahrern sehr beliebt ist. Da wir uns in Fließrichtung der Ach bewegen, geht es erst einmal längere

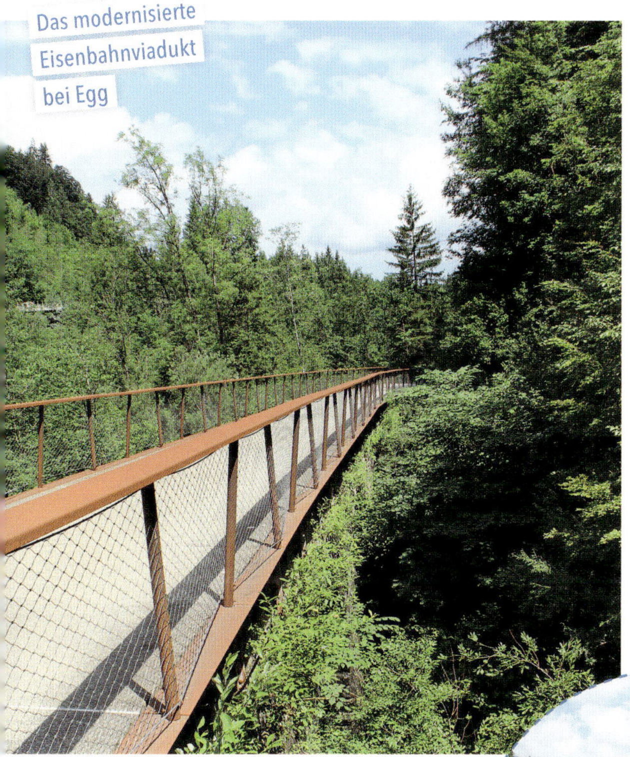

Das modernisierte Eisenbahnviadukt bei Egg

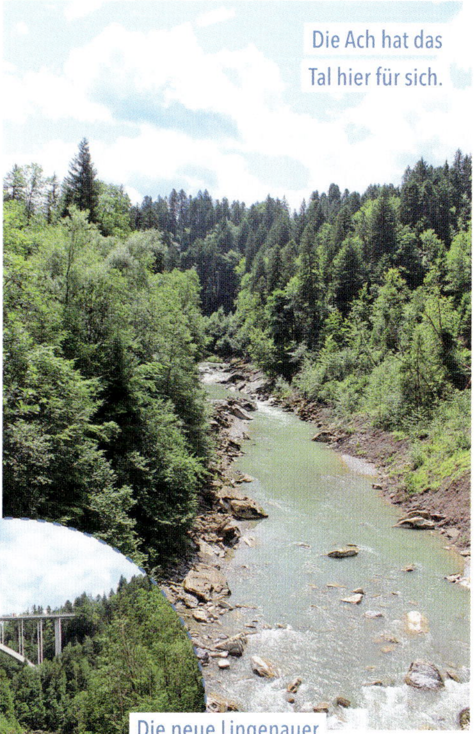

Die Ach hat das Tal hier für sich.

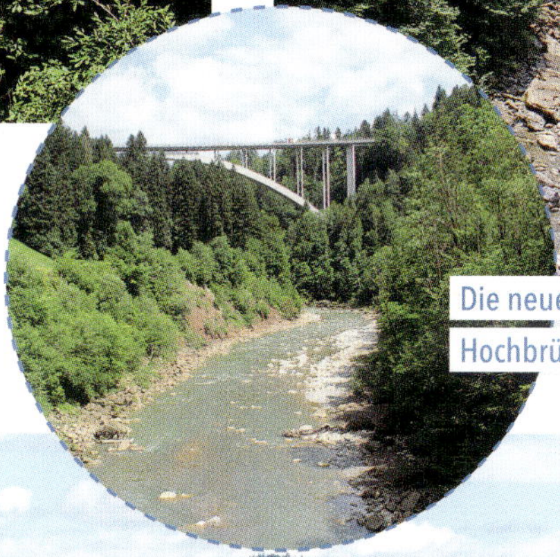

Die neue Lingenauer Hochbrücke

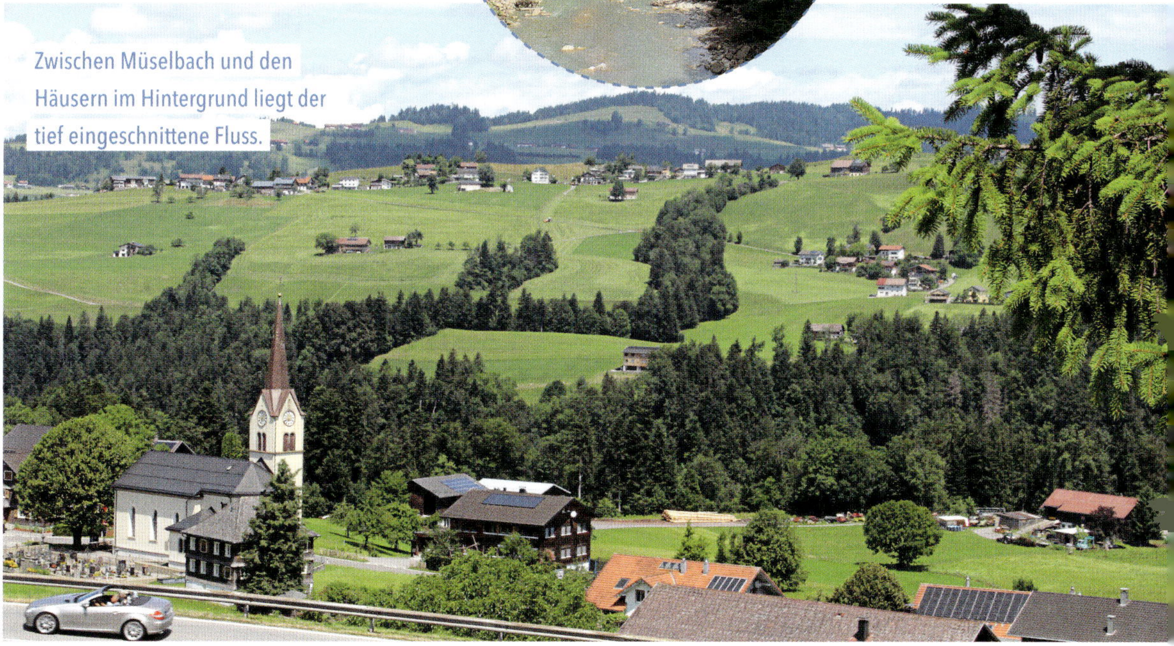

Zwischen Müselbach und den Häusern im Hintergrund liegt der tief eingeschnittene Fluss.

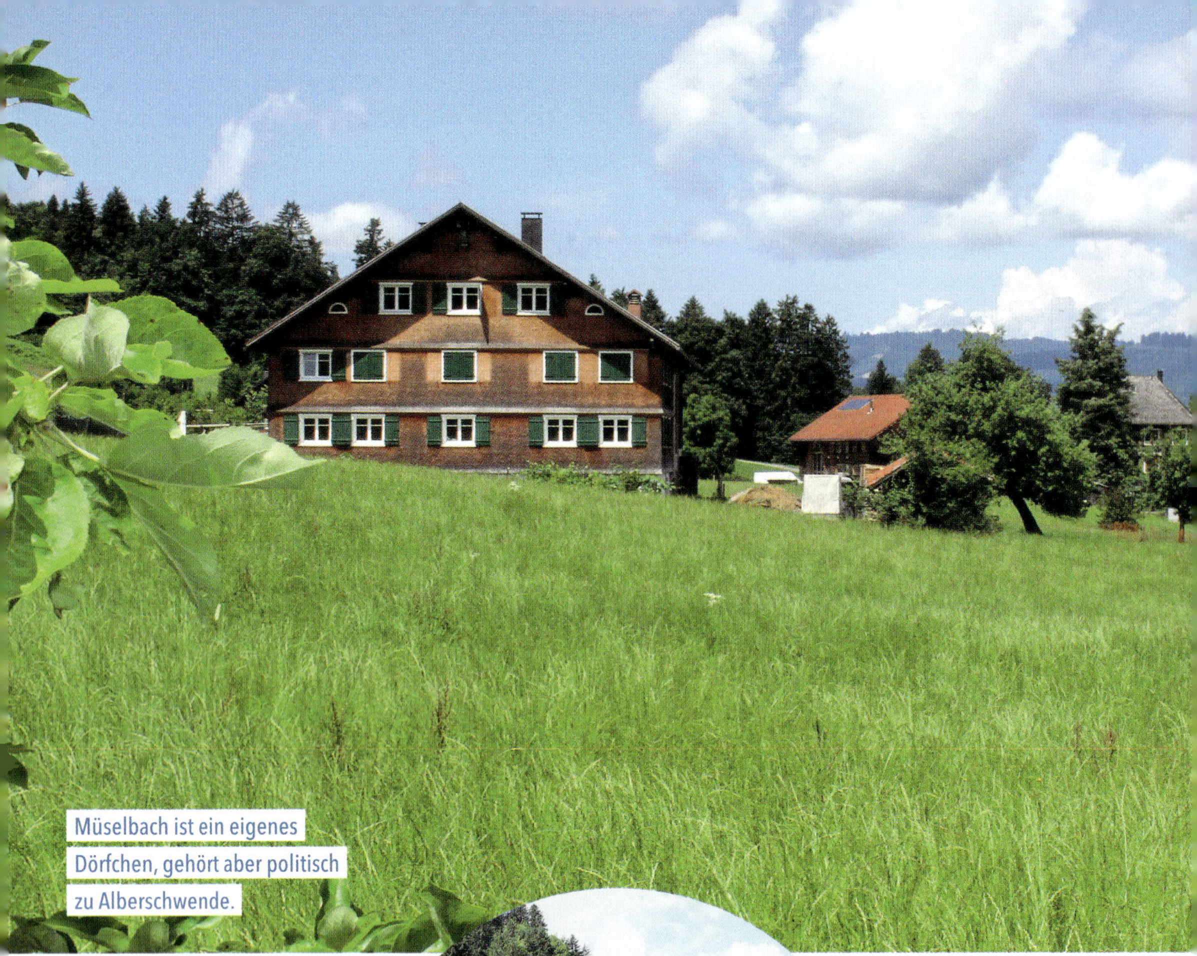

Müselbach ist ein eigenes Dörfchen, gehört aber politisch zu Alberschwende.

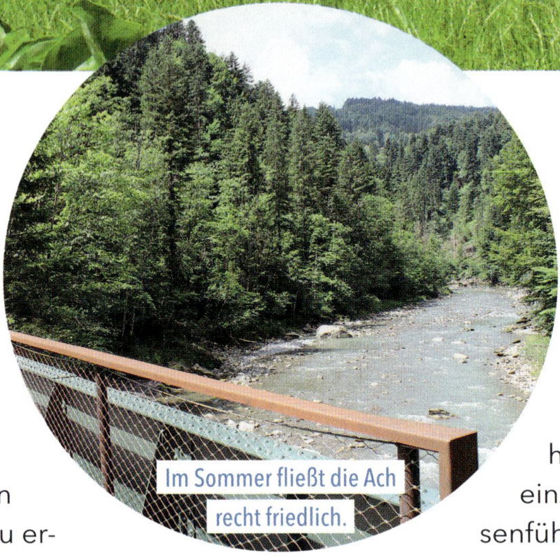

Im Sommer fließt die Ach recht friedlich.

Zeit stets leicht bergab. An der mit einem neuen Aufsatz versehenen alten Bahnbrücke können wir uns in Gedanken kurz der Geschichte des einst gewagten Vorhabens widmen, eine Bahn in den Bregenzerwald zu erbauen.

Historische Bahntrasse

Erste Gedanken hierzu gab es bereits Mitte des 19. Jahrhunderts, erhoffte man sich doch dadurch einen besseren Anschluss an die Außenwelt, dazu wirtschaftliche Vorteile. Auch das aufblühende Sommerfrischlertum spielte bereits eine nicht unwichtige Rolle. Verwirklicht werden konnte das Projekt erst zur Jahrhundertwende, als einzig realistische Trassenführung blieb nur eine Schmalspurbahn durch das wilde Tal der Bregenzer Ach. Das würde noch einige Probleme mit sich bringen, aber immerhin: 1902 konnte die feierliche Eröffnung stattfinden. Startpunkt war Bregenz, Endbahnhof war vorerst Bezau, eine Erweiterung bis Schoppernau war geplant, konn-

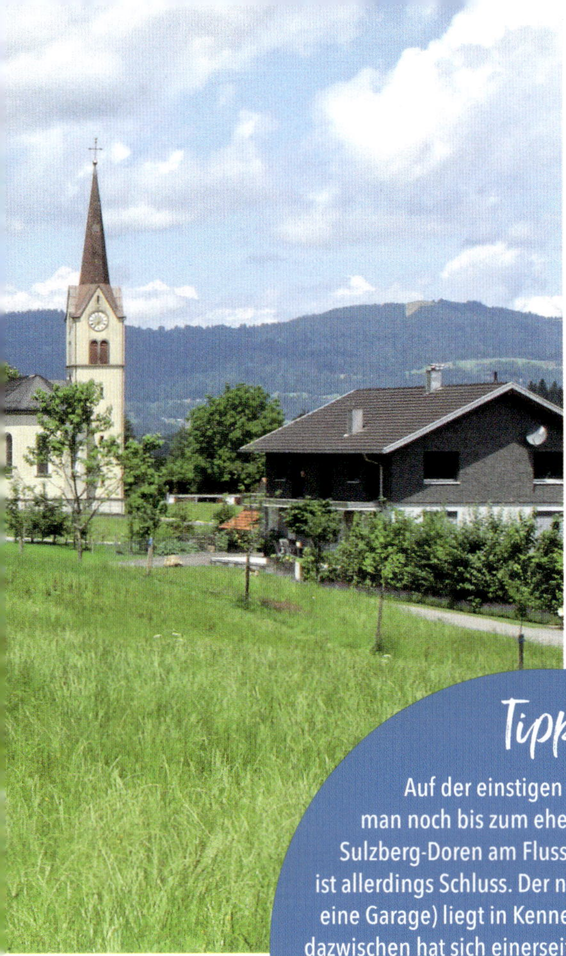

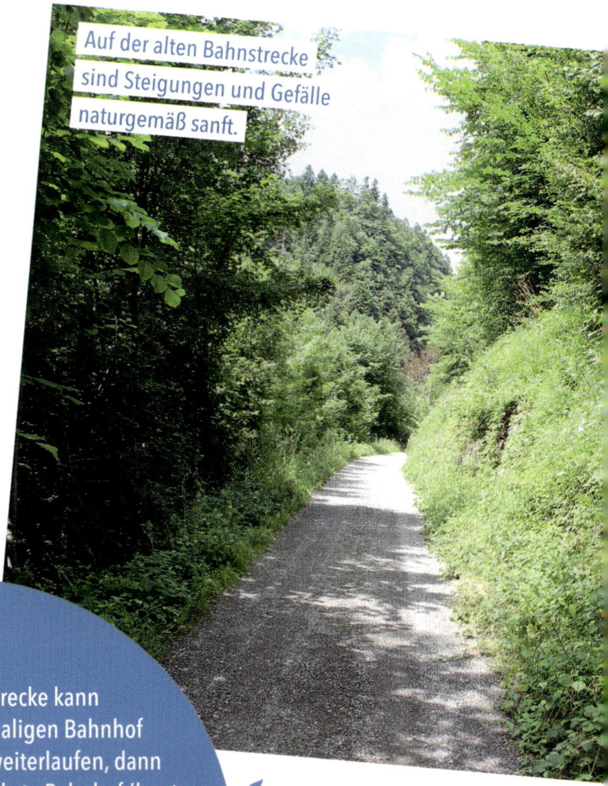

Auf der alten Bahnstrecke sind Steigungen und Gefälle naturgemäß sanft.

Tipp

Auf der einstigen Strecke kann man noch bis zum ehemaligen Bahnhof Sulzberg-Doren am Fluss weiterlaufen, dann ist allerdings Schluss. Der nächste Bahnhof (heute eine Garage) liegt in Kennelbach, doch die Trasse dazwischen hat sich einerseits die Ach längst zurückgeholt, andererseits sind die beiden noch vorhandenen Tunnel seit Jahren wegen Einsturzgefahr auch für Fußgänger gesperrt. Die dazwischenliegende Brücke des einstigen Halts Alberschwende-Buch, deren Fundamente noch erkennbar sind, zerstörte die Ach bereits zu Betriebszeiten.

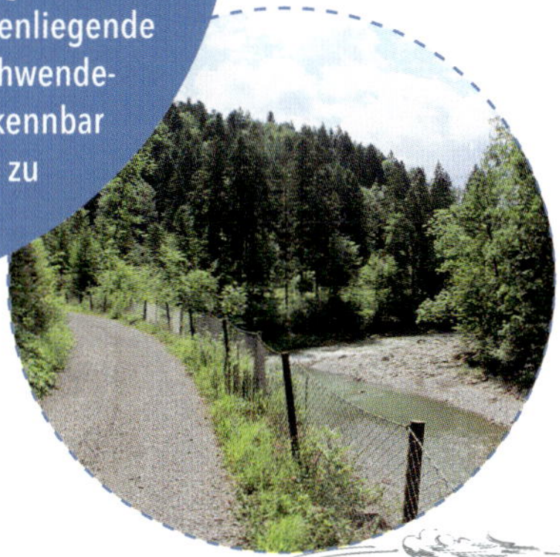

te aber nie umgesetzt werden.

Zwar lief der Betrieb gut an, Waren, Post und Personen konnten nun vergleichsweise komfortabel transportiert werden, aber auch die Probleme zeigten sich schnell. Ständige Hangrutsche, Muren und Unterspülungen durch Hochwasser sorgten für häufige Unterbrechungen des Verkehrs, zudem lagen in dem menschenleeren Tal die Bahnhöfe einsam und oft kilometerweit von den Ortschaften entfernt, zugänglich oft nur über kleine Wege und Pfade. Nachdem man zwischenzeitlich als Attraktion sogar wieder auf Dampflokbetrieb

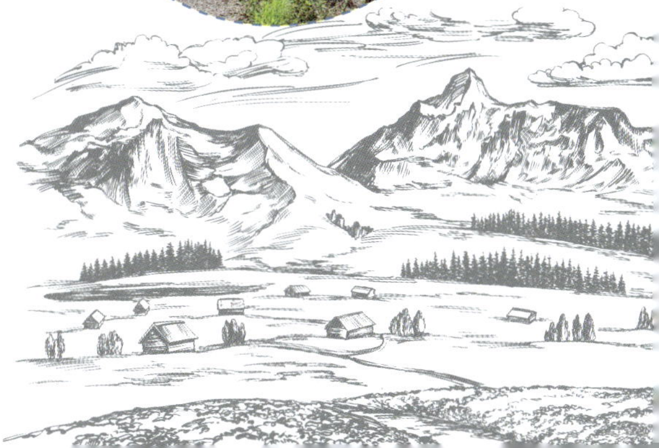

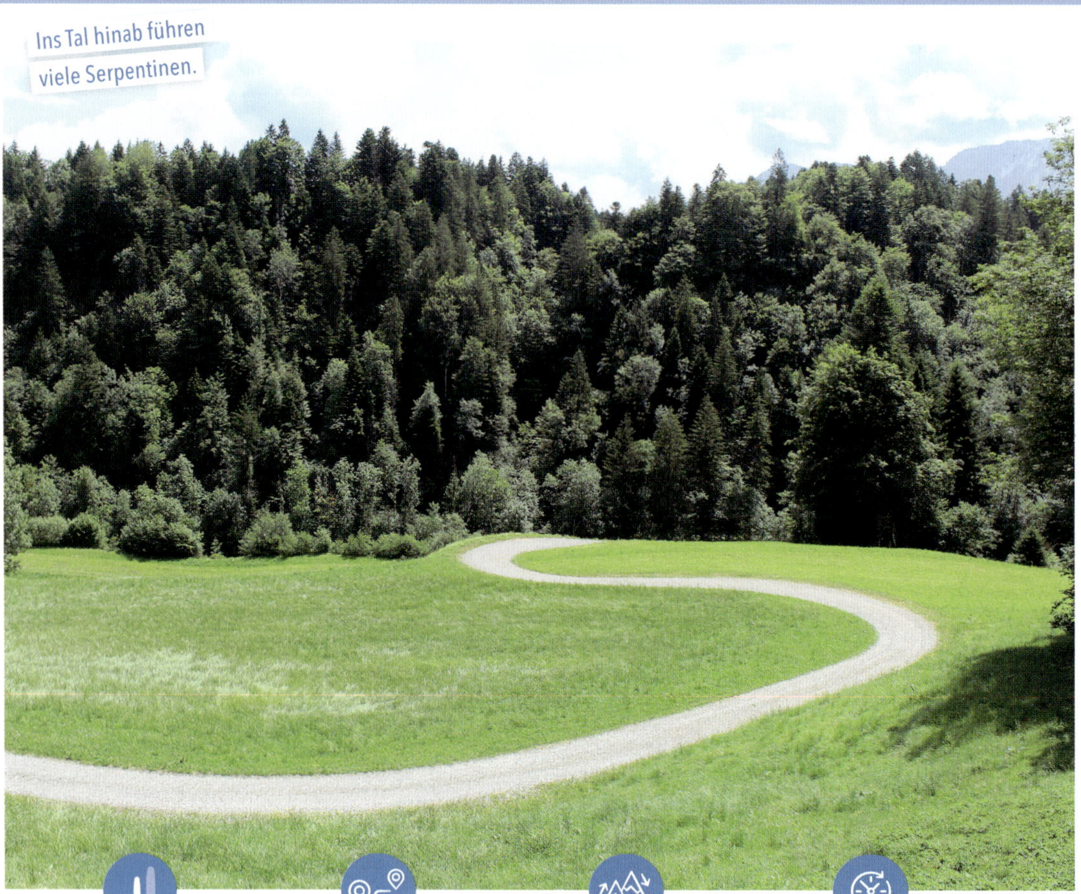

Ins Tal hinab führen viele Serpentinen.

mittel | 8 km | 75/75 Hm | 2.30 Std.

Auf einen Blick

Tourencharakter
Breite, gut befestigte Wege, anfangs leicht bergab. Hinauf nach Müselbach zur Kirche kräftiger Anstieg, später dann in Serpentinen leichterer Abstieg auf einem Schotterweg zur alten Brücke

Ausgangs-/Endpunkt
Egg, Busbahnhof Zentrum
GPS: 47.43174, 9.89697

Höchster Punkt
Müselbach (585 m)

Anfahrt
ÖPNV: Vom Bahnhof Bregenz weiter mit Bus 820 oder 830
Auto: A 14 (Rheintalautobahn) bis

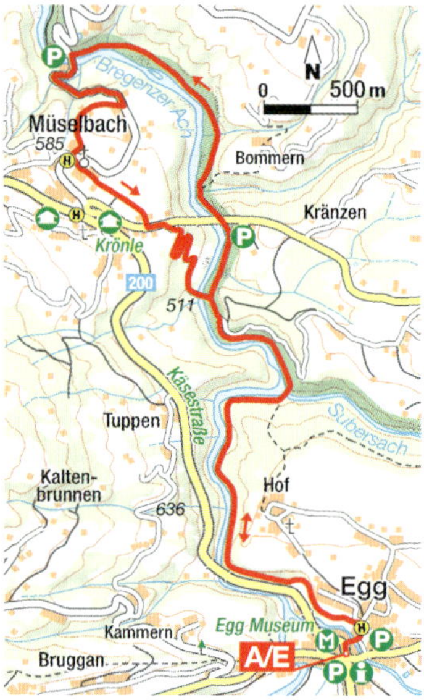

Ausfahrt Dornbirn-Nord, dann weiter auf der L 200

Einkehr
In Egg

Weitere Informationen
egg.at

umgestellt hatte, kam Anfang der 1980er-Jahre das endgütige Aus nach mehreren Zerstörungen durch Murenabgänge. Die Gleise wurden größtenteils abgebaut, Abschnitte der Strecke – wie unser Weg – zum Wander- und Radweg.

Bahnhöfe und Brücken

Auf diesem wandern wir nun also immer geradeaus am Fluss entlang, der sich gewohnt brausend durch die Wälder schlängelt. Wir kommen zum früheren Bahnhof von Lingenau, der erhalten und renoviert wurde, da sich hier die »Outdoor-Akademie« befindet, durch deren Gelände wir rechts am Haus vorbei gehen.

Die Orientierung fällt weiter leicht: Es geht am Fluss entlang bis zur Kreuzung vor der Brücke (im Hintergrund hoch oben die moderne Straßenbrücke). Hier halten wir uns unbedingt links (unter der Brücke hindurch!) in Richtung Alter Bahnhof Langenegg. Die nächste Brücke verrät als kleiner Tunnelrest wieder etwas von der Bahntrassen-Vergangenheit, anders als der Bahnhof Langenegg, den man vergeblich suchen wird: Von ihm blieb nur ein Parkplatz. Auf diesen biegen wir rechts ab, steigen hoch zur Brücke und wechseln nach rechts die Flussseite.

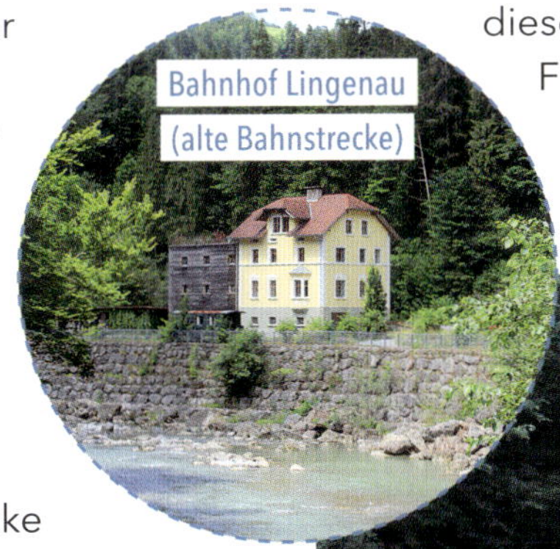
Bahnhof Lingenau (alte Bahnstrecke)

Hoch nach Müselbach

Keine Wanderung im Bregenzerwald ohne Steigung: Über die Kurven des Sträßchens (das wegen eines Hangrutschs nicht befahrbar ist) wandern wir hinauf zu den ersten Häusern von Müselbach, einem weit verstreuten Hangdorf, und biegen hier gleich rechts auf den Weg ab, der sich an einzelnen Höfen vorbei bis zur Kirche emporwindet. An dem kleinen Gotteshaus vorbei über den Schulhof, gehen wir geradeaus weiter auf dem Weg über die Wiesen bis zur Bushaltestelle an der Straße. Hier nehmen wir links den kleinen Trampelpfad bis zum Beginn der Hochbrücke, wo wir vorsichtig auf die andere Straßenseite wechseln. An der Schranke vorbei kommen wir auf einen Schotterweg, der sich in vielen, dadurch aber sanft abfallenden Serpentinen bis zur alten – nicht mehr genutzten – Straßenbrücke hinunterwindet. Über diese spazieren wir zur anderen Flussseite und wandern auf unserem Hinweg zurück nach Egg.

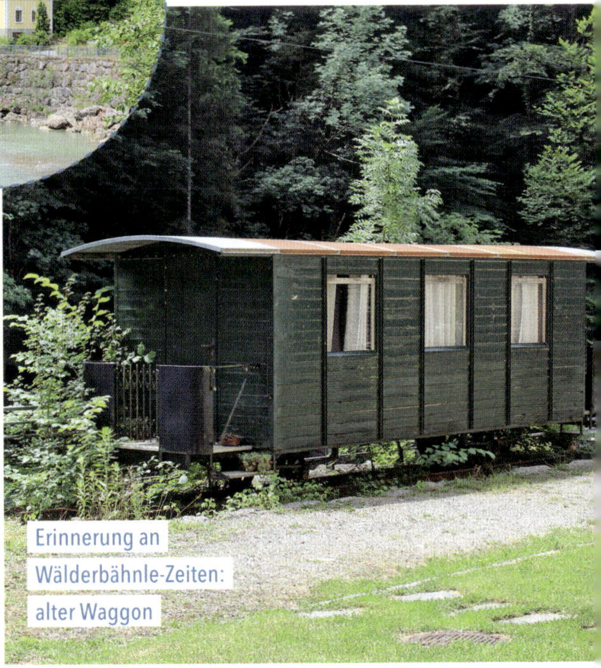
Erinnerung an Wälderbähnle-Zeiten: alter Waggon

AUF DEN GALGENBÜHEL

12

Von Egg nach Großdorf

Egg, der größte Ort des Bregenzerwalds, spielte schon im Mittelalter als Gerichtsort – mitsamt dem üblichen Galgen – eine bedeutende Rolle in der Wälderrepublik.

Seit kurzer Zeit besitzt Egg mitten im Zentrum einen Busbahnhof, wo sich zahlreiche Linien kreuzen, und bietet somit einen idealen Ausgangspunkt für unsere Wanderung. Wir gehen in Richtung Bregenzerwaldstraße, dann links hoch zur Großkreuzung und hier erneut links in Richtung Rathaus und Bregenzerwald-Informationszentrum. Kurz bleiben wir noch an dieser Straße, nach der Brauerei Egg (siehe Tipp) biegen wir aber rechts ab zum Schwimmbad und zum Café Trude.

Über Rain und Niederbuch

Betrachtet man den Weg, auf dem wir uns gerade befinden, auf der Karte oder auf einer Luftaufnahme, so fällt sein etwas kurioser Verlauf mit weiten, sich durch die Landschaft ziehenden Kurven auf. Das hat seinen Grund: Wir sind – wieder einmal (siehe Touren 3 und 11) – auf einem früheren Abschnitt der Wälderbahn unterwegs, die hier in Richtung Andelsbuch fuhr.

Nach der leicht ansteigenden Kurve verlassen wir allerdings schon wieder die alte Bahnstrecke und biegen in der Parzelle Rain an der Kreuzung links ab, um nach wenigen Metern zwischen den Häusern gleich erneut links die Richtung nach Großdorf einzuschlagen. Vorerst geht es durch ein kleines Waldstück und durch den Tobel des Schmiedelbachs, dann auf der anderen Seite wieder ansteigend hoch in die Parzelle Niederbuch. An der Kapelle halten wir uns leicht rechts und kommen so zur Verbindungsstraße zwischen Egg und Großdorf, der wir auf dem Gehsteig auf der gegenüberliegenden Seite rechts weiterhin bergan nach Großdorf hinein folgen.

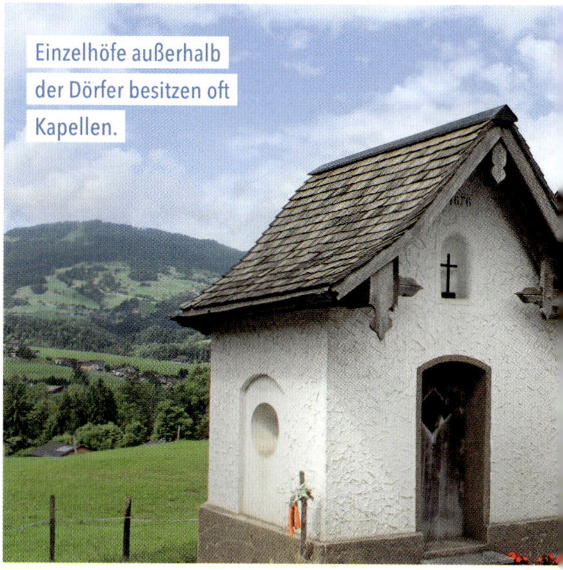

Einzelhöfe außerhalb der Dörfer besitzen oft Kapellen.

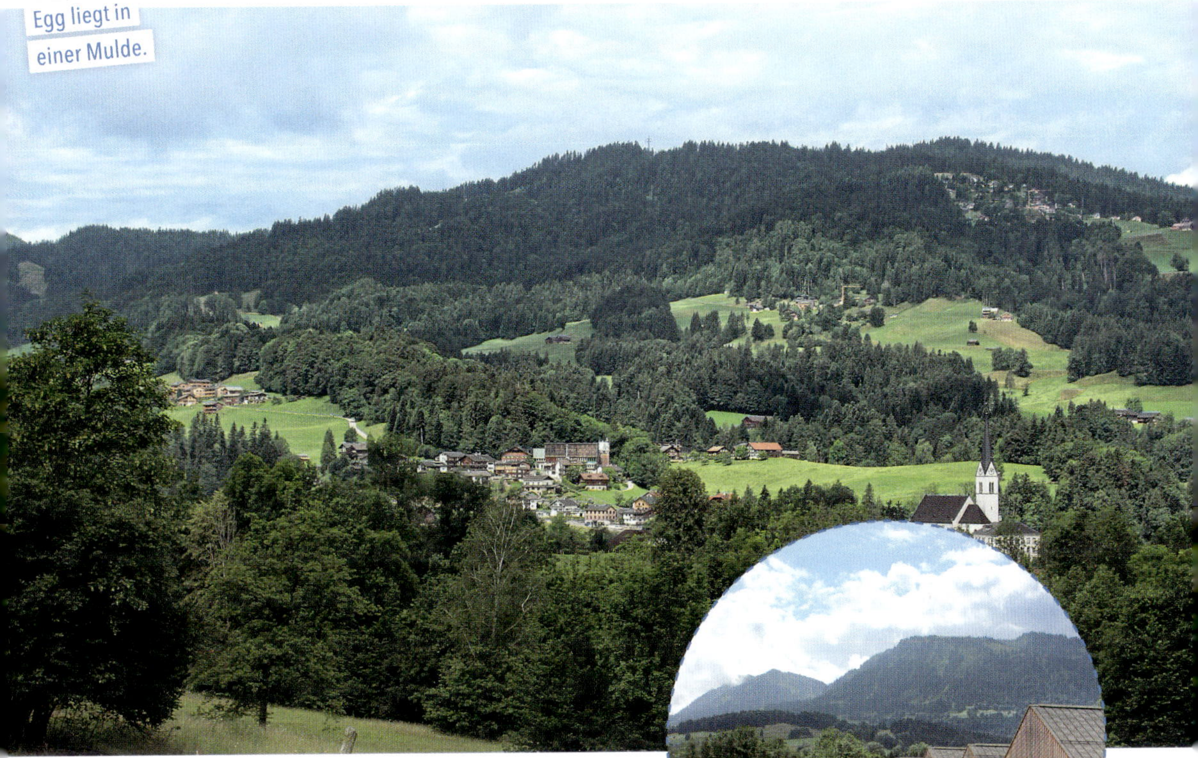

Egg liegt in einer Mulde.

Egg mit Blick zur Niedere

Schmankerltipp

Brauerei Egg: Seit mehr als 100 Jahren wird in Egg Bier gebraut – der Ort besitzt die kleinste unabhängige Privatbrauerei Vorarlbergs. Alles andere als klein ist jedoch die Produktpalette, die neben verschiedenen Bierspezialitäten auch Säfte, Limonaden und Mineralwasser umfasst. Die meisten »Egger« gibt es zwar auch im Handel, einige speziell eingebraute Biere allerdings nur hier vor Ort an der Rampe. Ein Grund mehr, bei der Brauerei vorbeizuschauen, die direkt an unserer Strecke liegt. Führungen mit Verköstigung sind bei Voranmeldung für Gruppen möglich.

■ *brauerei-egg.at*

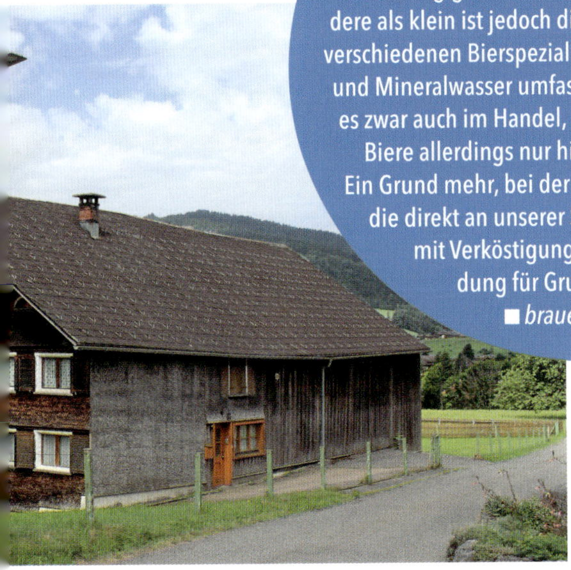

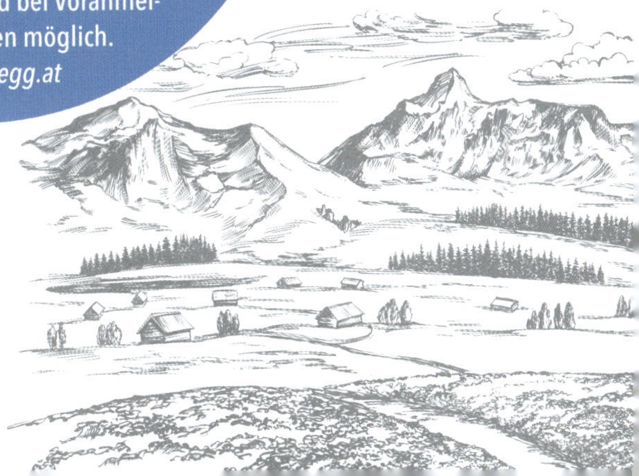

Stattliches barockes Großdorf

Verbunden sind die beiden Ortschaften Egg und Großdorf auch politisch. Eggs Prädikat als bevölkerungsreichste Gemeinde des Bregenzerwalds hat seinen Grund auch darin, dass das eingemeindete Großdorf seinem Namen alle Ehre macht und genaugenommen ein Dorf für sich darstellt, das mit über 1100 Menschen mehr Einwohner aufweist als viele andere selbstständige Orte der Region.

Vom Alter und der Bedeutung Großdorfs zeugen nicht wenige sehr stattliche Höfe, darunter etwa das Landammannhaus (Unterdorf 4) oder der barocke Bau im Außerdorf 15, an dem wir noch vorbeikommen werden. Sie alle entstammen dem Ende des 18. Jahrhunderts, wie auch die vor uns liegende Pfarrkirche, die ein außen typisch schlichtes, innen jedoch ein sehr prächtiges Exemplar einer Bregenzerwälder Barockkirche darstellt. Wir gehen noch etwas an der Durchgangsstraße entlang, biegen dann jedoch gegenüber dem Spar-Markt links ab, kommen so am erwähnten großen Barockbauernhof im Außerdorf vorbei und laufen geradeaus auf die kleine, holzverkleidete Kapelle zu, die um 1635 zu Kriegs- und Pestzeiten errichtet wurde.

Am Galgenbühel

Der schlimmen Erinnerungen nicht genug, gehen wir nun links auf den Galgenbühel zu. Dort findet sich ein Bildstock mit Infotafel, der an den grausam-gruseligen Ort erinnert, der gleichwohl über Jahrhunderte hinweg eine enorme Bedeutung für den Hinteren Bregenzerwald hatte, zu dem Egg und Großdorf einst zählten. Ein Hochgericht, wo über schwere Strafen bis hin zum Tod entschieden wurde, war zugleich ein wichtiges Privileg und von großem Prestige, für das als äußeres Zeichen der gut sichtbare Galgen hier auf der Anhöhe stand. Egg war damit schon früh auch in dieser Hinsicht von zentraler Bedeutung, hier fanden die Gerichtssitzungen und schließlich auch die Hinrichtungen statt. Da ein Galgenhügel zugleich als Begräbnisort für Verurteilte fungierte, denen ehrenvolle Beerdigungen in geweihter Erde verweigert wurden, sollte man den Ort auch heute mit einer gewissen Pietät betrachten. 1779 erfolgte hier die letzte Hinrichtung.

Ordentlich steil, aber auf gut begehbarem Weg geht es nun hinunter an den Rand von Egg in den Ortsteil Mühle, wo wir am Hang an einer unscheinbaren, aber sehr alten Kapelle (zweite Hälfte 17. Jh.) vorbeikommen. Wir laufen links in Richtung Ortsmitte und gelangen nach dem Ärztehaus rechts wieder zurück zum Busbahnhof.

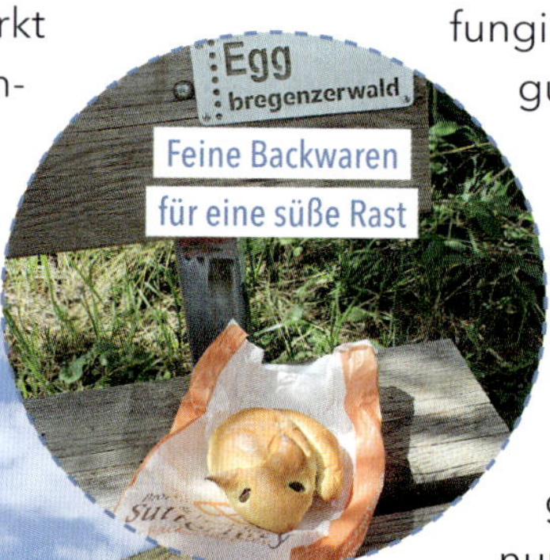

Feine Backwaren für eine süße Rast

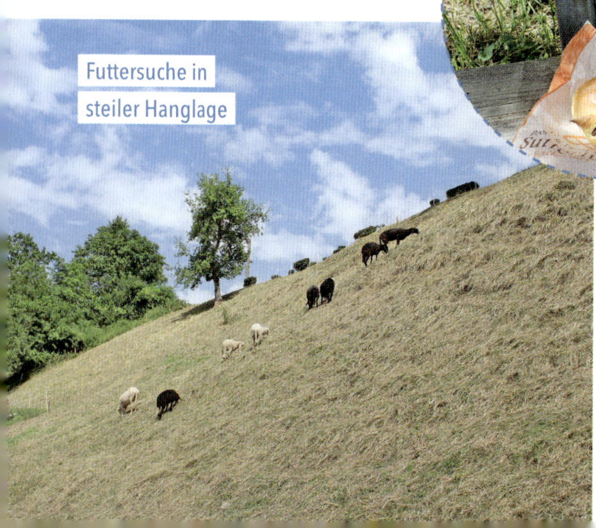
Futtersuche in steiler Hanglage

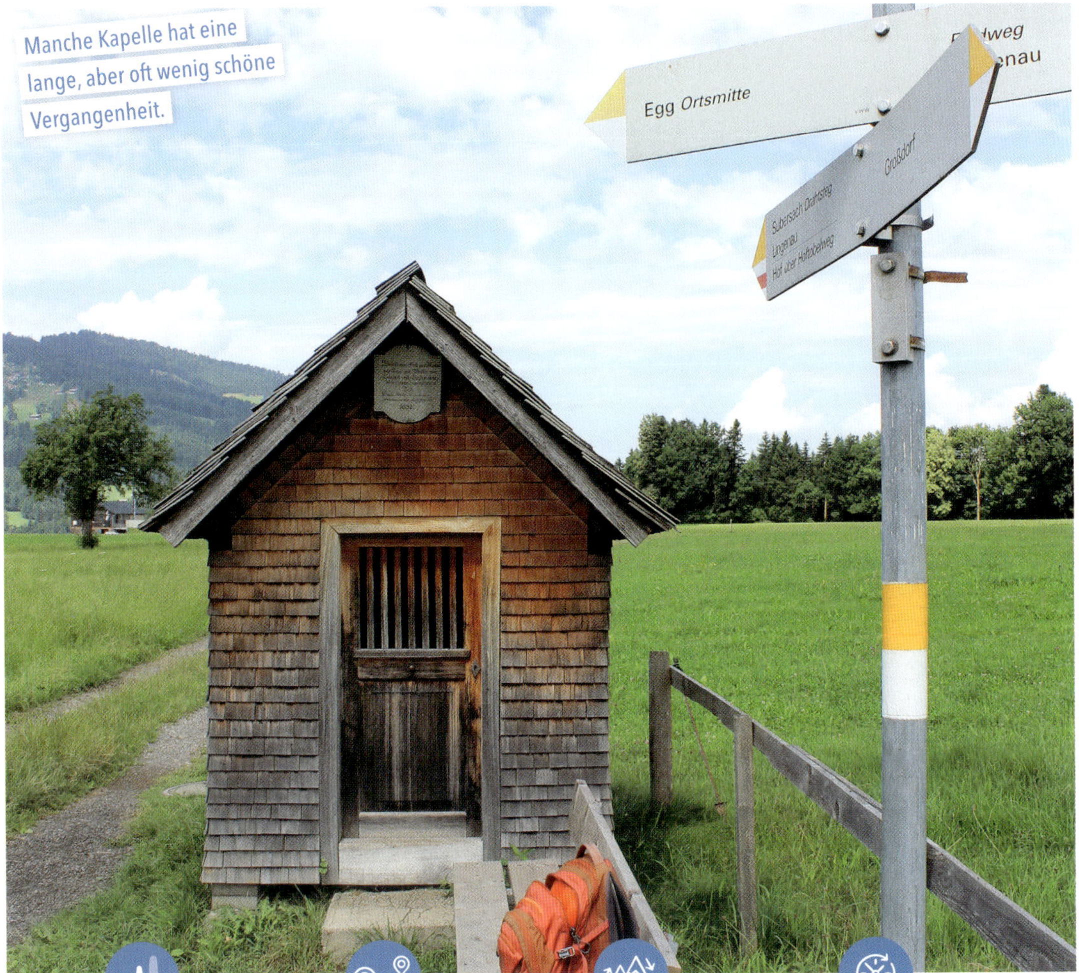

Manche Kapelle hat eine lange, aber oft wenig schöne Vergangenheit.

mittel | 4,5 km | 100/100 Hm | 1.30 Std.

Auf einen Blick

Tourencharakter
Überwiegend Teerwege, ein kurzer Abschnitt auf einem Gehsteig an der Landstraße. Bis Großdorf längere Abschnitte mit teils kräftigeren Anstiegen. An der Hinrichtungsstätte ein Stück mit starkem Gefälle (18 %), aber auf gut begehbarem Teer

Ausgangs-/Endpunkt
Egg, Busbahnhof Zentrum
GPS: 47.43174, 9.89697

Höchster Punkt
Großdorf (662 m)

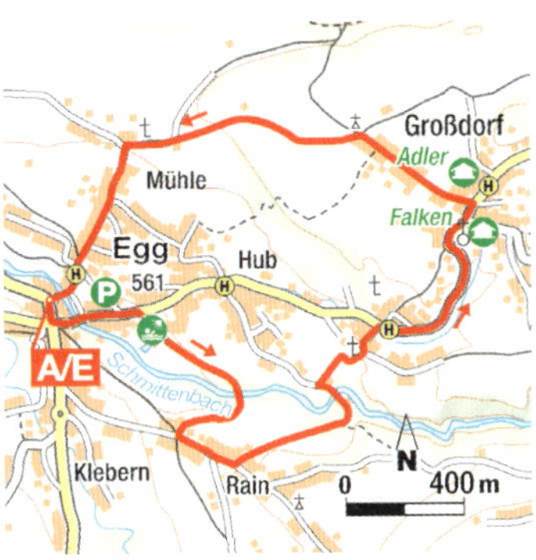

Anfahrt
ÖPNV: Vom Bahnhof Bregenz weiter mit Bus 820 oder 830
Auto: A 14 (Rheintalautobahn) bis Ausfahrt Dornbirn-Nord, dann weiter auf der L 200

Einkehr
In Egg und Großdorf

Weitere Informationen
■ *egg.at*

ABENTEUERLICHER DRAHTSEILAKT

13

Von Großdorf nach Lingenau

Balance ist gefragt bei dieser Wanderung. Das tief eingeschnittene Tal der Subersach kann mit geologischen Schönheiten aufwarten, und kurz vor Ende der Tour wartet noch ein architektonisches Highlight auf uns.

Wir beginnen unsere Wanderung in der Ortsmitte von Großdorf am Spar-Markt. Hier wechseln wir sogleich die Straßenseite und wählen links die Straße Außerdorf (siehe Tour 12), weg vom Verkehr und zugleich zwischen wunderschönen alten und neuen Häusern hindurch, die einem die Eleganz der Bregenzerwald-Bauten einmal mehr vor Augen führen.

Elegantes Abenteuer

Wir gehen geradeaus bis zur Kreuzung mit der Kapelle, hier auf die Wiese und halten uns weiter geradeaus, um dann in einer leichten Rechtskurve bis zum roten Markierungsstab zu gehen, wo wir links hinabsteigen. Der Weg führt uns hinunter, an einer kleinen beschaulichen Raststation vorbei und noch etwas steiler bis zum legendären Drahtsteg. Diese Konstruktion diente nach der Errichtung 1901 dazu, die Subersach zu überwinden und den dadurch geteilten Bregenzerwald zu überbrücken – es war die schnellste Verbindung zwischen Egg bzw. Großdorf und dem nahen, aber durch die tiefe Schlucht getrennten Lingenau gegenüber. Das ebenso elegante wie gewagte Hängebrückenkonstrukt, das nur einzeln betreten und nicht zum Schaukeln gebracht werden darf, vermittelt uns ein bisschen Abenteuergefühl beim wackligen Überqueren. Belohnt wird man mit einem eindrucksvollen Blick auf die hier sehr steinige Subersach tief unter unseren Füßen.

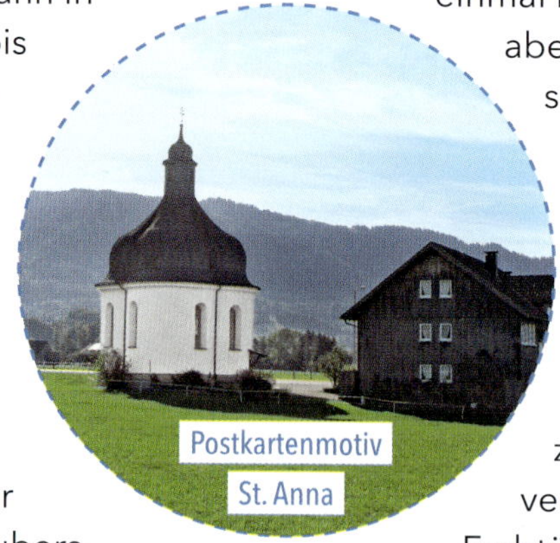
Postkartenmotiv St. Anna

Naturdenkmal Quelltuffstein

Auf der anderen Seite geht es dann erst einmal recht kräftig bergan, dafür aber neben schönen, vom Wasser bearbeiteten Felswänden aus Tuffstein. Ein Quellbach löst hier den Kalk aus dem Gestein, der sich als Sinter wieder ablagert. Dies ergibt nicht nur hübsche bis bizarre Formen, sondern es zeigen sich durch Mineralien verursacht auch verschiedene Farbtöne von Gelb über Braun bis Rötlich. Auch Pflanzen lieben das feuchte Milieu, und so entstand hier ein mittlerweile geschütztes Naturdenkmal, das größte

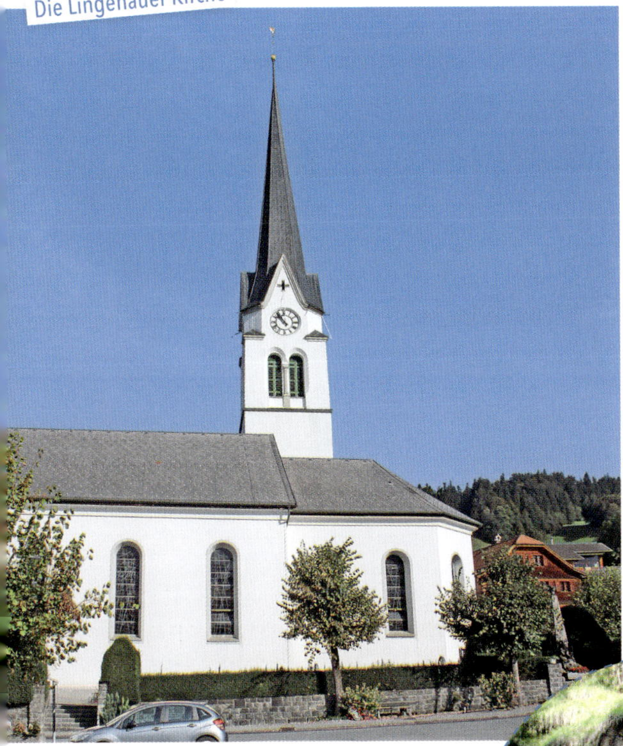

Die Lingenauer Kirche

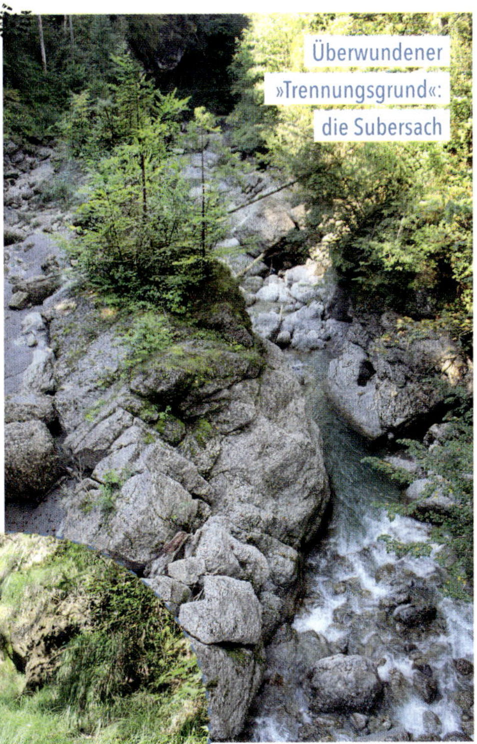

Überwundener »Trennungsgrund«: die Subersach

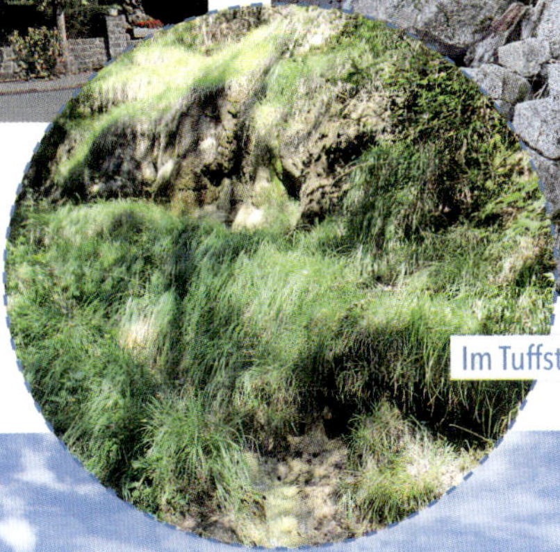

Im Tuffsteingebiet

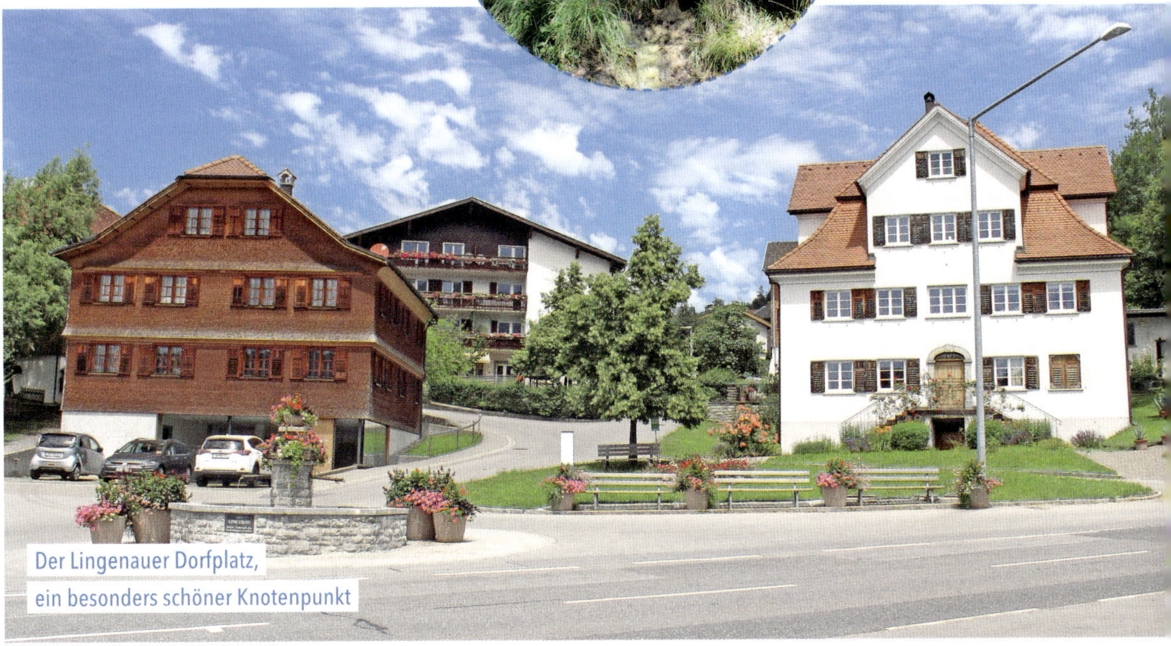

Der Lingenauer Dorfplatz, ein besonders schöner Knotenpunkt

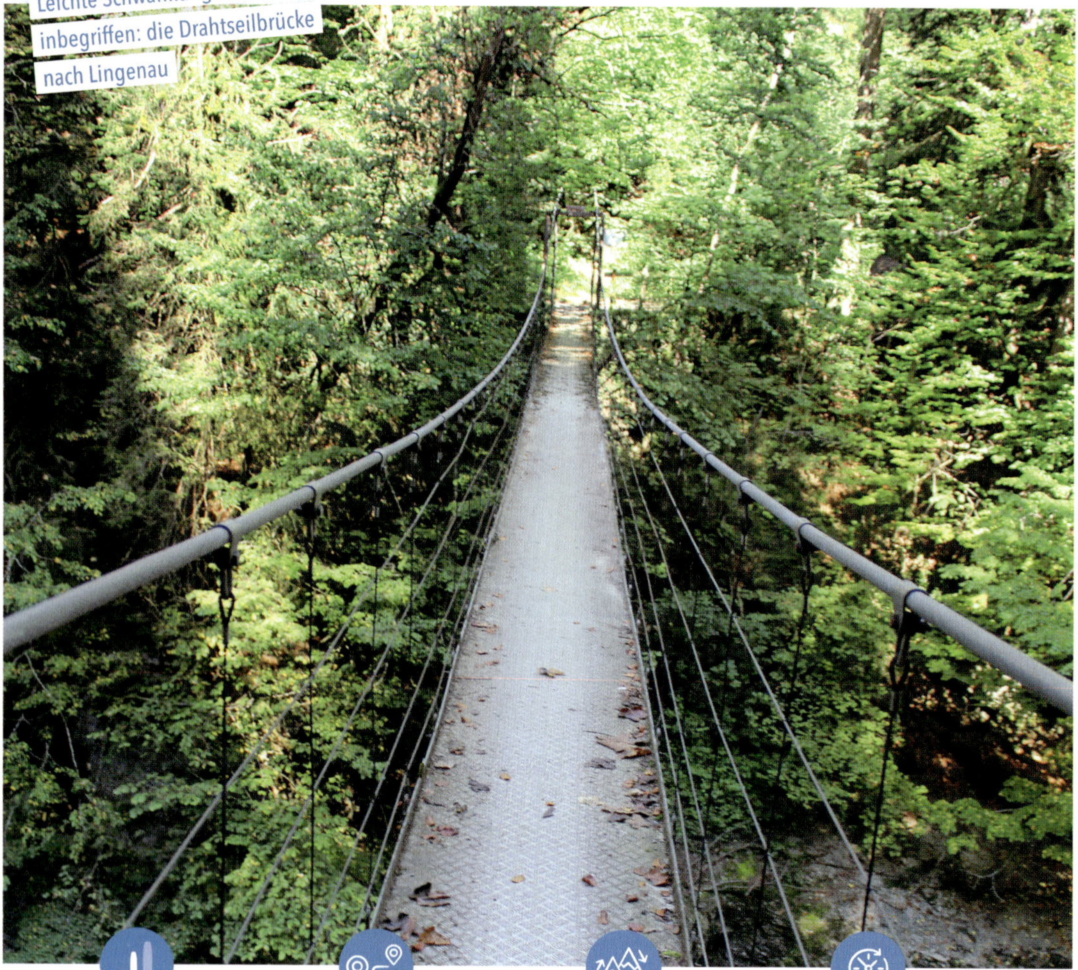

Leichte Schwankungen inbegriffen: die Drahtseilbrücke nach Lingenau

mittel | 4 km | 85/60 Hm | 1.30 Std.

Auf einen Blick

Tourencharakter
Gepflegte Wanderwege, größtenteils unbefestigt, aber gut begehbar. Auf dem Drahtsteg auf die Anweisungen achten. Kurze, aber kräftige An- und Abstiege zur Subersach

Ausgangspunkt
Großdorf, Spar-Markt
GPS: 47.434532, 9.915743

Endpunkt
Lingenau, Dorfplatz
GPS: 47.450464, 9.920250

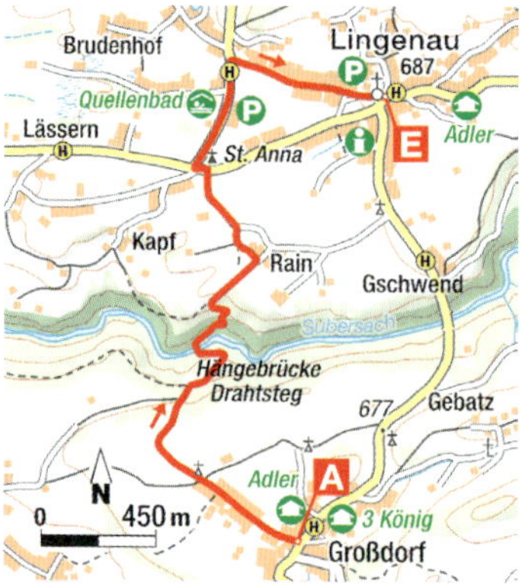

Höchster Punkt
Lingenau (687 m)

Anfahrt
ÖPNV: Vom Bahnhof Bregenz weiter mit Bus 820
Auto: A 14 (Rheintalautobahn) bis Ausfahrt Dornbirn-Nord, dann weiter auf der L 200

Einkehr
In Großdorf und Lingenau

Weitere Informationen
■ *egg.at*

Quelltuffsteingebiet in Vorarlberg. Oben angekommen, gehen wir rechts bis zu einem Bauernhof und anschließend links in Richtung St. Anna. An der Kapelle halten wir uns kurz links und biegen dann rechts in die Straße, vorbei am Hallenbad. Die nächste Straße, die rechts abzweigt, führt uns entlang des Naturparkwegs (siehe Tour 9) bis zum Dorfplatz in der Mitte von Lingenau.

Barocke Schönheit St. Anna

Die Kapelle St. Anna in Lingenau ist sicherlich mit Abstand das auffälligste und architektonisch schönste Barockgebäude des Bregenzerwalds. Zu übersehen ist sie nicht, steht sie doch frei auf weitem Feld – tatsächlich wurde sie früher auch St. Anna im Feld genannt – und heute an der vielbefahrenen Straße zur Lingenauer Hochbrücke. Architektonisch handelt es sich um einen Zentralbau in Form eines griechischen Kreuzes, 1722 wohl durch Konrad Nußbaumer erbaut. Sie diente als Wallfahrtskapelle und wurde von den Lingenauer Bürgern gestiftet. Nach der Gründung des Bistums Feldkirch 1968 erhielt sie ein den Barockformen angepasstes Deckenfresko, das Vorarlberger und besonders natürlich Wälder Heilige und Selige sowie einige Geistliche aus dem Ländle darstellt; die restliche Ausstattung entstammt der Erbauungszeit. Das Baumaterial des schmucken Gotteshauses kennen wir bereits: Es handelt sich um Tuffstein aus dem nahegelegenen Vorrat an der Subersach. Mit dem Bus ist man dann schnell wieder in Großdorf.

Schmankerltipp

Bregenzerwälder Käsekeller: Nahe der St.-Anna-Kapelle befindet sich der 2003 eröffnete Lingenauer Käsekeller. Die Sennereien des Bregenzerwalds hatten sich zu dem Großprojekt zusammengeschlossen, um dort zentral einen Großteil ihrer Produkte lagern zu können – nicht weniger als über 33 000 Käselaibe reifen hier. Für Besucher gibt es auch einen angeschlossenen Verkauf, für Gruppen besteht die Möglichkeit zur Besichtigung mit anschließender Verköstigung.
■ *kaesekeller-bregenzerwald.at*

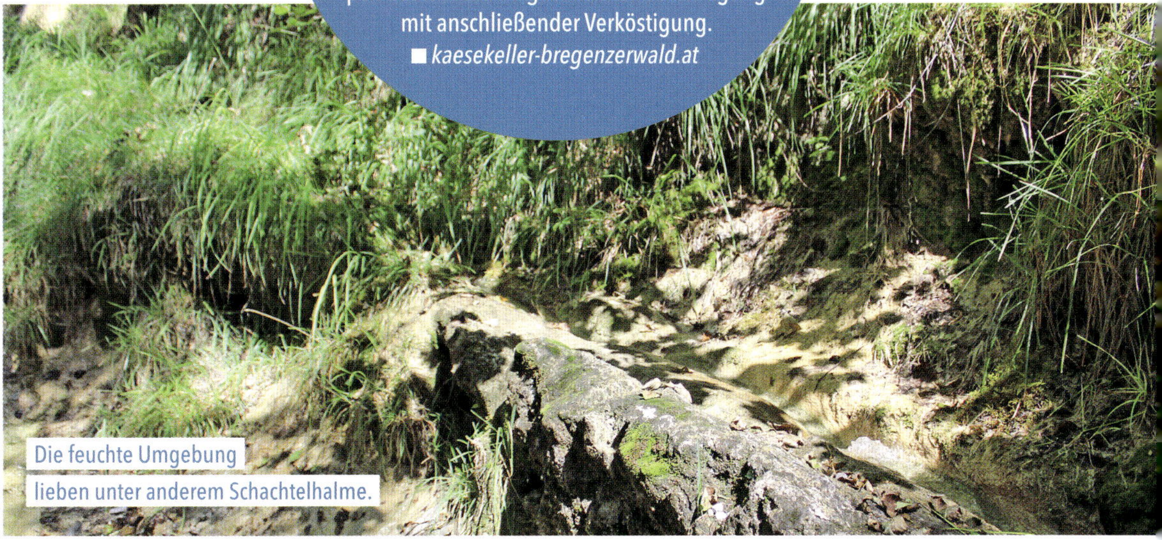

Die feuchte Umgebung lieben unter anderem Schachtelhalme.

Kulturbewusste Bilderbuchschönheit

14

Von Schwarzenberg zur Theresienkapelle

Im Bregenzerwald gibt es zwar einige sehr ansehnliche Dorfplätze, doch die Ortsmitte von Schwarzenberg gilt sicher als die schönste. Auch sonst hat das Dorf einiges zu bieten.

Aus historischen und aktuellen Gründen gehört Schwarzenberg zu den wichtigen kulturellen Zentren des Bregenzerwalds. Ein Zentrum war es gewissermaßen von Beginn an: Das Dorf, seit dem Mittelalter am Schnittpunkt der beiden Handelswege über den Lorena- und den Losenpass (heute Bödele) gelegen, zählte stets zu den reichsten des Bregenzerwalds – was ihm heute noch anzusehen ist.

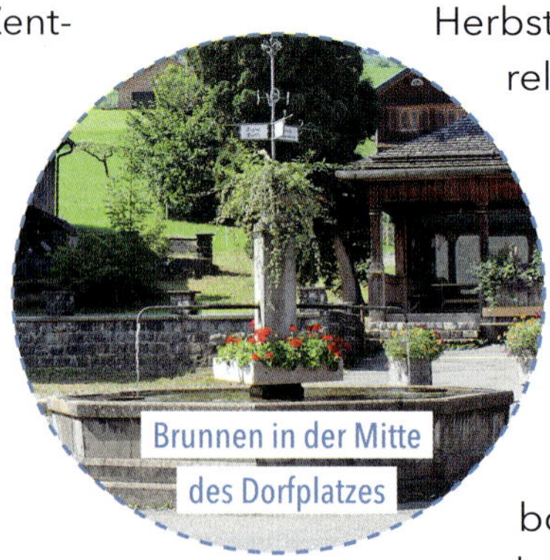

Brunnen in der Mitte des Dorfplatzes

Kulturmetropole Schwarzenberg

Der 1755 nach einem Großbrand mit der Kirche und den überaus stattlichen Gasthäusern wiedererrichtete Dorfplatz gilt zu Recht als einer der schönsten in ganz Österreich. Erhalten hat sich als einziges im Bregenzerwald hier auch das Tanzhaus, vormals ein Gerichtsort, Verhandlungstage wurden dort einst mit Tänzen beendet. International bekannt ist Schwarzenberg aber nicht nur ob seiner baulichen Schönheit und ob des prächtigen Almabtriebs im Herbst, sondern wegen zweier kultureller Hochkaräter. Eine der bedeutendsten Malerinnen des deutschsprachigen Raums, Angelika Kauffmann (1741–1807), ist eng mit dem Ort verbunden, ihr ist im Ort ein Museum gewidmet (siehe Tipp). Ihr Vater wurde hier geboren und arbeitete als Kirchenmaler – auch in Schwarzenberg, unterstützt von seiner erst 16-jährigen Tochter. Später, schon weltberühmt, stiftete sie das Hochaltarbild in der Kirche.

In der später von Fritz Fuchsenberger erweiterten Pfarrkirche trifft man auch auf die selige Ilga, die Schwester Merbods (den wir schon aus Alberschwende kennen, siehe Tour 4) und Diedos, dem wir in Andelsbuch begegnen werden (siehe Tour 15). Ilga lebte an der Wende vom 11. zum 12. Jahrhundert als Einsiedlerin und verstarb hier, worauf sie in dem Gotteshaus begraben

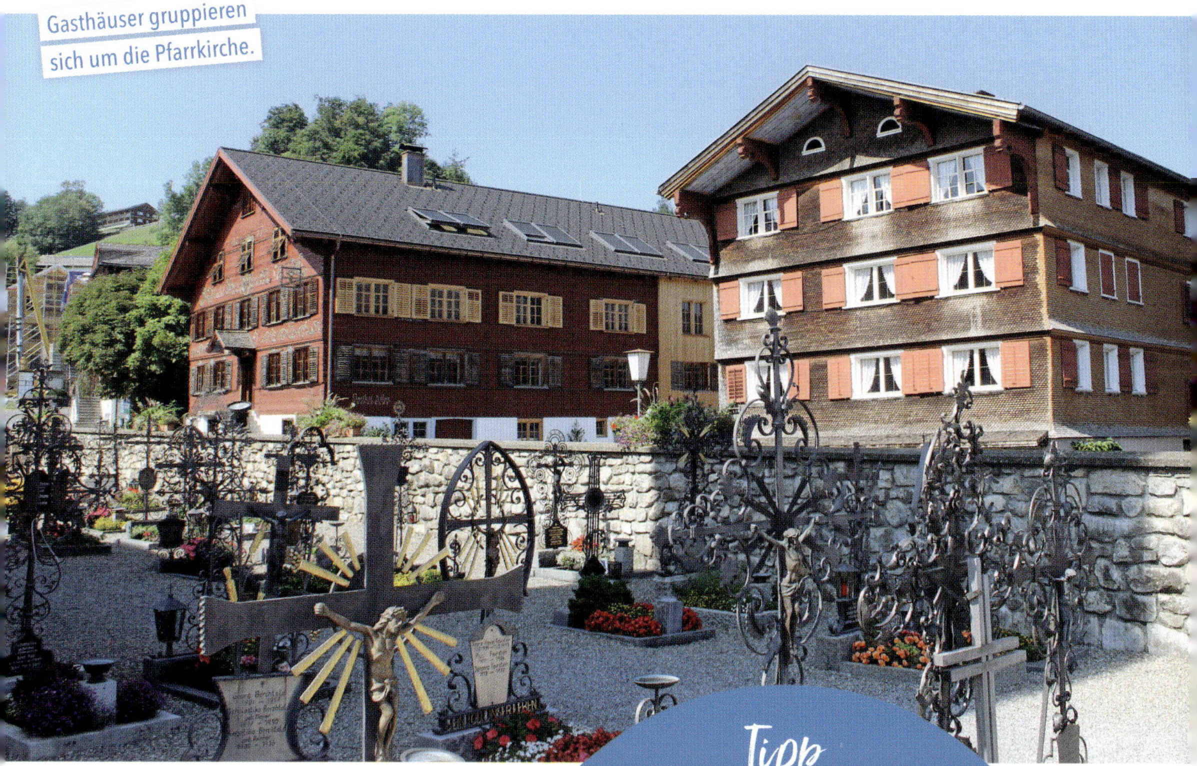

Gasthäuser gruppieren sich um die Pfarrkirche.

Tipp

Allein das Gebäude des Angelika Kauffmann Museums (Brand 34) ist den Besuch schon wert, handelt es sich doch um einen gut erhaltenen Wälderhof von 1556. Ursprünglich als reines Heimatmuseum gedacht, das über das Leben in solch einem Hof und über Schwarzenberg informiert, wurde es später zu Ehren der Malerin erweitert und noch einmal umgebaut. In der Sommersaison werden jeweils zusätzliche Ausstellungen gezeigt, hinzu kommen regelmäßig Veranstaltungen und Sonderschauen zu regionalen Themen.

■ *angelika-kauffmann.com*

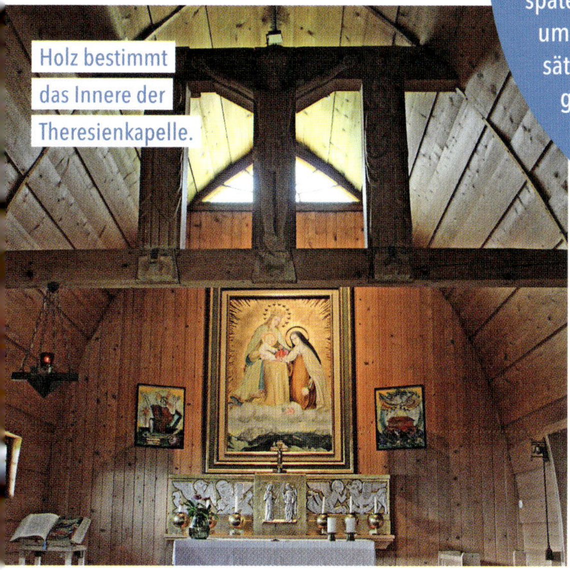

Holz bestimmt das Innere der Theresienkapelle.

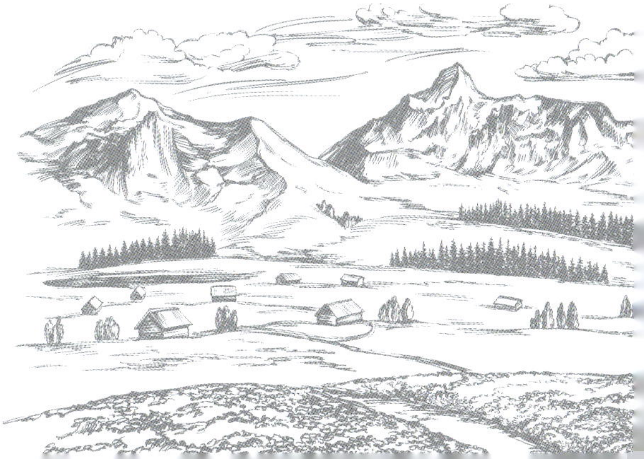

wurde. Dem zweiten kulturellen Highlight, das Schwarzenberg weit über die Grenzen der Region hinaus bekannt macht, widmen wir uns bei Tour 16.

Zur Theresienkapelle

Der Dorfplatz mit Brunnen, Tanzhaus, der Kirche und den Gasthäusern drumherum ist leider meist geprägt vom sich hier kreuzenden Kraftverkehr. Mitte September aber folgen der Alp- und der Markttag aufeinander und beherrschen die Szenerie. Beide haben eine sehr lange, über Jahrhunderte zurückgehende Tradition und sind mittlerweile Höhepunkte im Veranstaltungskalender des gesamten Bregenzerwalds mit großem Andrang aus nah und fern.

Wir folgen dorfauswärts der Straße zum Bödele rechts bergan und bleiben auf dem Gehsteig bis zur großen Linkskurve in der Parzelle Freien. Hier biegen wir rechts ab und laufen auf das Waldstück zu, in dem es auf einem bequemen Weg erst hinunter, auf der anderen Seite schließlich fortan für die nächsten Kilometer stetig bergauf geht. Wir bleiben erst noch geradeaus, kommen dann durch einen Hof und gehen nach diesem den Pfad mit einem Kreuzweg hoch zur Theresienkapelle.

Diese wurde 1932 von Fritz Fuchsenberger errichtet, einem Architekten, der Elemente des Mittelalters, wie etwa Spitzbögen, mit modernen Strömungen verband und vor allem Wert legte auf erkennbare regionale Materialien, in diesem Falle – natürlich – Holz. Die denkmalgeschützte Kapelle beeindruckt im Inneren durch die Atmosphäre des Raums. Fuchsenberger war auch, wie erwähnt, an der Erweiterung der Pfarrkirche beteiligt, auf Gemeindegebiet stammt von ihm zudem die Benediktkapelle am Hochälpele.

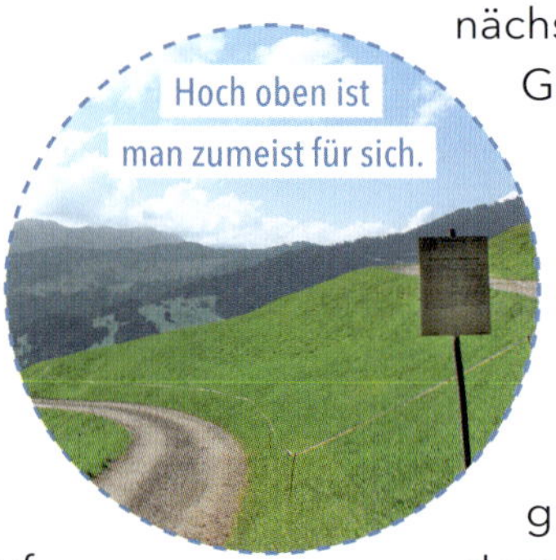
Hoch oben ist man zumeist für sich.

Brittenberg und Beientobel

Hinter der Theresienkapelle wandern wir links weiter bergan zur Parzelle Maien, halten uns dort wieder links und an der Abzweigung erneut links in Richtung Parzelle Brittenberg. In dem kleinen Ort geht es noch immer weiter bergan, und zwar nach rechts auf dem Sträßchen in einigen Serpentinen. Schlussendlich kommen wir zur nächsten Kreuzung am Unteren Gaisenkopf, wo wir uns geradeaus halten. Damit haben wir den höchsten Punkt unserer Tour erreicht, nun geht es wieder abwärts.

Am nächsten Bauernhaus biegen wir links ab, halten uns gleich wieder rechts und wandern steil hinab zu den Wiesen und über diese auf den Wald zu. Wir durchqueren zunächst ein paar kleinere Bachschluchten, dann den Beientobel. Die Brücken und Stege hier haben schon bessere Tage gesehen, sind aber noch problemlos passierbar.

Wieder aus dem Tobel heraus kommen wir zu einigen Häuschen, gehen zwischen diesen geradeaus hindurch und erreichen so die Parzelle Freien. Hier biegen wir rechts ab zur Bödelestraße und gehen dann links in Richtung Ortsmitte. Nach wenigen Metern treffen wir auf unseren Hinweg und wandern auf ihm nach Schwarzenberg zurück.

Von der Theresienkapelle geht der Blick zu Niedere und Kanisfluh im Hintergrund.

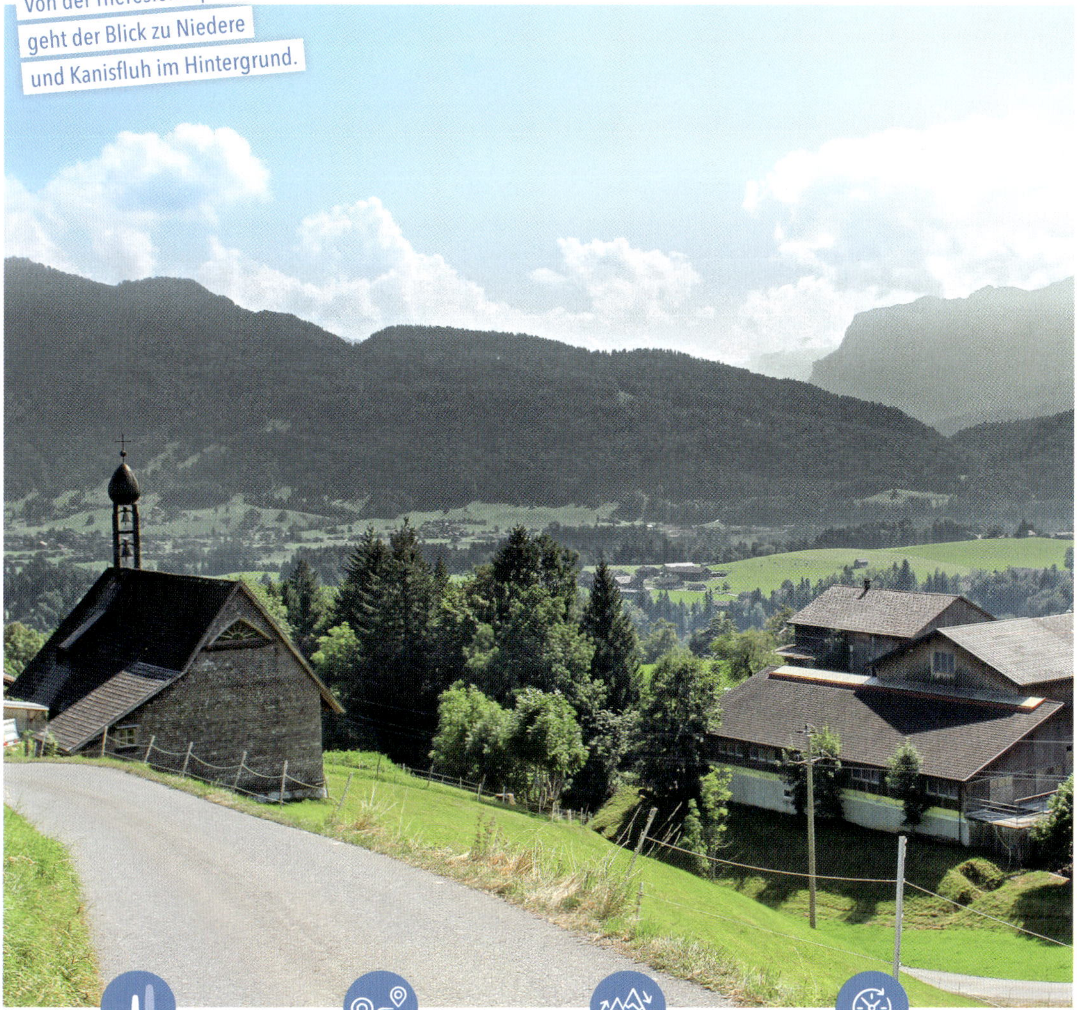

mittel | 8,5 km | 245/245 Hm | 3 Std.

Auf einen Blick

Tourencharakter
Anspruchsvolle Wanderung für geübte Wanderer mit langer Steigung und verschiedenen Wegbeschaffenheiten: vom Gehsteig über geteerte Gütersträßchen bis hin zu Wiesenwegen und engen, steilen Pfaden

Ausgangs-/Endpunkt
Schwarzenberg, Dorfplatz
GPS: 47.413784, 9.852190

Höchster Punkt
Kreuzung Unterer Gaisenkopf (942 m)

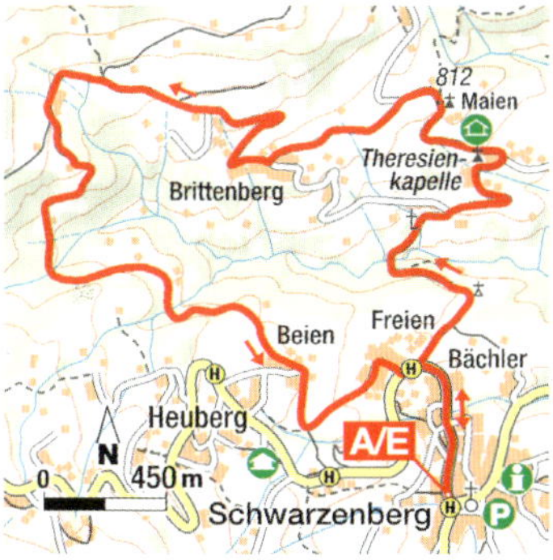

Anfahrt
ÖPNV: Vom Bahnhof Bregenz weiter mit Bus 830 bzw. vom Bahnhof Dornbirn weiter mit Bus 870
Auto: A 14 (Rheintalautobahn) bis Ausfahrt Dornbirn-Nord, auf der L 200 bis Egg und weiter nach Schwarzenberg

Einkehr
In Schwarzenberg

Weitere Informationen
■ *schwarzenberg.at*

JUGENDSTIL-KRAFTWERK UND RIESEN-EI

15

Von Andelsbuch zum Stausee Bezegg

Andelsbuch liegt nicht nur an der Schnittstelle von Mittlerem und Hinterem Bregenzerwald, es hatte jahrhundertelang auch wichtige historische Funktionen für die Region. Heute liefert der Ort Energie – und Handwerkskunst.

Es hätte anders kommen können – vielleicht stünden wir heute nicht vor der durchaus sehenswerten Pfarrkirche, sondern vor einer großen Klosteranlage in Andelsbuch. Im Jahr 1086 wurde hier ein Kloster gegründet und von Konstanzer Mönchen besiedelt. Doch die hielten es nicht allzu lange aus, zu unwirtlich war ihnen offenbar die Gegend. Sechs Jahre später zogen sie sich nach Bregenz zurück, wo die Abtei Mehrerau entstand. Dabei war die Lage in Andelsbuch so schlecht nicht, der Einsiedler Diedo hatte hier bis 1080 gelebt, der Bruder von Merbod (siehe Tour 4) und Ilga (siehe Tour 14), und somit Vorarbeit geleistet. Immerhin, Andelsbuch blieb auch nach dem Wegzug von Bedeutung: Früh (1170) entstand hier eine Pfarrei, an deren romanisches Gotteshaus der Löwenkopf-Türklopfer der Kirche erinnert – das Original wird im Vorarlbergischen Landesmuseum Bregenz aufbewahrt. Und als Gerichtsort und Versammlungssitz (siehe Tour 17) hatte Andelsbuch eine herausragende Funktion für den Zusammenhalt der Wälder.

Zum Stausee Ach

Wir starten also vor der Kirche, einem Barockbau der berühmten Bregenzerwälder Baumeisterfamilie Beer, und begeben uns gegenüber auf die andere Straßenseite zum markanten Gasthof Traube (ein denkmalgeschütztes Wälderhaus um 1800). An diesem links vorbei laufen wir zwischen den Häusern in Richtung der Weiler Ruhmanen und Wirth. Neben der Antoniuskapelle gehen wir geradeaus und bis zu den letzten Häusern, dann links langsam in einer großen Kurve hinab ins hier etwas weitere Tal der Bregenzer Ach.

Unten angekommen, durchqueren wir den Hof und halten uns leicht rechts über die Wiese zum Ufer, an dem wir nun entlanglaufen, vorbei an einer alten Fährstation mit interessanter Geschichte (siehe unten). Da der Betrieb eingestellt wurde, haben wir Glück, dass wir die Bregenzer Ach hier nicht überqueren wollen. Wir gehen darum auf dem Pfad weiter geradeaus und kommen so zum Damm des Stausees Ach, dem Ausgleichsbecken für das Andelsbucher

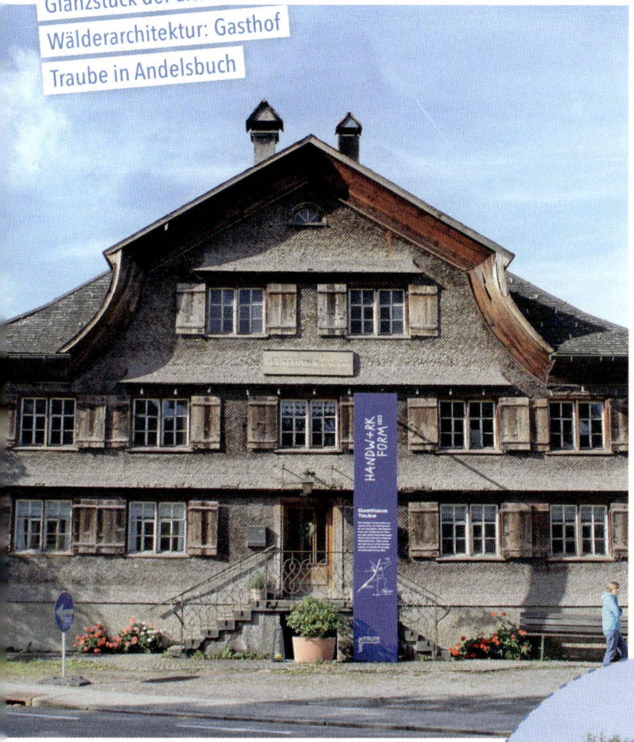

Glanzstück der alten Wälderarchitektur: Gasthof Traube in Andelsbuch

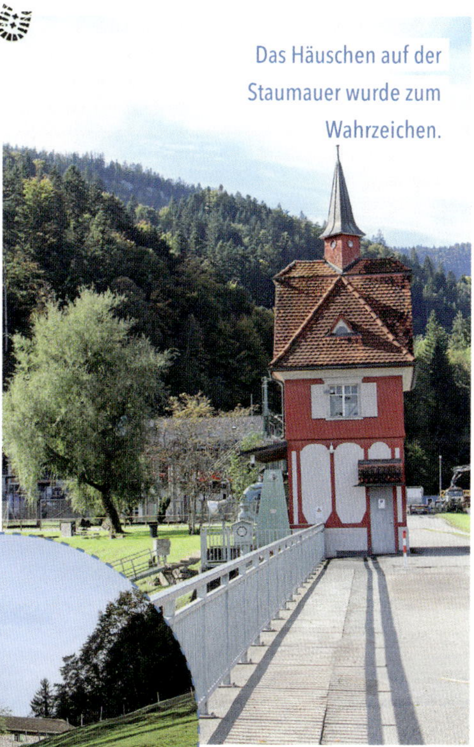

Das Häuschen auf der Staumauer wurde zum Wahrzeichen.

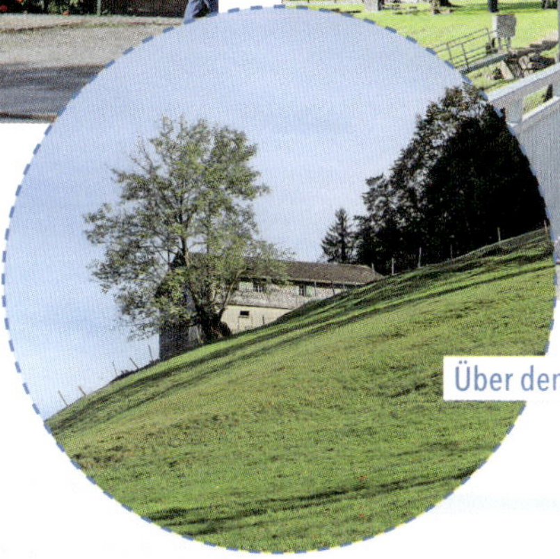

Über dem Stausee

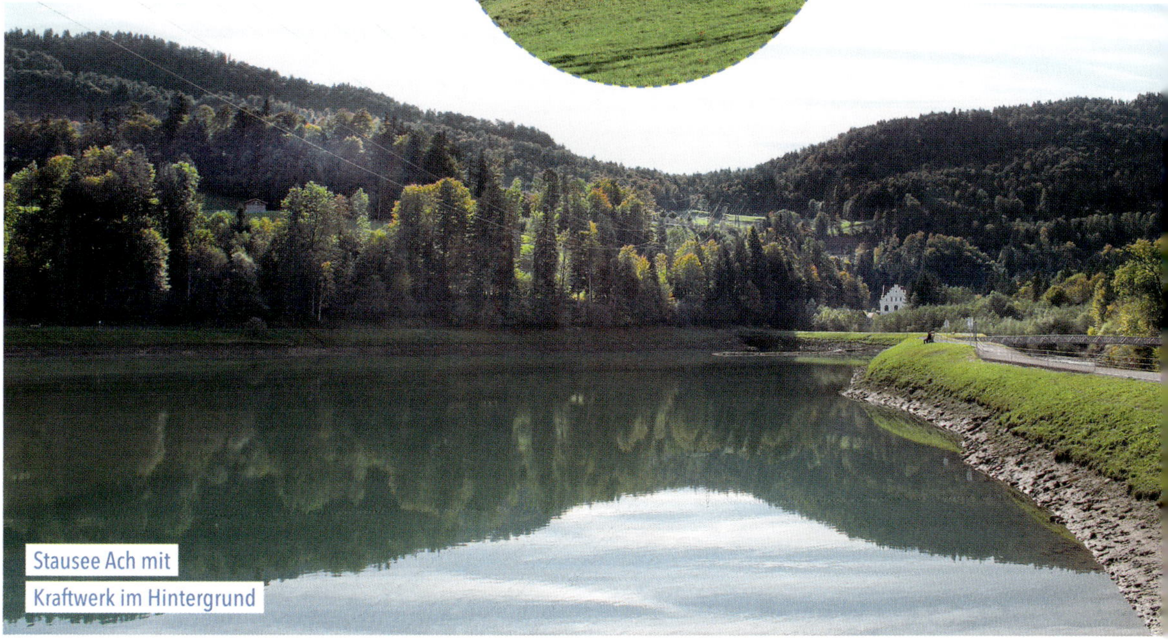

Stausee Ach mit Kraftwerk im Hintergrund

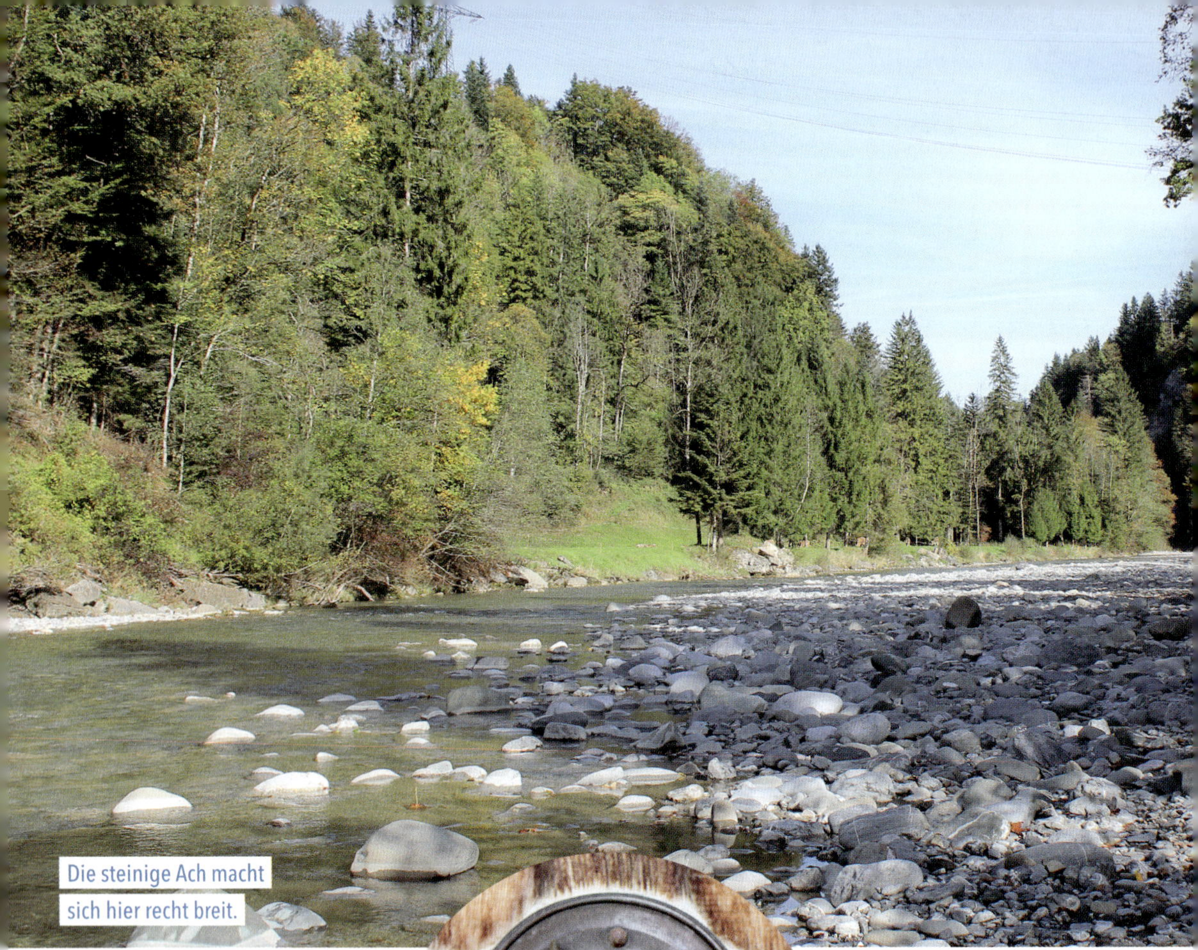

Die steinige Ach macht sich hier recht breit.

Kraftwerk, dessen Stufengiebel wir im Hintergrund bereits sehen, wenn wir die Treppe vor uns hochgestiegen sind.

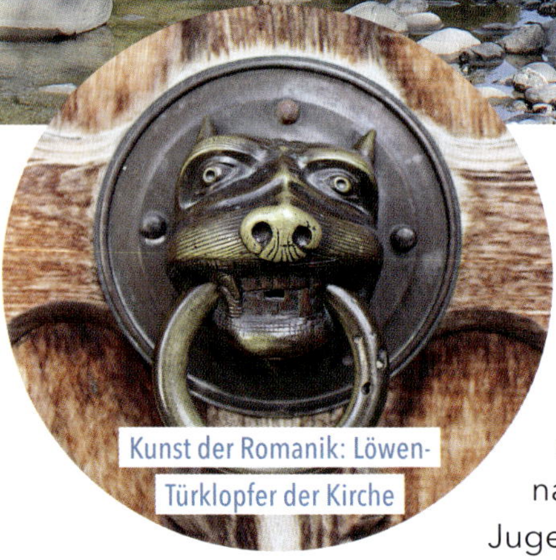

Kunst der Romanik: Löwen-Türklopfer der Kirche

Größtes Kraftwerk der Donaumonarchie

Wir gehen rechts am See am Drahtsteg vorbei und geradeaus weiter bis zum Ende des Gewässers. Hier führt links etwas versteckt ein sehr schmaler und steiler Pfad in einigen kurzen Serpentinen hinauf zur Bregenzerwaldstraße. Oben halten wir uns rechts und gehen am Kreisverkehr rechts hinab zur Unterführung, die hinüberleitet zum oberen Becken, dem Stausee Bezegg mit seinen charakteristischen Bauten.

Das Kraftwerk Andelsbuch, 1906 als eines der größten der gesamten Donaumonarchie in dezenten Jugendstilformen errichtet, nutzt die Kraft der Bregenzer Ach hier seit über 100 Jahren. Deren Wasser wird bei Bezau abgeleitet und sorgt damit für ausreichend Strom – doch seine Aufgabe ist hier noch lange nicht beendet, denn unterirdisch fließt es weiter bis zum Kraftwerk Alberschwende (siehe Tour 3). Das Gebäudeensemble steht unter Denkmalschutz – die Turbinen sind zum Teil noch immer die Originale aus der K.-u.-k.-Zeit –

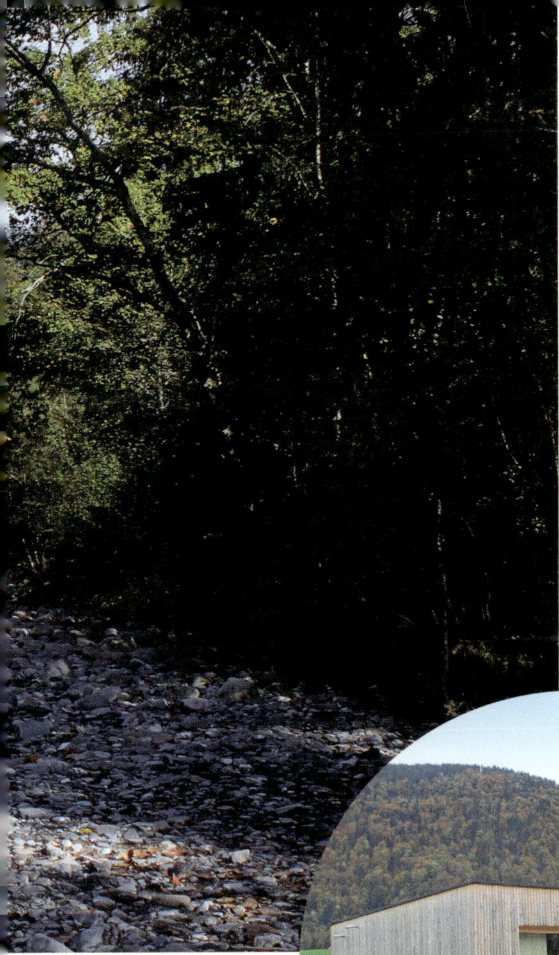

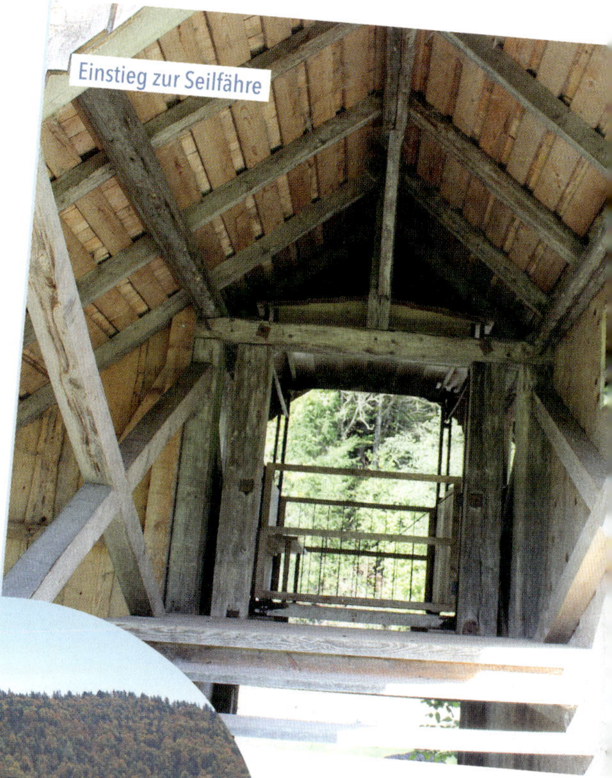

Einstieg zur Seilfähre

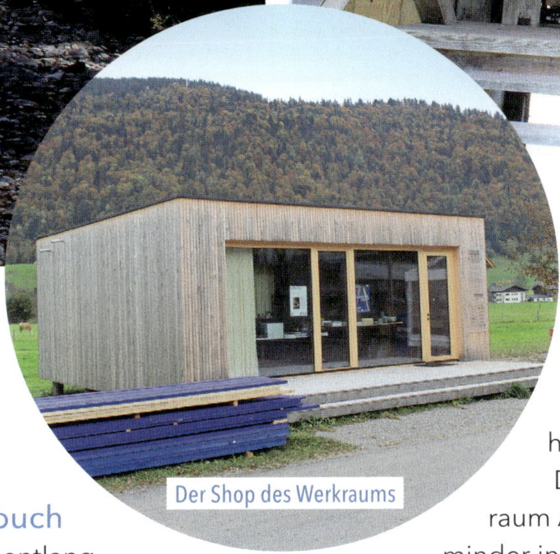

Der Shop des Werkraums

und kann bei Führungen besichtigt werden.

Modernes Andelsbuch

Wir gehen am Wasser entlang links bis zum Sportplatz (siehe auch Tour 17). An der Kreuzung beim Sportheim halten wir uns an den mittleren Weg, der geradeaus weiterführt und schließlich die Bregenzerwaldstraße begleitet. Mindestens drei weitere Highlights begegnen uns dabei auf dem Weg zurück ins Zentrum von Andelsbuch. Übersehen kann man sie nicht: Als Erstes treffen wir auf das ebenso berühmte wie beliebte Beton-Ei, das nicht nur ein gern abgelichtetes Fotomotiv ist, sondern dessen Inneres man auch begehen kann.

Dann folgt der Werkraum Andelsbuch, ein nicht minder ins Auge fallendes architektonisches Glanzstück des international renommierten Schweizer Architekten

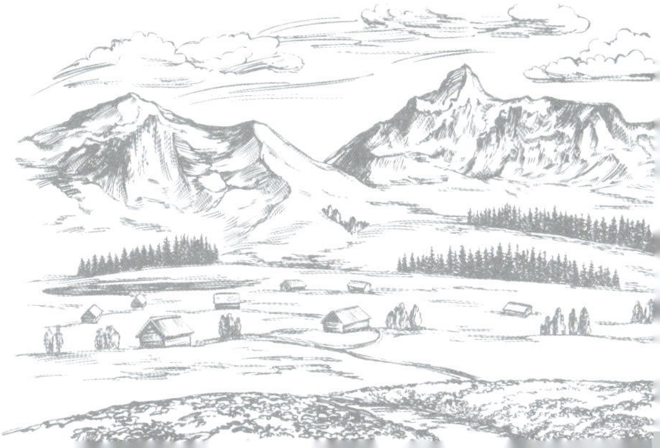

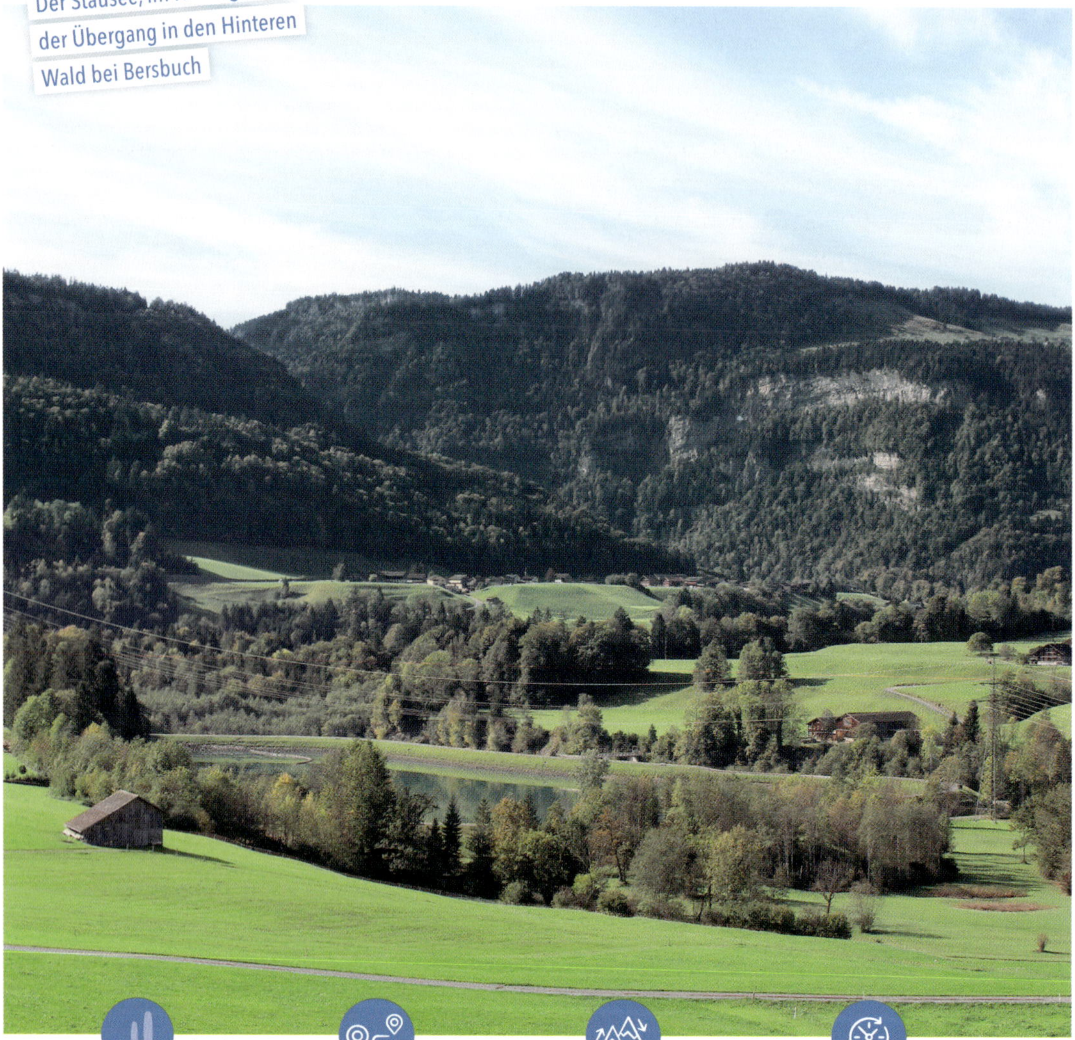

Der Stausee, im Hintergrund der Übergang in den Hinteren Wald bei Bersbuch

leicht | 5,5 km | 70/70 Hm | 2 Std.

Auf einen Blick

Tourencharakter
Breite, gute Wege, am Wasser unbefestigt. Nach dem Stausee kurzer, aber sehr steiler Aufstieg auf einem schmalen Pfad, dann nur noch Teerwege

Ausgangs-/Endpunkt
Andelsbuch, Kirche
GPS: 47.41336, 9.89578

Höchster Punkt
Stausee Bezegg (630 m)

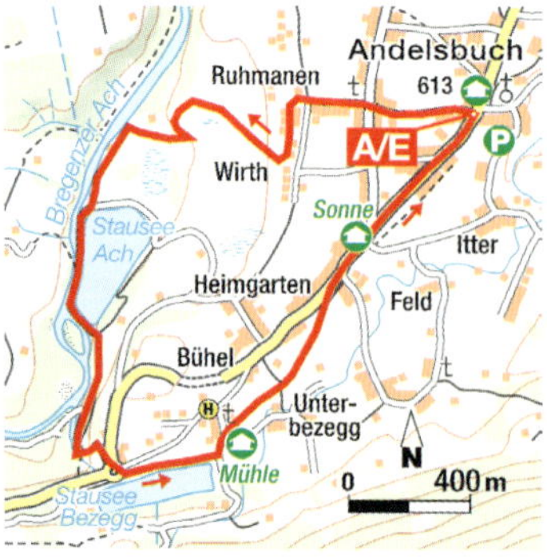

Anfahrt
ÖPNV: Vom Bahnhof Bregenz weiter mit Bus 840 bzw. vom Bahnhof Dornbirn weiter mit Bus 850
Auto: A 14 (Rheintalautobahn) bis Ausfahrt Dornbirn-Nord und weiter auf der L 200

Einkehr
In Andelsbuch

Weitere Informationen
■ *andelsbuch-bregenzerwald.com*

Peter Zumthor. Der markante Bau zieht die Aufmerksamkeit auf das Bregenzerwälder Handwerk, das hier anschaulich seine Erzeugnisse präsentieren kann: innovative Designmeisterstücke aus natürlichen Materialien mit Ideen, die Moderne und Tradition vereinen. Der Werkraum, an dem 80 Betriebe beteiligt sind, ist aber mehr als nur ein Showroom zum passiven Angucken – hier werden auch Kurse und Ausstellungen angeboten, und in einem Nebengebäude gibt es zudem einen Laden. Bestens dazu passt gleich nebenan der ehemalige Bahnhof des Wälderbähnles, dessen Gäste inzwischen hier ankommen, um Kultur zu genießen. Von einer örtlichen, preisgekrönten Initiative wird hier seit einigen Jahren ein vielfältiges Programm angeboten: vom Kabarett bis zu Konzerten, von Partys bis zu Autorenlesungen.

Vom Kulturbahnhof, der sich längst zur festen, nicht mehr wegzudenkenden Institution entwickelt hat, laufen wir schließlich zurück zu den Anfängen Andelsbuchs, zu unserem Ausgangspunkt bei der Kirche.

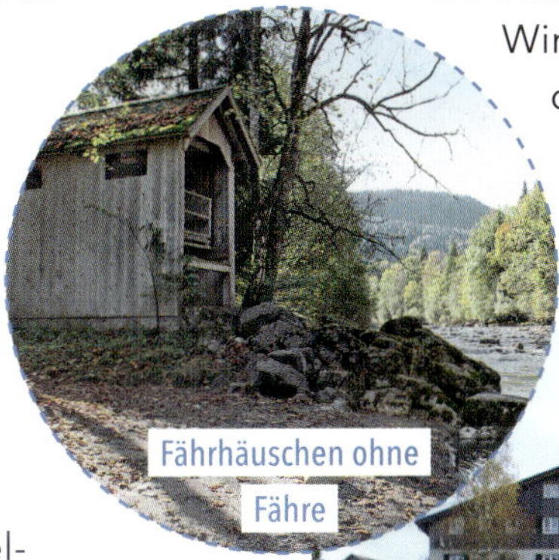
Fährhäuschen ohne Fähre

Seilbahnfähre

Im renovierten Fährhäuschen erinnern einige Bilder an die Zeit, als die »Luftseilbahn« hier den Fluss querte. Für die Andelsbucher und die Schwarzenberger war der gegenseitige Besuch früher reichlich umständlich, noch mehr litten Bauern aber darunter, die Felder auf beiden Seiten der Ach besaßen. Brücken gab es nur bei Egg und Bersbuch, lange, zeitraubende Umwege waren die Folge. Eine kleine Schiffsfähre half nur bedingt, bei Hoch- und stürmischem Wasser setzte niemand über. Drei Anwohner kamen um 1870 – an unterschiedlichen Stellen – auf ähnliche Ideen: Sie entwickelten eine Seilfähre, die einen mit Körperkraft gezogenen Korb an Drähten über die Ach transportierte. Eine Weltneuheit, die bald auch Touristen anlockte. Bestand hatte nur die Seilbahnfähre bei der Parzelle Wirth, die anfangs vier, später drei Personen befördern konnte. 1962 fand schließlich die letzte Überfahrt statt.

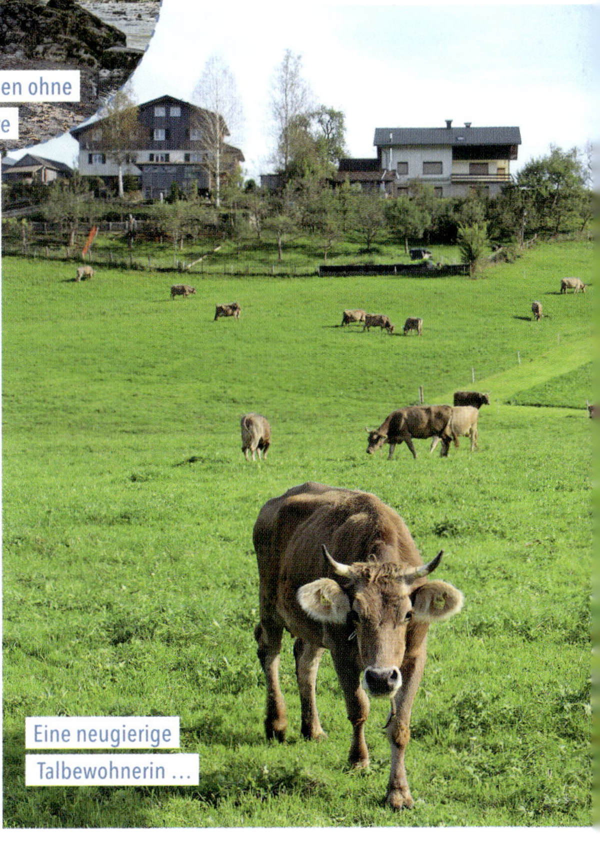
Eine neugierige Talbewohnerin …

16 Von Schwarzenberg nach Andelsbuch

Musikalisch beschwingt starten wir im Schubert-Ort Schwarzenberg und wandern vorbei an markanten Wälderhöfen und mit dem Rauschen der Bregenzer Ach im Ohr ins architektonisch überraschende Andelsbuch.

Angelika Kauffmann ist in Schwarzenberg nicht nur ein Museum (das wir schon von Tour 14 kennen), sondern auch der Musiksaal gewidmet, in dem die weit über den Bregenzerwald und Vorarlberg hinaus berühmten Schubertiaden stattfinden. Er gilt als einer der schönsten Klangräume Österreichs mit hervorragender Akustik.

Wohlklänge

Sein Renommée als international anerkannter Musikstandort, der auf den ersten Blick für ein Dorf im Bregenzerwald womöglich überraschen mag, hat Schwarzenberg dem bekannten Opernsänger Hermann Prey zu verdanken, der 1976 in Hohenems ein klassisches Musikfestival zu Ehren Franz Schuberts etabliert hatte. 1994 richtete Schwarzenberg als Ergänzung erstmals eine »Landpartie« aus, seitdem finden im Angelika-Kauffmann-Saal als neuem Zentrum regelmäßig Schubertiaden mit international bekannten Größen und jungen Talenten aus der Musikwelt statt, wobei der Schwerpunkt auf sonst selten zu hörenden Stücken aus dem Werk und der Zeit des Komponisten liegt. Bis zu 50 000 Schubertianer und andere Musikliebhaber pilgern dann im Sommer ins beschauliche Bregenzerwalddorf (schubertiade.at).

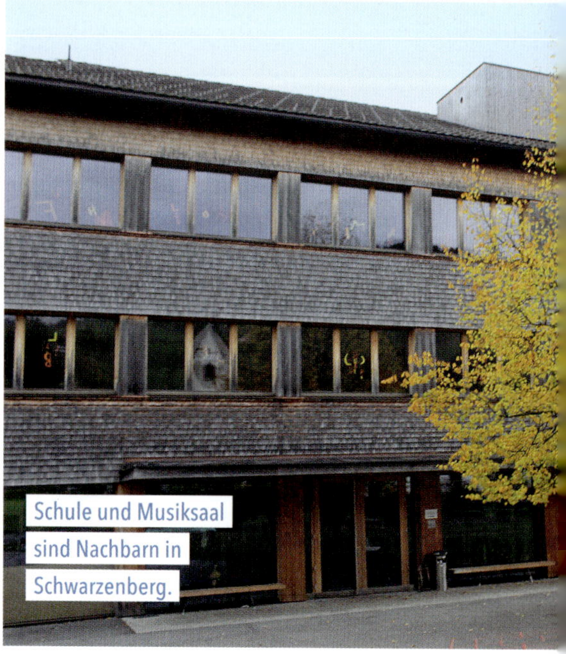

Schule und Musiksaal sind Nachbarn in Schwarzenberg.

Die sich in Schwarzenberg vereinenden Pässe ermöglichten ein gutes Auskommen.

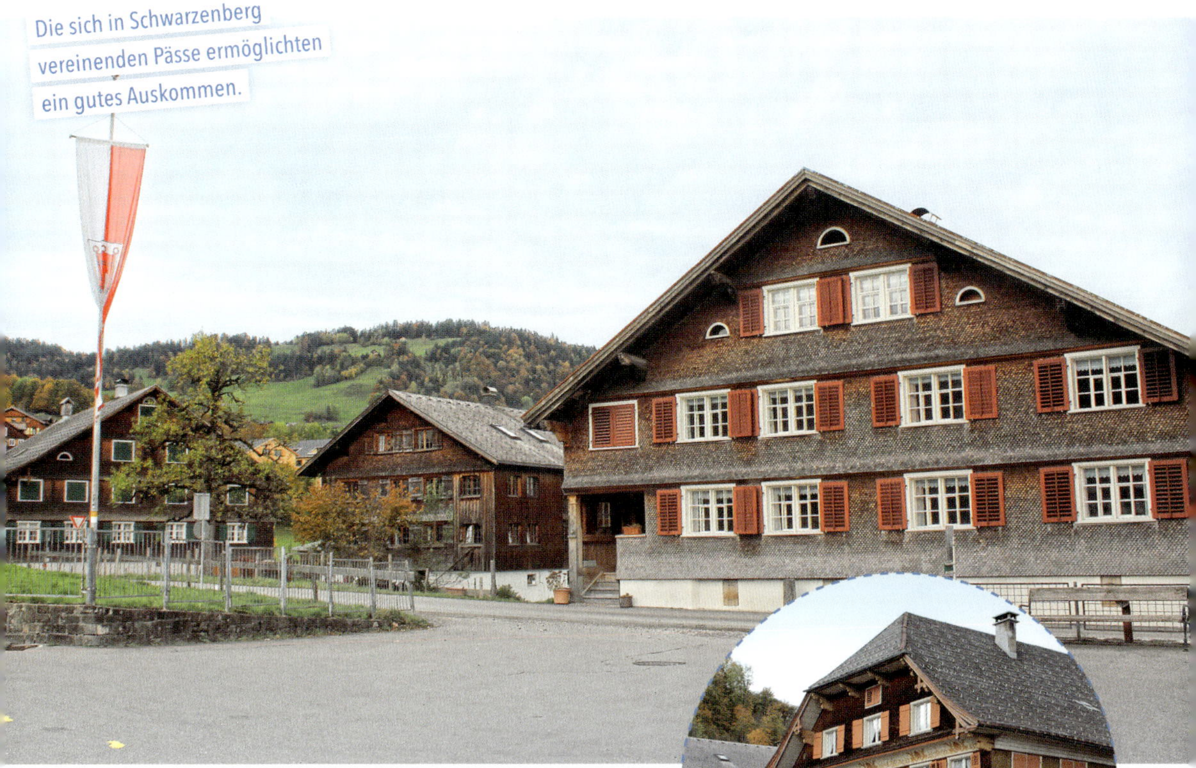

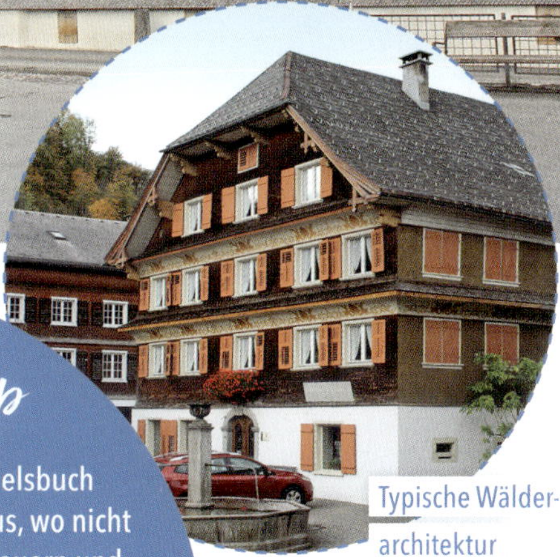

Typische Wälder-architektur

Schmankerltipp

Bregenzerwälder Käsehaus: In Andelsbuch empfiehlt sich ein Besuch im Käsehaus, wo nicht nur Milchprodukte der heimischen Bauern und Senner (mit Kostprobe), sondern auch andere Lebensmittel und Geschenkartikel rund ums Thema Käse & Co. angeboten werden. Pendants des Käsehauses gibt es auch in Sulzberg (Käserebellen) und außerhalb des Bregenzerwalds in Feldkirch. Wer es besonders vielfältig und auch bequem haben möchte, kann ein monatliches »Käse-Abo« abschließen.

■ *kaesehaus.at*

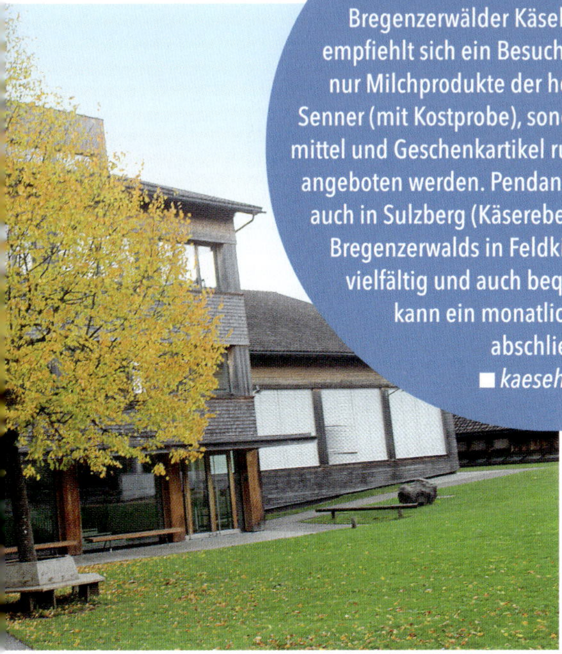

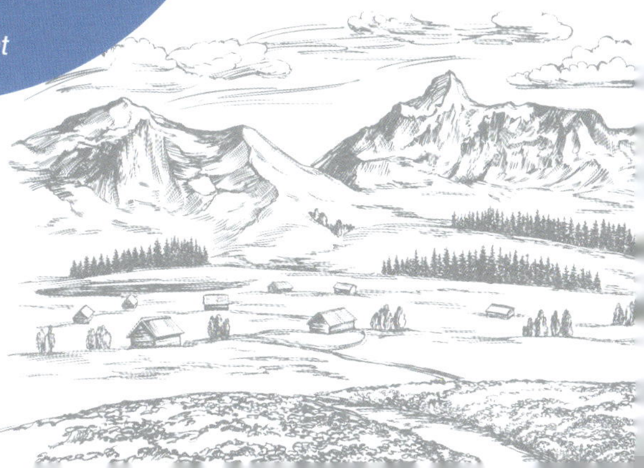

Denkmalgeschützte Wälderhöfe

Zugegeben, unsere »Landpartie« führt aus Schwarzenberg hinaus, sie soll deshalb aber keineswegs weniger idyllisch werden. Wir beginnen unsere Wanderung am Gemeindeamt neben der Bücherei und der Schule – nicht weit vom erwähnten Angelika-Kauffmann-Saal – und orientieren uns kurz rechts in Richtung Dorfmitte, um nach wenigen Metern links der Beschilderung (gelbe Markierung Richtung Loch/Bersbuch) zu folgen und die letzten Häuser des Unterdorfs hinter uns zu lassen. Ein kurzes Stück folgen wir noch dem Teerweg, biegen dann aber rechts ab auf den Pfad, der am Bach entlangführt. Dieser bringt uns schließlich auf eine Weide, wo man sehr genau auf die Beschilderung und den Wiesenpfad achten muss, sich aber stets grob am Bachverlauf orientieren kann.

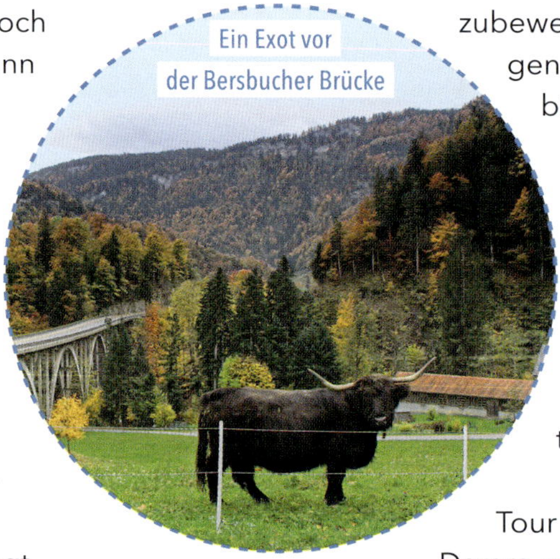

Ein Exot vor der Bersbucher Brücke

Dieser Wiesenweg biegt schließlich rechts in Richtung der Parzelle Loch ab. Zwischen deren Häusern trifft man in der Folge auf die Straße, an der wir links bergab gehen. Die Parzelle selbst zeichnet sich durch einige besonders gut erhaltene und zu Recht unter Denkmalschutz stehende Wälderhöfe aus.

Kurz vor der großen Brücke über die Ach wechseln wir die Straßenseite und nehmen dort den von der Straße abzweigenden Weg hinab, der in Richtung Sportplatz führt und uns weiter die Richtung vorgibt. Nach der Kurve um die Weiden der Highland-Rinder laufen wir deshalb links ans Ufer des Flusses und kommen so bald zum angekündigten Sportgelände des FC Schwarzenberg.

Vom Stausee Ach nach Andelsbuch

Wir umgehen das Fußballfeld erst rechts, dann links und laufen auf dem Pfad am Ufer entlang, der sich später zum Forstweg weitet. Kurz geht es ein Stückchen hoch, dann gleich wieder hinab auf eine Wiese, auf der links eine Hütte steht, auf die wir uns zubewegen. Hinter dieser steigen wir etwas steiler empor bis zu den Wegweisern und halten uns dort nach rechts zur Parzelle Au. Durch diese geht es geradeaus mitten hindurch, im Anschluss links um den Hof herum und hinunter zum Stausee Ach.

Der Brückensteg (siehe Tour 15) bringt uns auf den Damm, wo wir links abbiegen und am Gewässer entlang im Halbkreis zur gegenüberliegenden Seite wandern. Nach dem Spielplatz geht es in spitzem Winkel links hoch Richtung Andelsbuch, an der folgenden Gabelung links zu den ersten Häusern und an der nächsten Wegkreuzung rechts auf dem Weg geradeaus ins Dorfzentrum. Direkt am modernen Gemeindeamt von Andelsbuch endet unsere heutige Wanderung (zur Architektur Andelbuchs siehe Tour 15). Von hier können wir mit dem Bus zurück nach Schwarzenberg fahren.

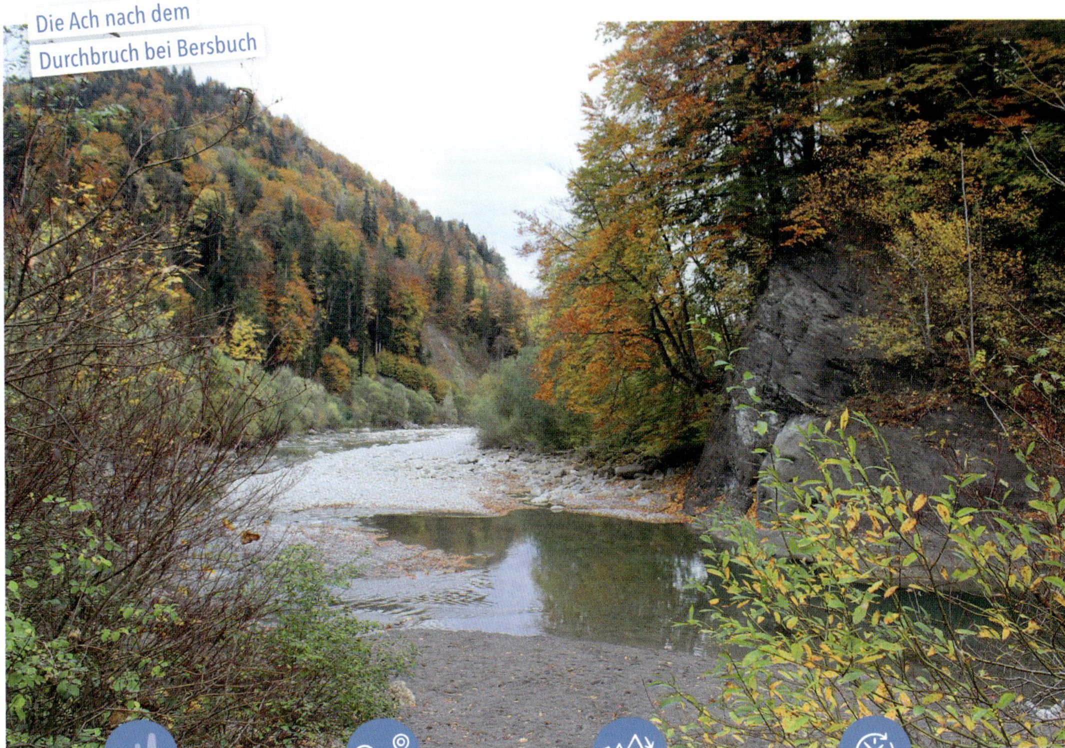
Die Ach nach dem Durchbruch bei Bersbuch

leicht | 7,5 km | 65/115 Hm | 2.30 Std.

Auf einen Blick

Tourencharakter
Abwechslungsreiche, zumeist breite und gut gepflegte Wege, von Sträßchen bis zu teils sumpfigen Pfaden, dazu gemäßigte Ab- und Aufstiege durchs Tal der Bregenzer Ach

Ausgangspunkt
Schwarzenberg, Gemeindeamt
GPS: 47.414097, 9.854429

Endpunkt
Andelsbuch, Gemeindeamt
GPS: 47.411709, 9.893323

Höchster Punkt
Schwarzenberg, Gemeindeamt (696 m)

Anfahrt
ÖPNV: Vom Bahnhof Bregenz weiter mit Bus 830 bzw. vom Bahnhof Dornbirn mit Bus 870 nach Schwarzenberg. Rückfahrt von Andelsbuch mit Bus 840 oder 850 via Egg (dort umsteigen in Bus 830) oder über Bersbuch (dort an der Haltestelle Kreisverkehr umsteigen in Bus 870)
Auto: A 14 (Rheintalautobahn) bis Ausfahrt Dornbirn-Nord, weiter auf der L 200 über Egg nach Schwarzenberg

Einkehr
In Schwarzenberg und Andelsbuch

Weitere Informationen
schwarzenberg.at

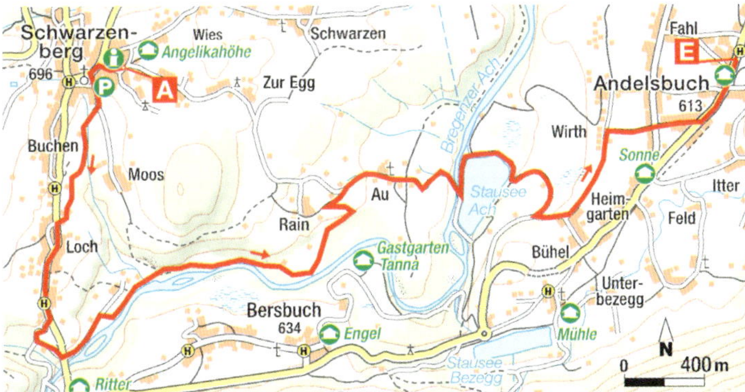

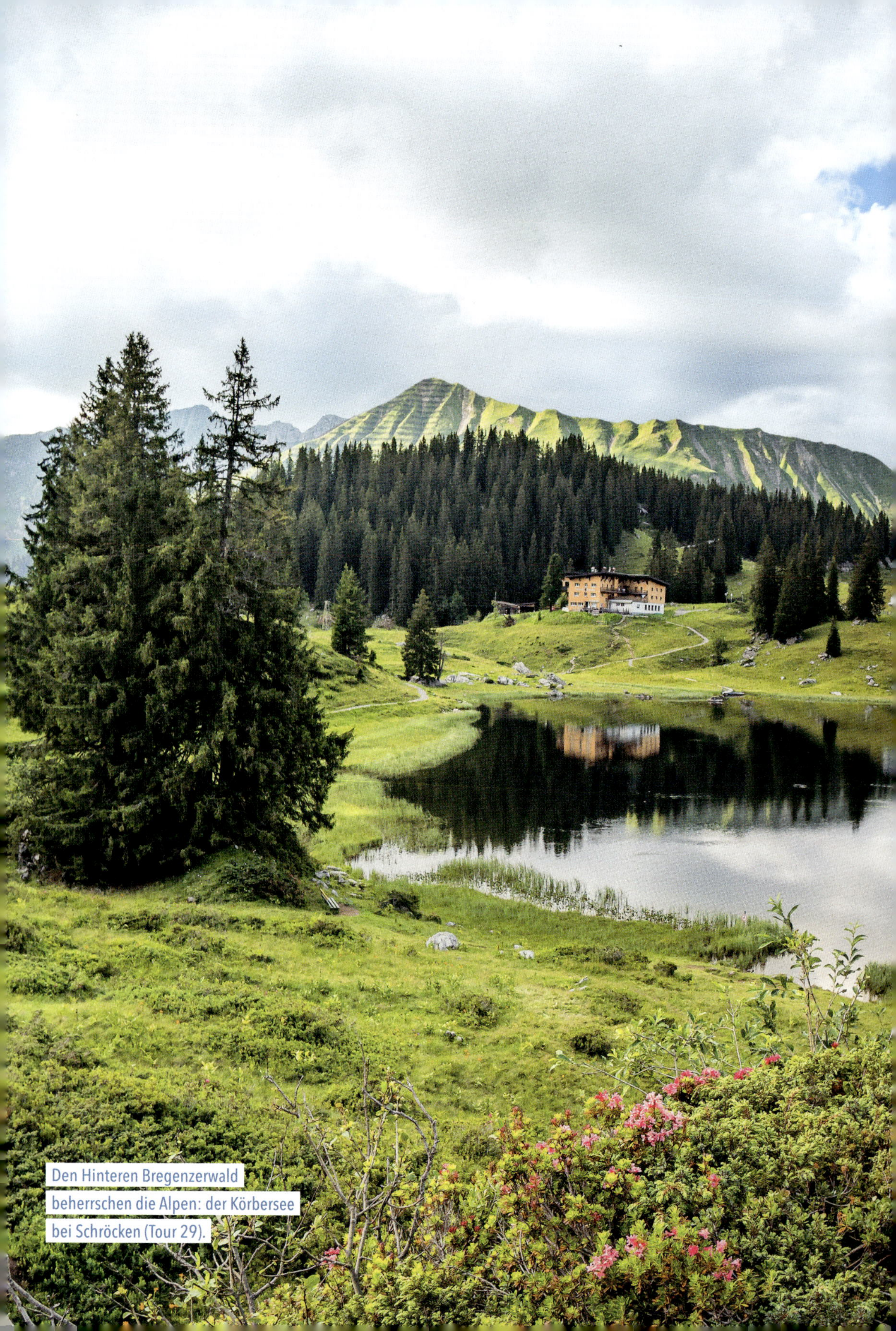

Den Hinteren Bregenzerwald beherrschen die Alpen: der Körbersee bei Schröcken (Tour 29).

WANDERUNGEN FÜR SENIOREN

Hinterer Bregenzerwald

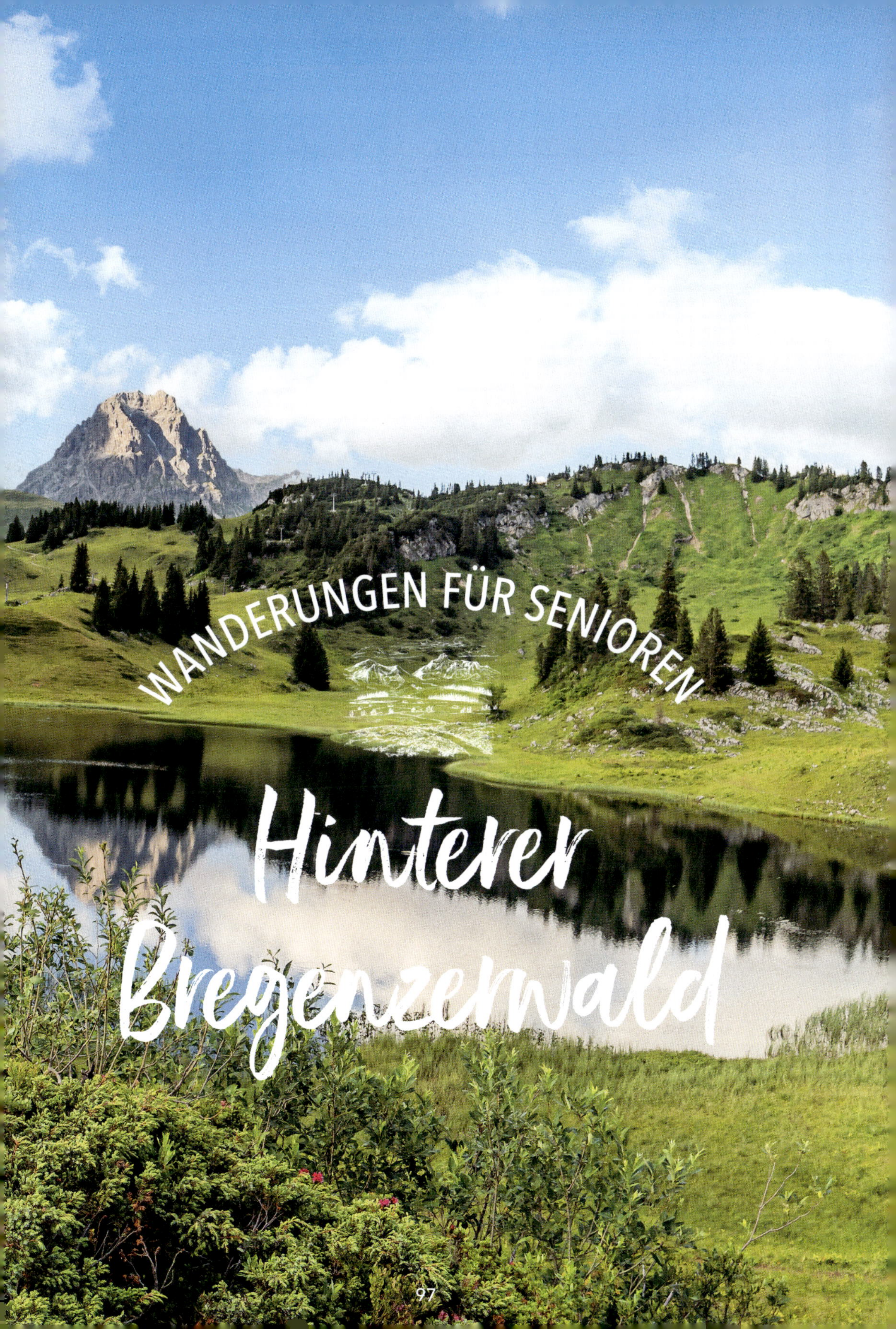

IM HERZEN DER WÄLDERREPUBLIK

17

Von Unterbezegg nach Bezau

Eine Lichtung zwischen Andelsbuch und Bezau gilt als der geografische Mittelpunkt des Bregenzerwalds. Die Bedeutung dieses Ortes geht aber weit darüber hinaus.

Es ist vielleicht kein Zufall, dass Jodok Fink (1853–1929), einer der bedeutendsten österreichischen Politiker der ersten Hälfte des 20. Jahrhunderts, aus Andelsbuch stammte. Der Landwirt war nicht nur an neuesten Erkenntnissen auf seinem Fachgebiet, sondern auch an Politik interessiert, erst auf lokaler Ebene als Bürgermeister Andelsbuchs, dann folgte sein Aufstieg in die Landespolitik und schließlich in höchste Ämter des Staats. Fink, der den konservativen katholischen Christlichen-Sozialen verbunden war, gehörte zu den führenden Politikern, die den Übergang von der Monarchie zur Republik befürworteten und friedlich einleiteten; in den ersten demokratischen Regierungen diente er als Vizekanzler. Nicht weniger setzte er sich für sein Heimatland Vorarlberg und weiterhin auch für Andelsbuch ein. Was Fink so besonders machte und ihm überparteilich Respekt verschaffte: Er war an Ausgleich und Verständigung interessiert, im Zweifelsfall ordnete er Parteiinteressen höheren Interessen unter. Die Traditionen der freien Wälder waren ihm aufgrund seiner Herkunft sicherlich mehr als bewusst.

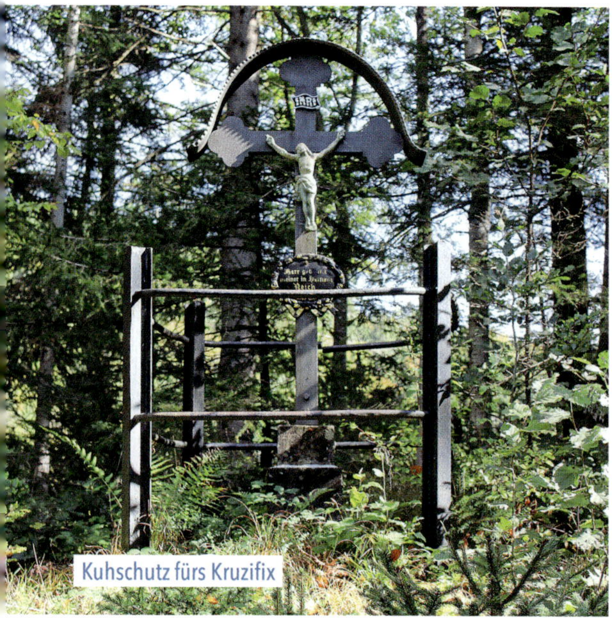

Kuhschutz fürs Kruzifix

Zur Bezeggsul

Auf deren Spuren begeben wir uns heute, ausgehend vom Sportplatz des FC Andelsbuch im Ortsteil Unterbezegg. Zwischen Sportgelände und Stausee nehmen wir den ansteigenden Weg, der uns fortan lange leiten wird, bequem und breit, aber auch stetig bergan, doch ohne steile Rampen. Er führt uns in den Wald hinein und dort zur Lichtung auf der Bezegg. Hier halten wir uns

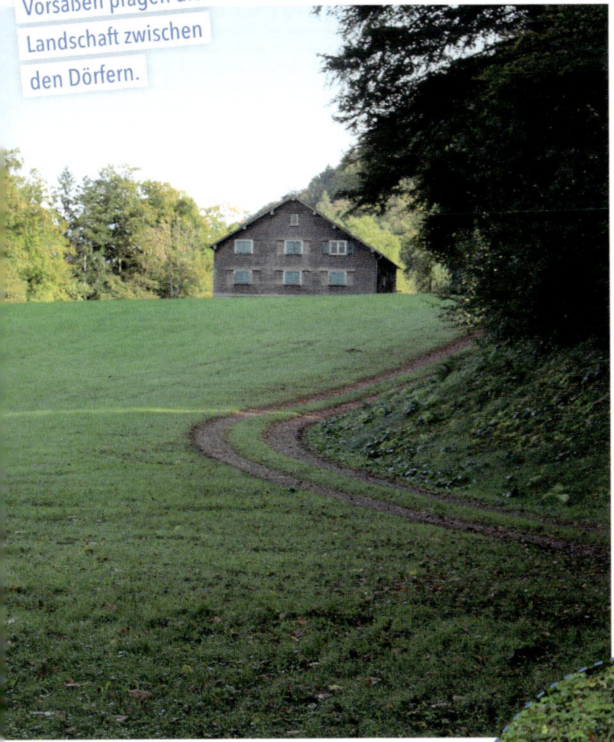

Vorsäßen prägen die Landschaft zwischen den Dörfern.

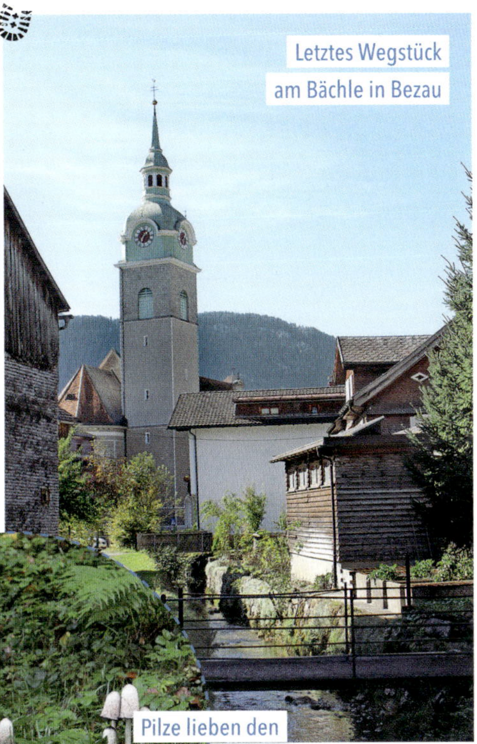

Letztes Wegstück am Bächle in Bezau

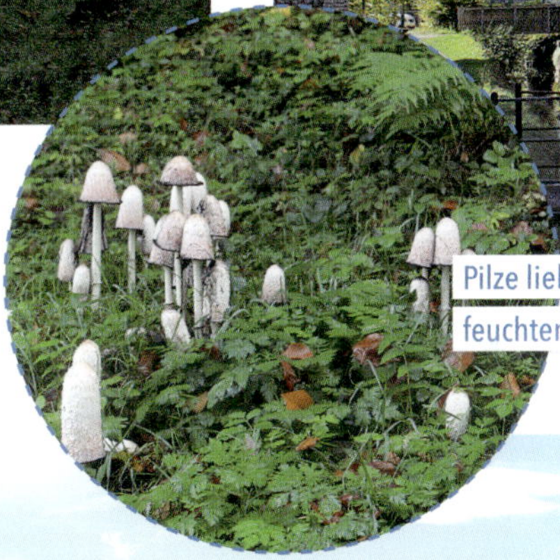

Pilze lieben den feuchten Herbst.

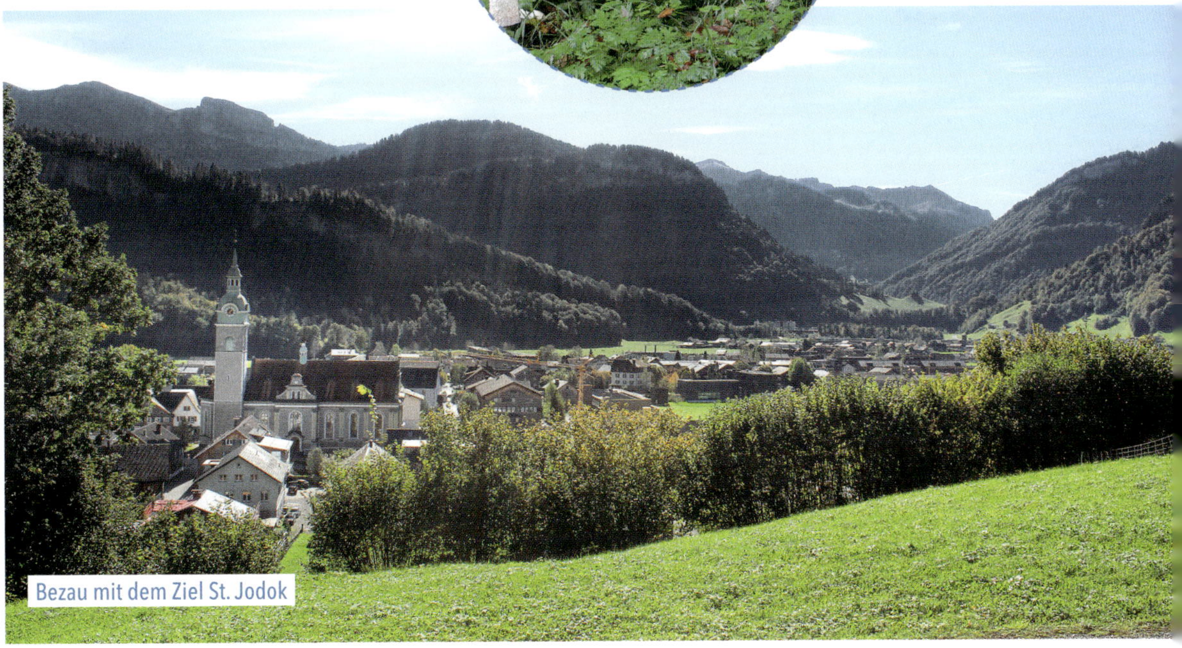

Bezau mit dem Ziel St. Jodok

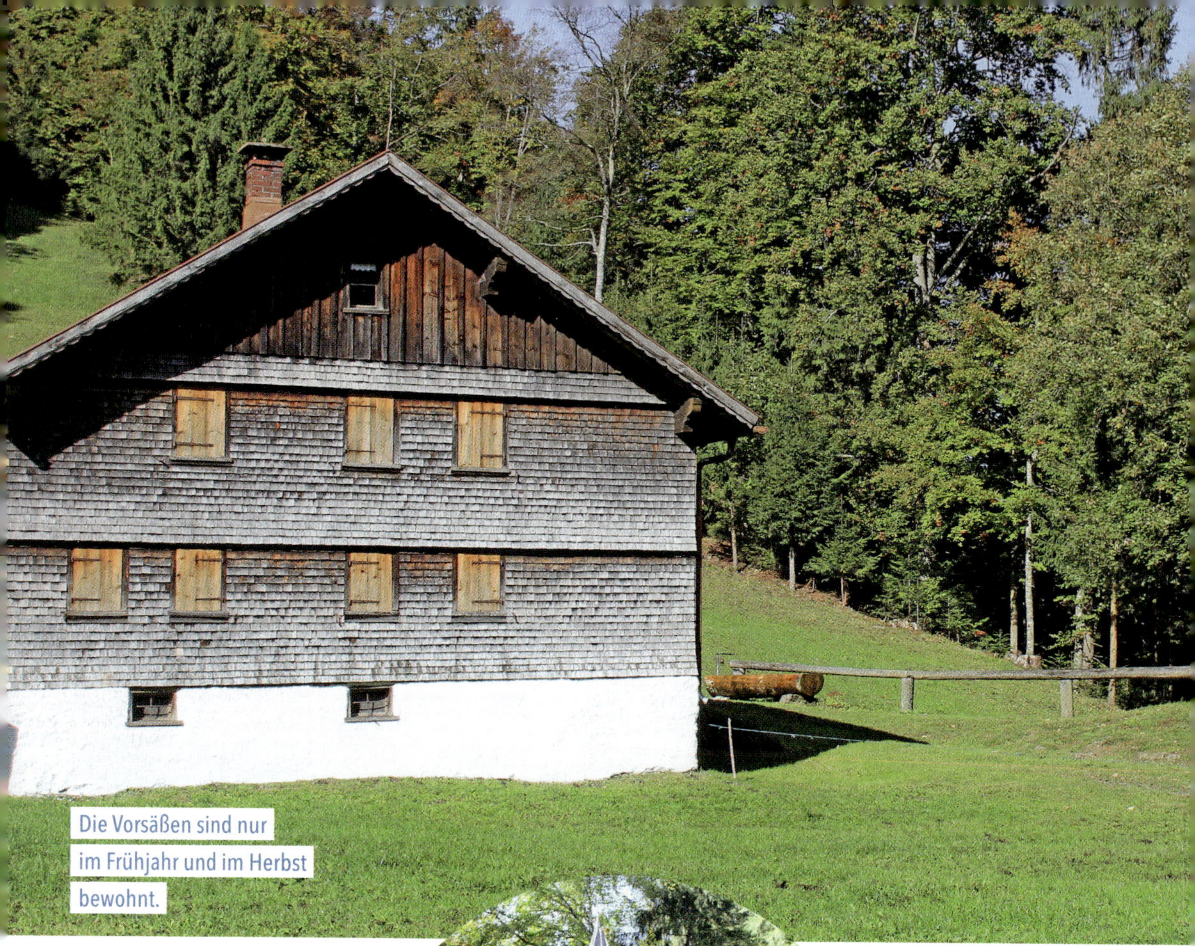

Die Vorsäßen sind nur im Frühjahr und im Herbst bewohnt.

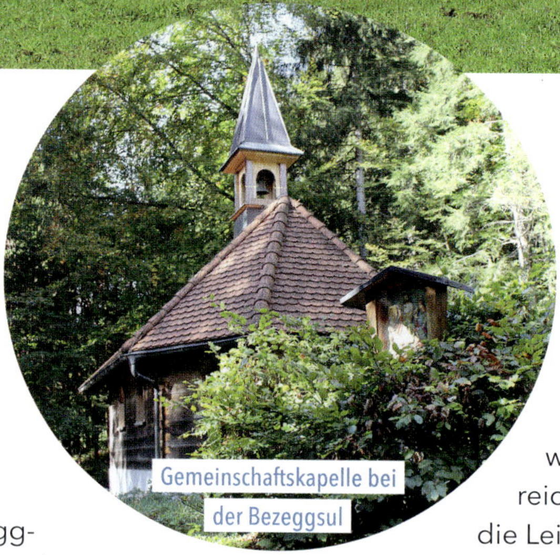

Gemeinschaftskapelle bei der Bezeggsul

am Brunnen und an den Vorsäßhäusern geradeaus und wandern anschließend in einer weiten, stets ansteigenden Linkskurve hinauf zur Bezeggsul.

Die Bezeggsul (Bezeggsäule), die 1871 vom damaligen Wiener Dombaumeister Friedrich von Schmidt entworfen wurde, erinnert an das »Rathaus« der Wälderrepublik, das an diesem Ort stand. Aufgerichtet auf mächtigen und hohen Säulen diente das Holzhaus dem Landammann des hinteren Bregenzerwalds und seinen Räten zur Beratung von Beschlüssen. Sie durften das Gebäude erst wieder verlassen, wenn sie Einigkeit erreicht hatten – vorher blieb die Leiter unter dem einzigen Eingang im Boden abgezogen.

Traditionen und Freiheiten

Nachgewiesen ist die erste Ratssitzung 1522, die Institution bestand aber wohl schon länger und bis zur bayerischen Besatzung 1807. Vermutlich ab dem späten

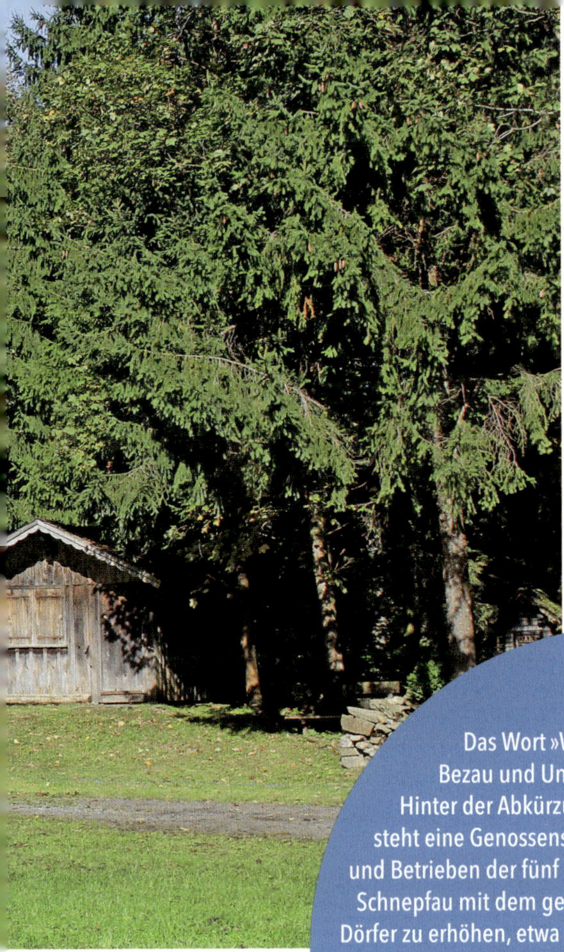

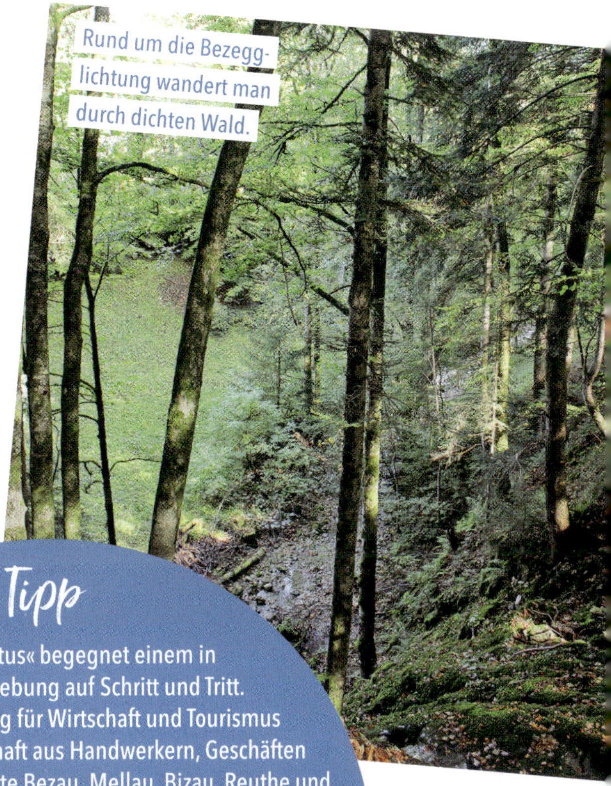

Rund um die Bezegg-lichtung wandert man durch dichten Wald.

Tipp

Das Wort »Witus« begegnet einem in Bezau und Umgebung auf Schritt und Tritt. Hinter der Abkürzung für Wirtschaft und Tourismus steht eine Genossenschaft aus Handwerkern, Geschäften und Betrieben der fünf Orte Bezau, Mellau, Bizau, Reuthe und Schnepfau mit dem gemeinsamen Ziel, die Attraktivität ihrer Dörfer zu erhöhen, etwa durch Veranstaltungen oder Verschönerungen, weshalb sich das Witus-Emblem auch auf vielen Sitzbänken wiederfindet. Genossenschaften und Gemeinbesitz haben in Vorarlberg und im Bregenzerwald eine lange Tradition, etwa bei der Nutzung der Vorsäßen. Das Buch »Allmeinde Vorarlberg« von Rita Bertolini (bertolini verlag, 2012) blickt auf die Historie und die zugrundeliegenden Ideen der Zusammenarbeit zurück und stellt zahlreiche aktuelle Genossenschaften vor.

18. Jahrhundert fanden die Versammlungen in dem Holzhaus auf der Bezegg statt. Die Wahl des Landammanns, der zahlreiche Aufgaben von der Verwaltung über die Rekrutierung von Soldaten bis zu Gerichtssitzungen innehatte, fand alle paar Jahre in Andelsbuch statt. Zwar stand man unter Oberaufsicht der österreichischen Herrschaft, trotzdem waren die Bewohner des hinteren Bregenzerwalds, eingeteilt in vier Viertel, jeweils an der Bestimmung des Nachfolgers und seiner Räte beteiligt. Natürlich galt dies nur für die freien,

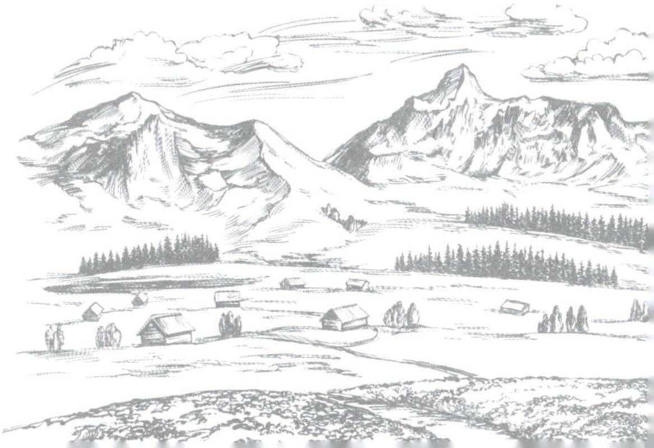

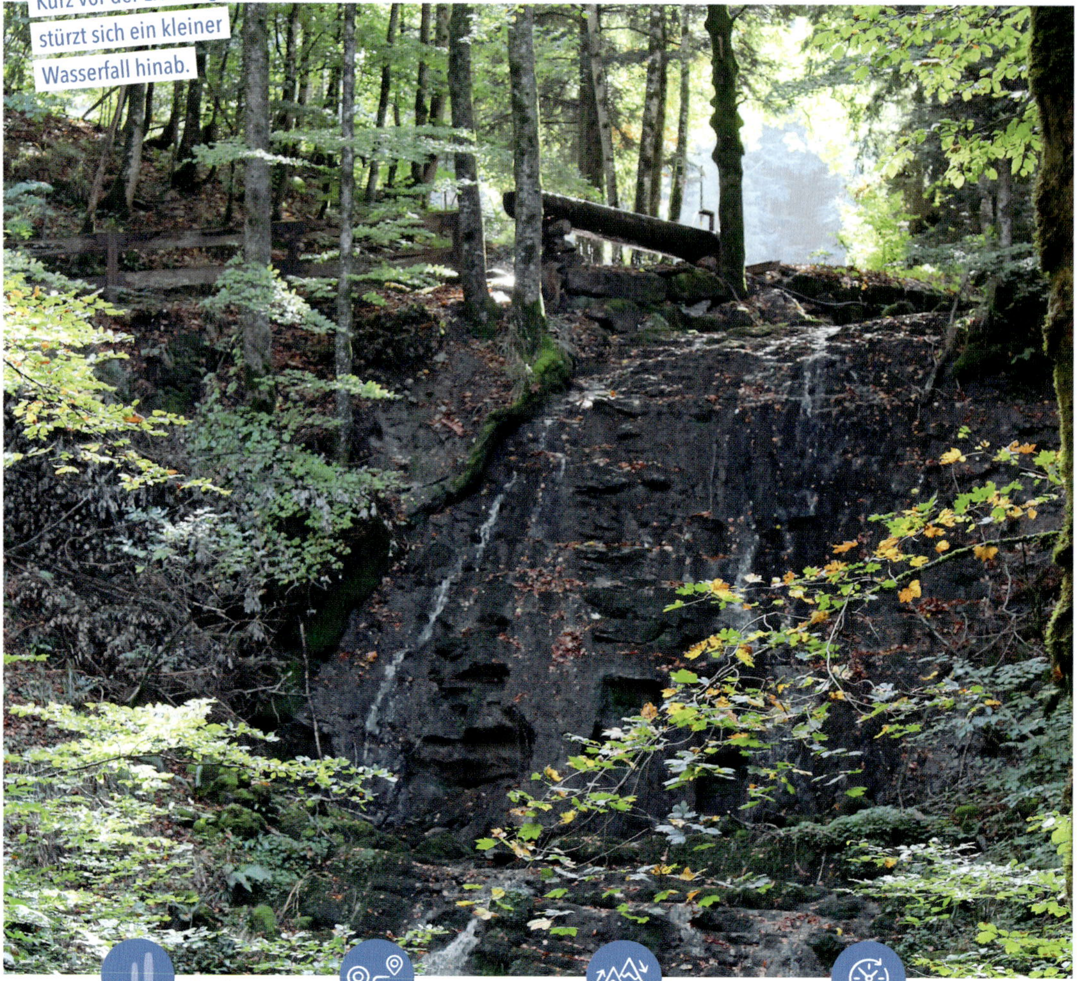

Kurz vor der Lichtung stürzt sich ein kleiner Wasserfall hinab.

leicht | 5,5 km | 175/310 Hm | 2 Std.

Auf einen Blick

Tourencharakter
Bis zur Bezeggsul geht es auf breiten Forstwegen kontinuierlich, aber nicht sehr steil bergauf. Der Abstieg ist auf ähnlich guten Wegen noch gemächlicher.

Ausgangspunkt
Unterbezegg
GPS: 47.402907, 9.883633

Endpunkt
Bezau, Pfarrkirche St. Jodok
GPS: 47.385690, 9.901523

Höchster Punkt
Bezegg, Kapelle (799 m)

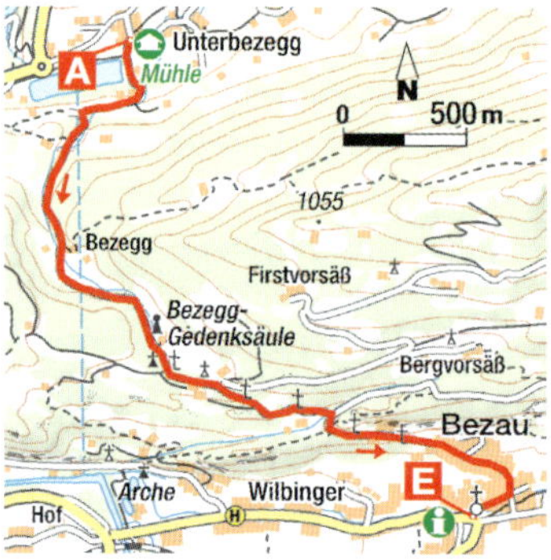

Anfahrt
ÖPNV: Vom Bahnhof Bregenz weiter mit Bus 830 oder 840 bzw. vom Bahnhof Dornbirn mit Bus 850
Auto: A 14 (Rheintalautobahn) bis Ausfahrt Dornbirn-Nord, dann weiter auf der L 200

Einkehr
In Bezau

Weitere Informationen
■ *bezau.at*

bessergestellten Einwohner (sprich: für ca. 2000). Acht Kandidaten wurden vorgeschlagen, zwei aus jedem Viertel, und nach der Beratung blieben noch vier übrig. Die versammelten Wälder konnten nun mit den Füßen abstimmen – per »Zulauf« begaben sie sich zu ihrem Favoriten. Wer am meisten Mitbürger anzog, wurde Landammann. Ihm wurden dann aus den Vierteln die Räte zugeordnet, sechs aus jedem der Bezirke, später kamen noch einmal 48 dazu.

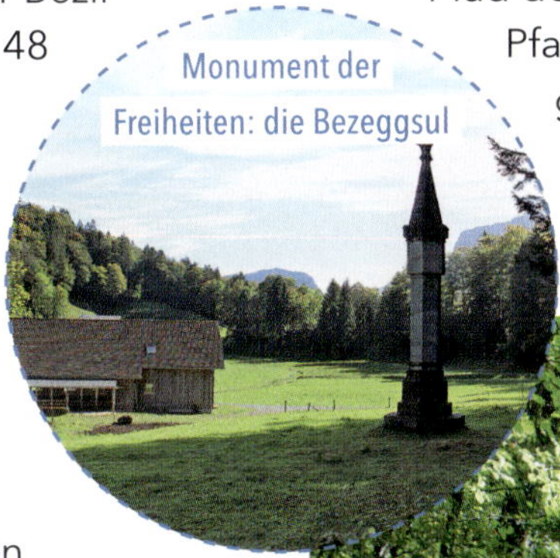
Monument der Freiheiten: die Bezeggsul

Versuche, unter dem Aufklärer Kaiser Joseph II. (reg. 1765–1790) dieses System abzuschaffen, scheiterten. Erst die bayerische Besatzungsmacht zerstörte 1807 das Gebäude und mit ihm die demokratisch-republikanischen Elemente, die sich die Wälder über Jahrhunderte hinweg hatten bewahren können. Wie es weiterging, erfahren wir auf unserem weiteren Weg – an die alte gemeinschaftliche Regierung auf der Lichtung aber wahrt die Bezeggsul das Gedenken, sie ist auch im Andelsbucher Wappen verewigt; im dortigen Gemeindeamt steht zudem ein Modell des hölzernen »Rathauses«.

Abstieg nach Bezau

Wir laufen weiter bis zur gemeinsamen Kapelle der Vorsäßen, wenden uns hier nach links, laufen an dem Mäuerchen entlang und biegen dann am Brunnen nach rechts. Wir bleiben nun auf dem absteigenden Hauptweg und wandern hinunter nach Bezau. Nach den Häusern am Hang kommen wir nicht nur Richtung Ortskern, sondern zuvor auch noch am »Turm« vorbei: Das altertümlich wirkende Gebäude ist die auf Veranlassung der Bayern 1807 errichtete ehemalige Fronfeste, das Gefängnis des Neuen Landgerichts Bezau, dem Nachfolger der alten Gerichtsbarkeit unter dem Landammann. Nach dem Turm kann man rechts am Bächlein über einen schönen Pfad den Rest des Weges bis zur Pfarrkirche St. Jodok zurücklegen. Mit dem Bus geht es schließlich nach Andelsbuch zurück.

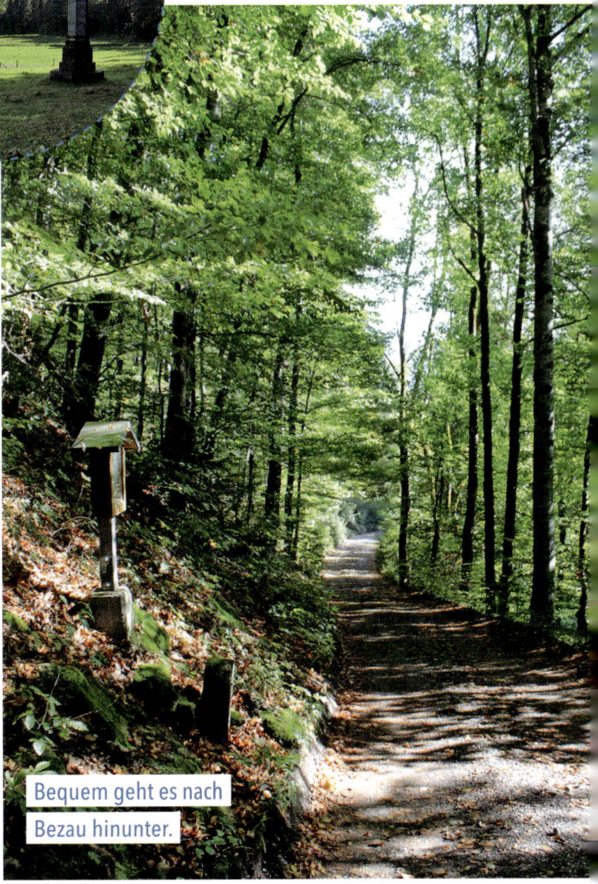
Bequem geht es nach Bezau hinunter.

AUF DER BAUMGARTENHÖHE

18

Von der Niedere nach Bezau

Alles andere als niedrig ist diese Anhöhe, von deren Kamm der Blick weit in die Landschaft des Mittleren und des Hinteren Bregenzerwalds schweift. Der Aufstieg erfolgt bequem per Seilbahn, der Abstieg zu Fuß.

Um zur Baumgartenhöhe zu kommen, wie dieser Teil der Niedere bezeichnet wird – die wiederum genaugenommen ein Ausläufer des Gebirgszugs um die Winterstaude (1877 m) ist –, nutzen wir die Seilbahn Bezau. Die Talstation liegt im Bezauer Ortsteil Obere auf 715 Metern Höhe, unser Ziel ist die Bergstation (1645 m). Es sind also fast 1000 Höhenmeter zu überwinden, aber das macht die moderne Gondelbahn für uns. Die vor wenigen Jahren runderneuerte Seilbahn fährt nun mit einer großen Kabine für 60 Personen in nur wenigen Minuten mit einer Zwischenstation an der Vorsäß Sonderdach hinauf zur Baumgartenalpe, wo sich neben der Bergstation ein Panoramarestaurant befindet.

Hoch zur Niedere

Oben angekommen, lohnt sich ein Abstecher zur Theodul-Kapelle (etwa 15 Min. Gehzeit). Diese steht in der Tradition der modernen Bregenzerwald-Kapellen, wie sie auch in Salgenreute (siehe Tour 5) und im Bezauer Ortsteil Wilbinger (siehe Tour 19) zu finden sind. Der äußerst schlichte, 2008 errichtete Bau geht auf einen Architekturwettbewerb zurück, den die Besitzer der nahen Alpe aufgrund eines Gelübdes ausgeschrieben hatten. Preis: drei Käselaibe aus der hauseigenen Produktion. Das Ergebnis ist einer dieser allein durch Einfachheit überzeugenden Gebetsräume, die im Inneren ein stiller Ort, von außen ein (weit sichtbarer) Hingucker sind – gefertigt aus Materialien der Umgebung.

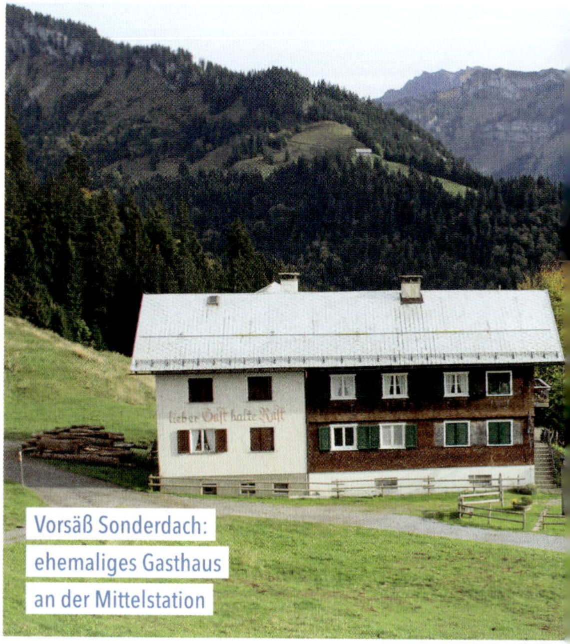
Vorsäß Sonderdach: ehemaliges Gasthaus an der Mittelstation

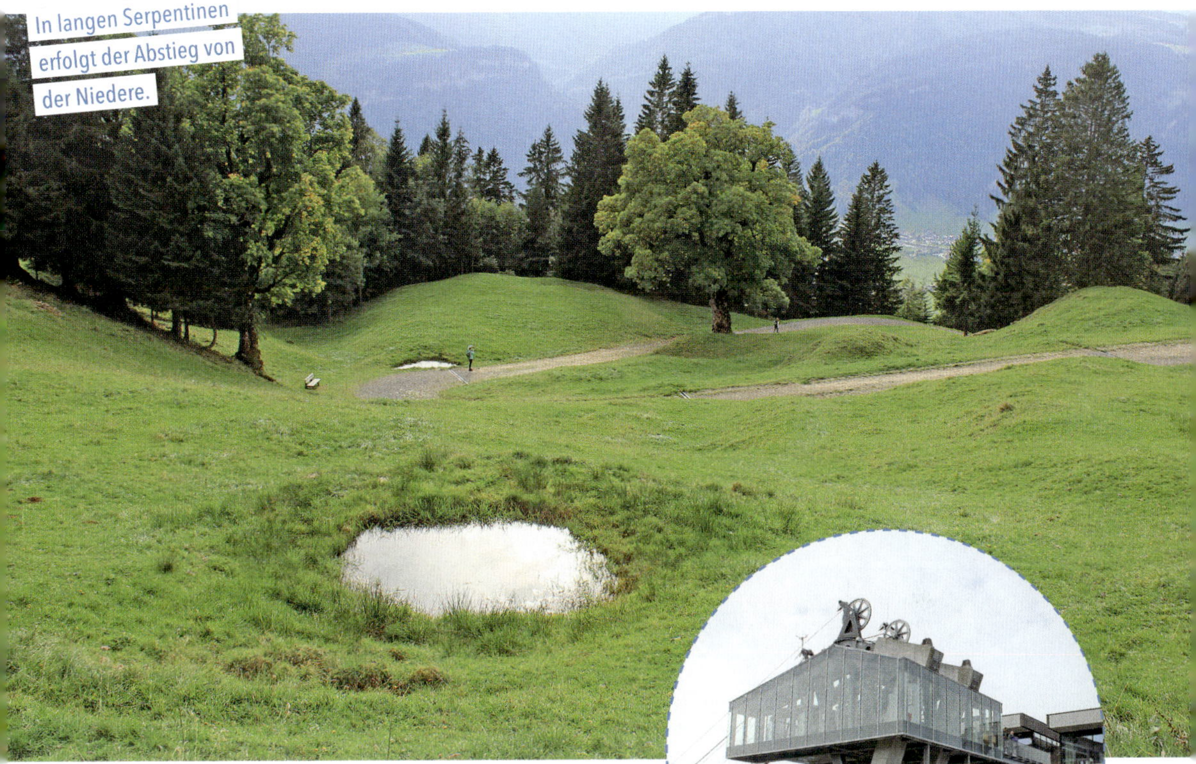

In langen Serpentinen erfolgt der Abstieg von der Niedere.

Tipp

Die Sommersaison der Seilbahn Bezau beginnt Mitte März und endet je nach Witterung Mitte November: erste Bergfahrt um 9 Uhr, letzte um 16.50 Uhr; erste Talfahrt um 9.05 Uhr, letzte um 17 Uhr, dazwischen verkehrt die Gondel im 20-Min.-Takt. Im Hochsommer gibt es an ausgewählten Tagen zudem Sonnenuntergangsfahrten gegen 22 Uhr. Die Wintersaison startet kurz vor Weihnachten und endet Mitte März: erste Bergfahrt 9 Uhr, letzte 16.20 Uhr, erste Talfahrt 9.05 Uhr, letzte 16.30 Uhr, dazwischen im 30-Min.-Takt. Die Talstation ist mit einem eigenen Bus (832) an Bezau und die Mellaubahn (siehe Tour 24) angebunden.

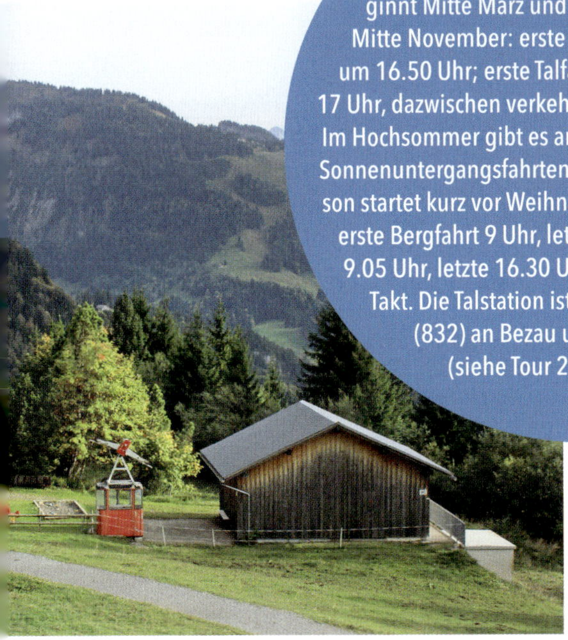

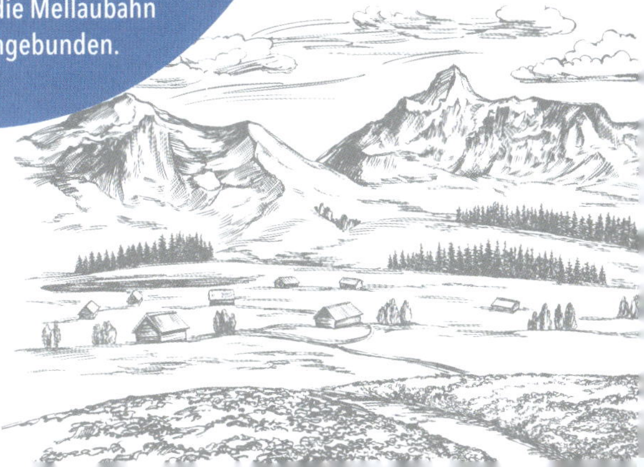

Über Sonderdach

Zurück an der Bergstation der Seilbahn bereiten wir uns auf den Abstieg vor. Die wichtigste Maxime zur Orientierung – die allerdings ohnehin nicht schwierig ist – lautet: stetig bergab. Und so beginnen wir rechts vom Restaurant auf der Bezauer Seite mit unserem Weg bergab. Wir bleiben auf dem Hauptweg, der in sehr weiten Serpentinen recht bequem langsam hinunterführt. Hin und wieder gibt es kleinere erste Waldabschnitte, die Besiedelung mit Alpen oder Hütten ist hier anfangs spärlich; dies ändert sich erst, wenn wir die dafür wiederum recht stattliche Vorsäß Sonderdach erreichen.

Einst teilten sich die Andelsbucher und Bezauer die Häuser, bis sie vollends in Bezauer Besitz übergingen. Im Mittelpunkt steht eine kleine Kapelle mit interessanter Ausstattung, darunter einem barocken Votivbild. Nebenan weist das frühere Gasthaus, das derzeit leider nicht bewirtschaftet wird, eine berühmte Besitzerfamilie auf: Toni Innauer, Olympiasieger und Weltmeister im Skispringen sowie später langjähriger Fernsehkommentator in dieser Sportart, entstammt der Vorsäß Sonderdach, woran auch ein am Wirtshaus angebrachtes Schild erinnert. Erfrischungen per Selbstbedienung gibt es aber noch auf der benachbarten Sonnalp. Neben dem einstigen Gasthaus ist beim Spielplatz nicht nur eine alte Gondel der Seilbahn zu finden, sondern auch die – aktive – Mittelstation ihrer Nachfolgerin.

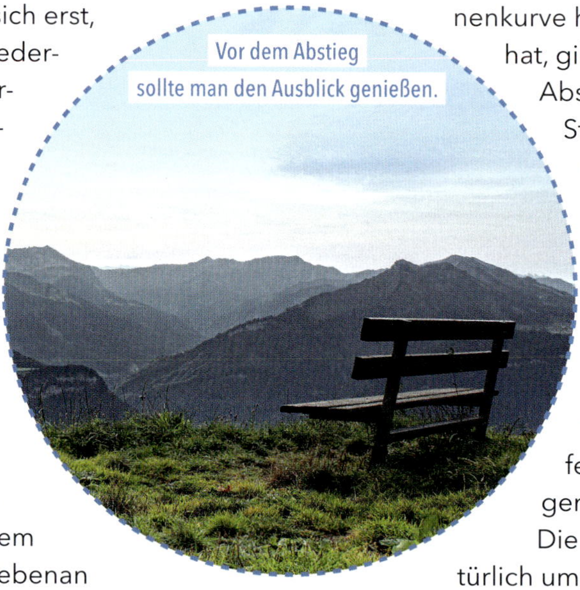

Vor dem Abstieg sollte man den Ausblick genießen.

Steil bergab

Wir aber laufen am Gasthaus und der Sonnalp vorbei und anschließend rechts auf dem geteerten Güterweg weiter. Der sieht sehr bequem aus, was durchaus stimmt, gleichwohl hat er es in sich: Spätestens, wenn er im Wald eine große Serpentinenkurve hinter sich gebracht hat, gibt es immer wieder Abschnitte von extremer Steilheit. Zwar ist man ganz froh, diese nicht in die andere Richtung laufen zu müssen, trotzdem sind diese Rampen nicht gerade gelenkschonend. Wanderstöcke helfen hier, ansonsten ein gemächliches Tempo. Die Steilheit bewirkt natürlich umgekehrt, dass sehr schnell sehr viele Höhenmeter überwunden werden. Nach dem Ende des Waldes, bereits in Sichtweite der Talstation, können wir uns entscheiden, ob wir die direkte Abkürzung rechts über einen schmalen und ebenfalls steilen Wiesenpfad nehmen wollen oder noch etwas auf dem Teerweg geradeaus bleiben, um dann durch die Obere (zweimal rechts) im Bogen zurück zum Ausgangspunkt zu wandern.

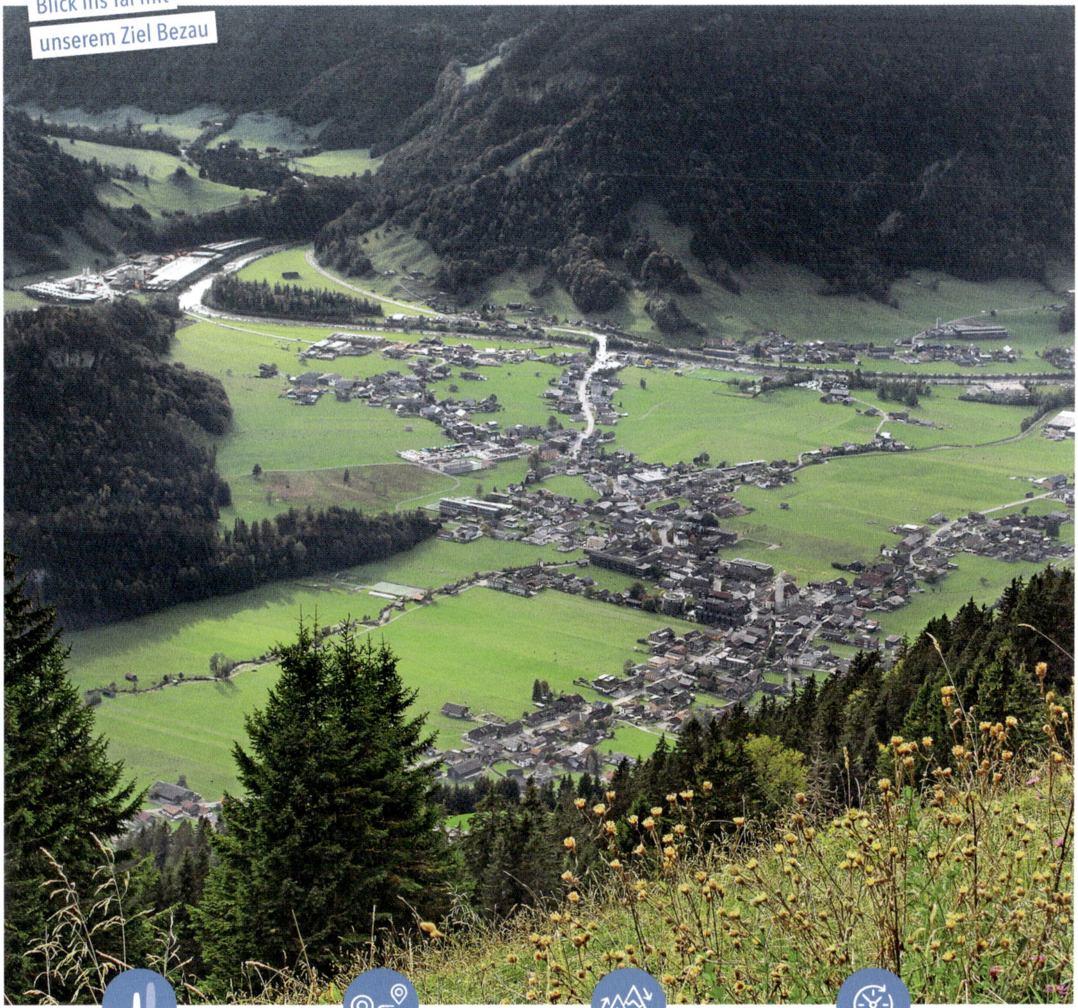

Blick ins Tal mit unserem Ziel Bezau

mittel | 6 km | 0/930 Hm | 2 Std.

Auf einen Blick

Tourencharakter
Zwar verläuft der Abstieg (fast) nur über bestens befestigte, breite Wege, vor allem aber in der unteren Hälfte – nach Sonderdach – oft über steile Rampen. Stöcke sind in diesem Abschnitt eine gute Hilfe.

Ausgangs-/Endpunkt
Bezau, Seilbahn-Talstation
GPS: 47.399212, 9.934249

Höchster Punkt
Bergstation Baumgarten (1645 m)

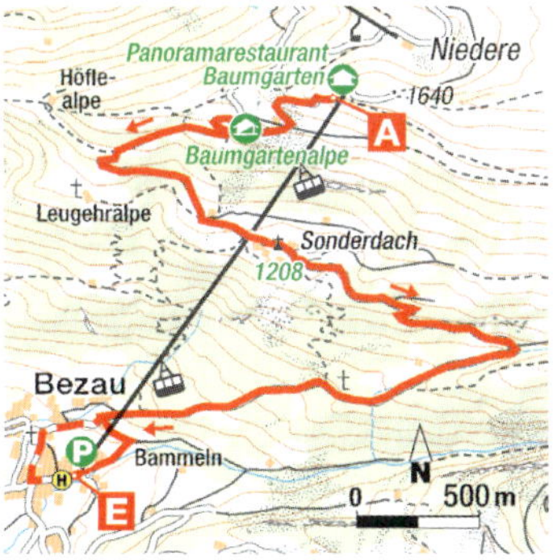

Anfahrt
ÖPNV: Vom Bahnhof Bregenz weiter mit Bus 830 oder 840 bzw. vom Bahnhof Dornbirn mit Bus 850
Auto: A 14 (Rheintalautobahn) bis Ausfahrt Dornbirn-Nord, dann weiter auf der L 200

Einkehr
Bergstation Baumgarten, in Sonderdach (Sonnalp) und Bezau

Weitere Informationen
■ *bezau.at*

19

Zur Wilbinger Kapelle

Natürlich ist Bezau »nur« ein Markt, Städte gibt es im Bregenzerwald ja keine. Dennoch weist der Ort, der zu Recht als Zentrum der Region gilt, einen fast städtischen Charakter auf.

Seit gut 120 Jahren stehen sie hier aufgereiht, die Waggons und Lokomotiven der Wälderbahn. Dabei hätte es sowohl am Anfang als auch am Ende anders kommen sollen. War die ursprüngliche Bregenzerwaldbahn einst bis Schoppernau geplant, verhinderte der Erste Weltkrieg die auch danach nie mehr in Angriff genommene Fortführung ins hintere Tal (siehe Tour 11). Mit dem stückweisen Abbau der Strecke in den 1980er-Jahren wäre dann schließlich auch der Endbahnhof Bezau funktionslos verwaist. Bekanntlich – und zum Glück – kam es anders (siehe Tipp). Und so können wir heute unseren kleinen Spaziergang am sehr schön hergerichteten Bahnhof beginnen, der auch an den Tagen, an denen das Bähnle nicht fährt, schmuck daherkommt und einen Blick auf die historischen Fahrzeuge erlaubt.

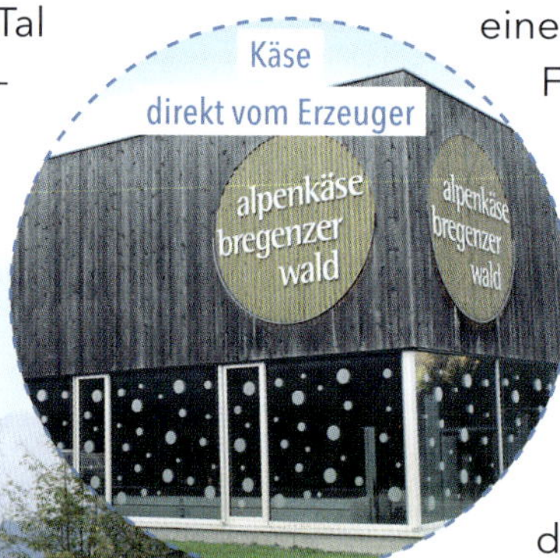

Käse direkt vom Erzeuger

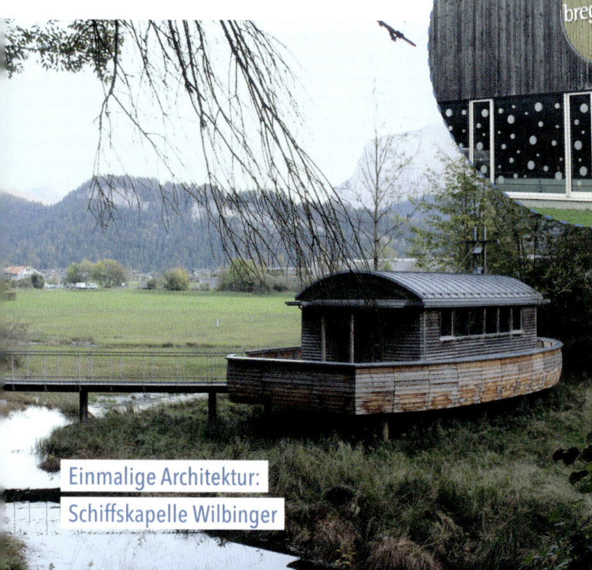
Einmalige Architektur: Schiffskapelle Wilbinger

Eine besondere Kapelle

Wir laufen am Bahnhof rechts vorbei ortsauswärts zum Garten und Pfadfinderheim und nach diesem links über die Gleise. Dieser Weg durch die einzeln verstreut liegenden Häuser führt uns schließlich weiter bis zum Campingplatz. Nun sind wir an der Bregenzer Ach angekommen und biegen hier rechts ab. Am Fluss entlang kommen wir zum nicht übersehbaren großen Bau der Alpenkäse-Sennerei, wo in einem angeschlossenen Laden die örtlichen Köstlichkeiten zum Verkauf angeboten werden. Noch einmal treffen wir danach auf die Gleise des Wälderbähnles, die hier die Ach

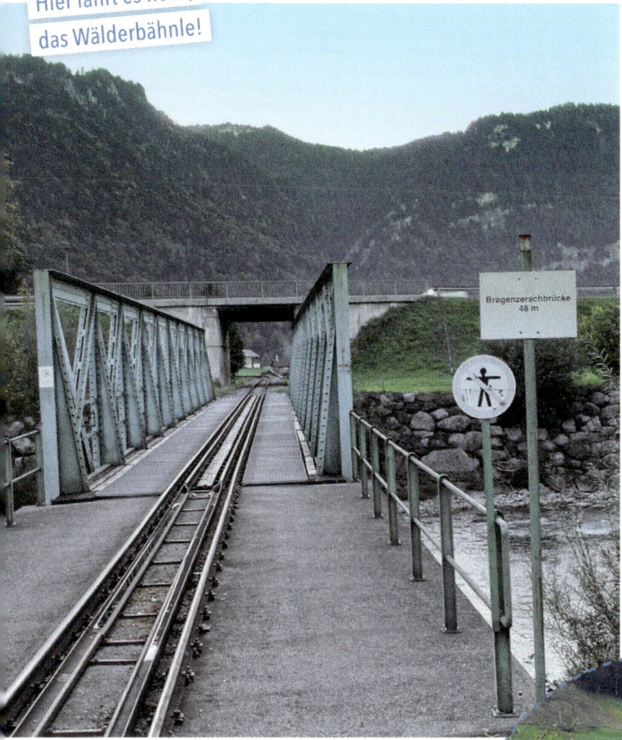

Hier fährt es noch, das Wälderbähnle!

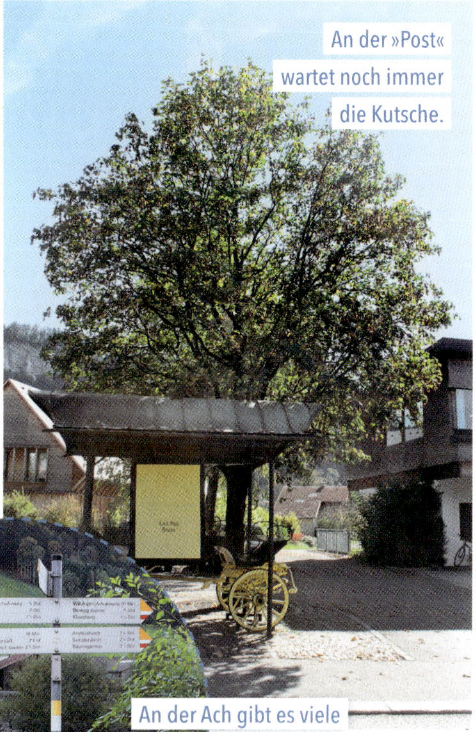

An der »Post« wartet noch immer die Kutsche.

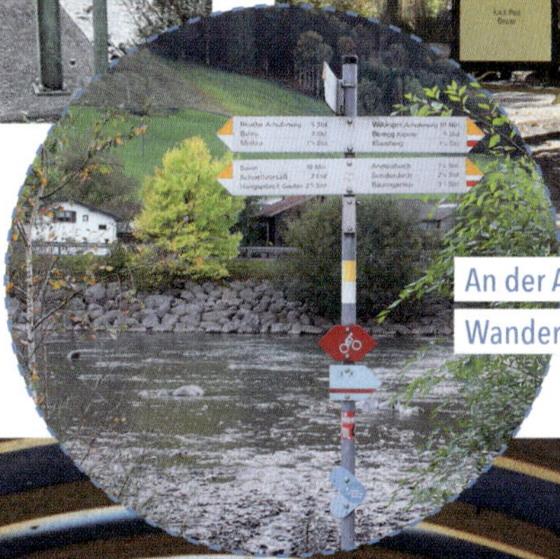

An der Ach gibt es viele Wandermöglichkeiten.

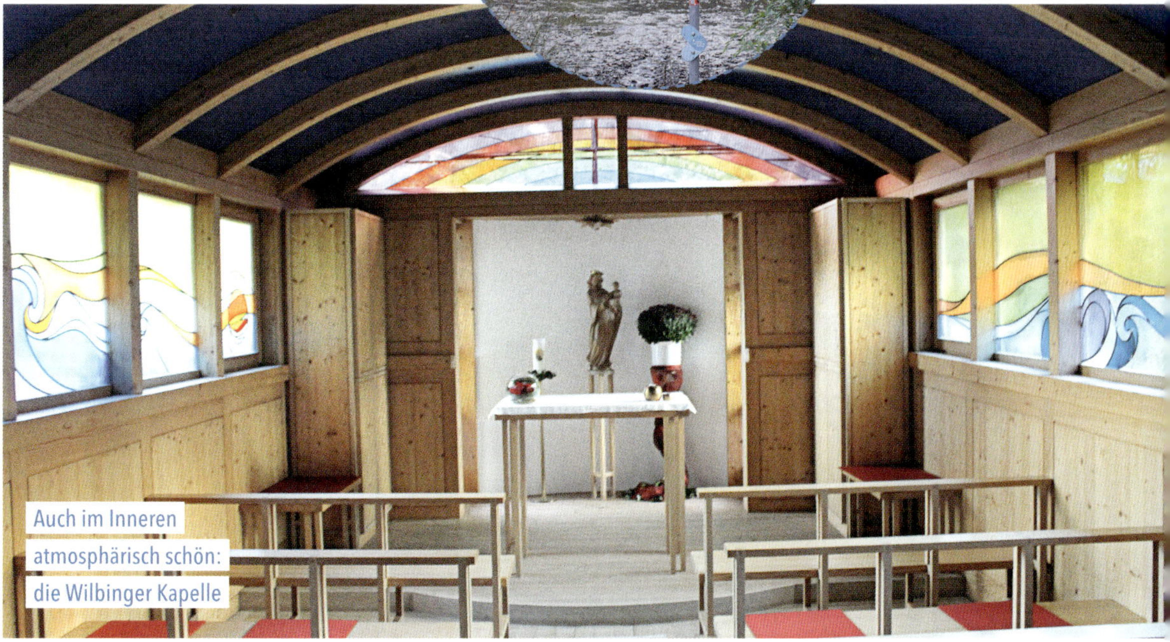

Auch im Inneren atmosphärisch schön: die Wilbinger Kapelle

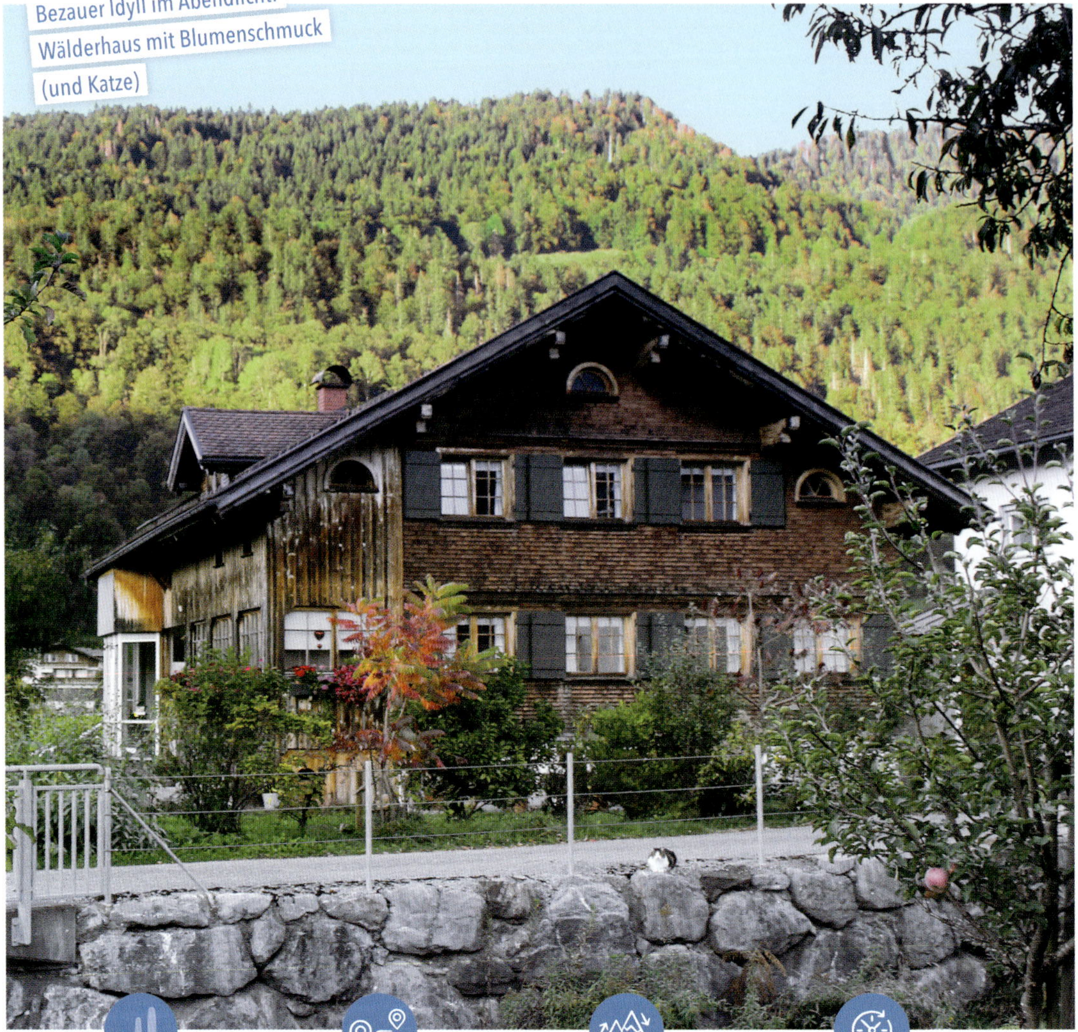

Bezauer Idyll im Abendlicht: Wälderhaus mit Blumenschmuck (und Katze)

leicht | 4,5 km | 20/20 Hm | 1.30 Std.

Auf einen Blick

Tourencharakter
Spaziergang auf ebenen, breiten Wegen durch und rund um Bezau, nur minimale Anstiege

Ausgangs-/Endpunkt
Bahnhof Bezau (Wälderbähnle)
GPS: 47.382048, 9.896908

Höchster Punkt
Bezau (660 m)

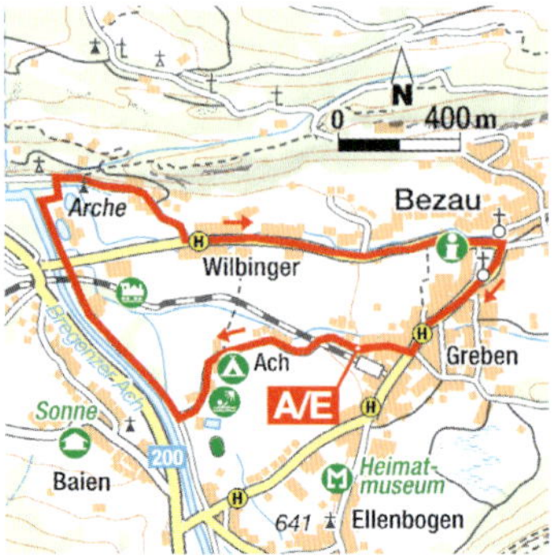

Anfahrt
ÖPNV: Vom Bahnhof Bregenz weiter mit Bus 830 oder 840 bzw. vom Bahnhof Dornbirn mit Bus 850
Auto: A 14 (Rheintalautobahn) bis Ausfahrt Dornbirn-Nord, dann weiter auf der L 200

Einkehr
In Bezau

Weitere Informationen
■ *bezau.at*

überqueren. Wir gehen geradeaus, unter der Straße hindurch und halten uns an der nächsten Kreuzung rechts.

Die noch junge Kapelle der Parzelle Wilbinger gehört zu den architektonisch faszinierenden modernen Kapellenbauten, die uns in anderer Form bereits in Salgenreute (siehe Tour 5) und auf der Niedere (siehe Tour 18) begegnet sind. Warum dieses einsame Gotteshaus »Maria, Arche des Bundes« heißt, muss eigentlich gar nicht erklärt werden: Errichtet 1994/95 auf Stelzen inmitten eines Sumpfes, ist die Schiffsform des Holzgebäudes deutlich zu sehen. Das Innere entfaltet dank der bunten Glasfenster noch einmal ein ganz eigenes Ambiente.

Kapuzinerkloster und Einkaufsmeile

Zurück auf unserem Weg wandern wir über diesen bis zur Eingangsstraße ins Unterdorf und hier links weiter ins Zentrum. Dort angelangt, kommen wir vor das Wahrzeichen Bezaus, die markante Pfarrkirche St. Jodok. Der neubarocke Bau vom Anfang des 20. Jahrhunderts mit einigen älteren Ausstattungsstücken ist das größte Gotteshaus des Hinteren Bregenzerwalds und markiert damit ebenfalls den städtischen Charakter des Orts, der seit 1962 die Bezeichnung Markt tragen darf. Seine zentrale Lage und Rolle ist der eine Aspekt, die Verlegung des Gerichts durch die Bayern (siehe Tour 17) der andere, was Bezau zu seiner wichtigen Stellung im Bregenzerwald verhalf.

Hinzu kommen noch einige weitere Aspekte – etwa das Kapuzinerkloster, auf das wir stoßen, wenn wir vom Friedhof vor der Kirche, an der Volkschule und am Gemeindeamt vorbei weiter in Richtung Ortsmitte laufen. Es ist die einzige Niederlassung von Mönchen im Bregenzerwald, einst 1655 im Zuge der Gegenreformation gegründet. Zu Beginn des 20. Jahrhunderts wurden die Gebäude größtenteils neu errichtet, 1980 gaben die Kapuziner das Kloster an Franziskaner ab, die hier ein Bildungshaus einrichteten.

Damit sind wir auch schon auf der »Einkaufsmeile« Bezaus angelangt, zu der sich die zentrale Straße an Markttagen noch mehr verwandelt und die von vielen kleineren Läden mit insbesondere regionalen Produkten umgeben ist. Auch dies unterstreicht – neben mehreren Schulen, dem Busbahnhof und sozialen Einrichtungen – die wichtige Stellung Bezaus als Hauptort des Bregenzerwalds. Und natürlich der Bahnhof, zu dem wir wieder gelangen, wenn wir nach dem Grebenbach rechts abbiegen.

Tipp

Eine Fahrt mit dem Wälderbähnle sollte man sich nicht entgehen lassen. 1985 hatte sich ein Museumsverein gegründet, um auf den verbliebenen 5 km Strecke zwischen dem Bahnhof Schwarzenberg in Bersbuch und Bezau wieder Fahrten zu ermöglichen. 1987 waren dann restaurierte Originalwagen, gezogen von historischen Dampf- oder Diesellokomotiven, wenige Jahre nach der Stilllegung erneut auf den Gleisen unterwegs. Seither fährt das Bähnle regelmäßig in der Sommersaison, zu bestimmten Anlässen und zu Sonderfahrten (aktueller Fahrplan an den Bahnhöfen, in den Tourismusbüros bzw. im Internet).

■ *waelderbaehnle.at*

KIRCHENSCHATZ UND STEILWAND

20

Von Reuthe auf das Känzele

Eine Kultur- und eine Naturschönheit erwarten uns auf dieser sehr anspruchsvollen Tour. Das Känzele kommt harmlos daher, verlangt aber selbst dem geübten Wanderer einiges ab.

Unser Startpunkt, die Pfarrkirche St. Jakobus in Reuthe, ist in vielem außergewöhnlich. Erhöht über der Parzelle Vorderreuthe liegend, dem Zentrum der Gemeinde (siehe Tour 21), fällt sie vor allem durch ihren Turm auf. Ihn gibt es in dieser Form nur ein einziges Mal, nicht nur im Bregenzerwald, sondern in ganz Vorarlberg – sein Dach mit der charakteristischen Achteckspitze entstand bei einer Erhöhung 1419. Ein zweites Detail ist heute nicht mehr von außen erkennbar: Über Jahrhunderte hinweg führte der traditionelle Fußweg von Bezau nach Bizau durch das Erdgeschoss des Turms. Vom Kirchenschiff ist dagegen dessen Alter gut erkennbar, der lange Zeit vermauerte Aufgang im Innern wurde wieder geöffnet und in einem der Geschosse eine kleine Kapelle errichtet.

Kulturelles Schatzkästchen

Der Besonderheiten sind das längst nicht genug: Gegründet und gebaut wurde die Kirche von den Menschen drumherum, erst als kleine Holzkapelle, ab 1284 schließlich aus Stein. Für gewöhnlich stiftete ein Adeliger eine Kirche und Pfarrei, hier waren es die Talbewohner selbst – ein Hinweis auf das Selbstverständnis der Bregenzerwälder als freie Bauern. Reuthe war damit die erste Kirche des Hinteren Bregenzerwalds, und die Pfarrei umfasste einen Bezirk, der von hier bis nach Hopfreben reichte – nach und nach wurden schließlich die späteren Filialen Au, Schoppernau, Schnepfau und Bizau selbstständig.

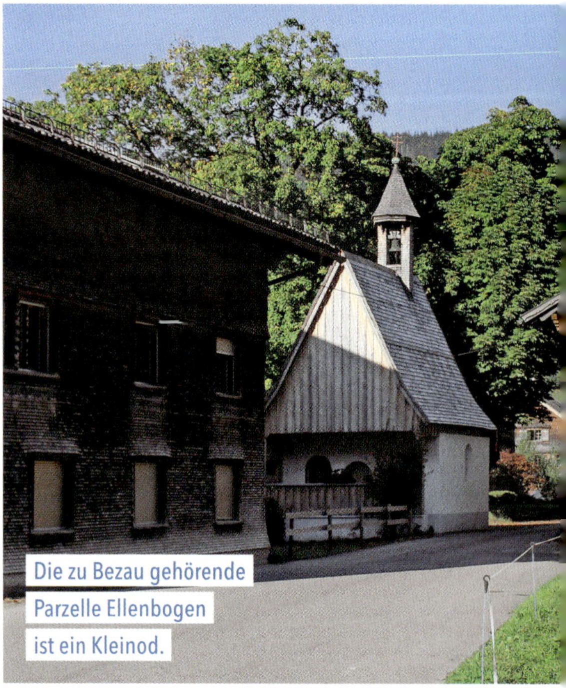

Die zu Bezau gehörende Parzelle Ellenbogen ist ein Kleinod.

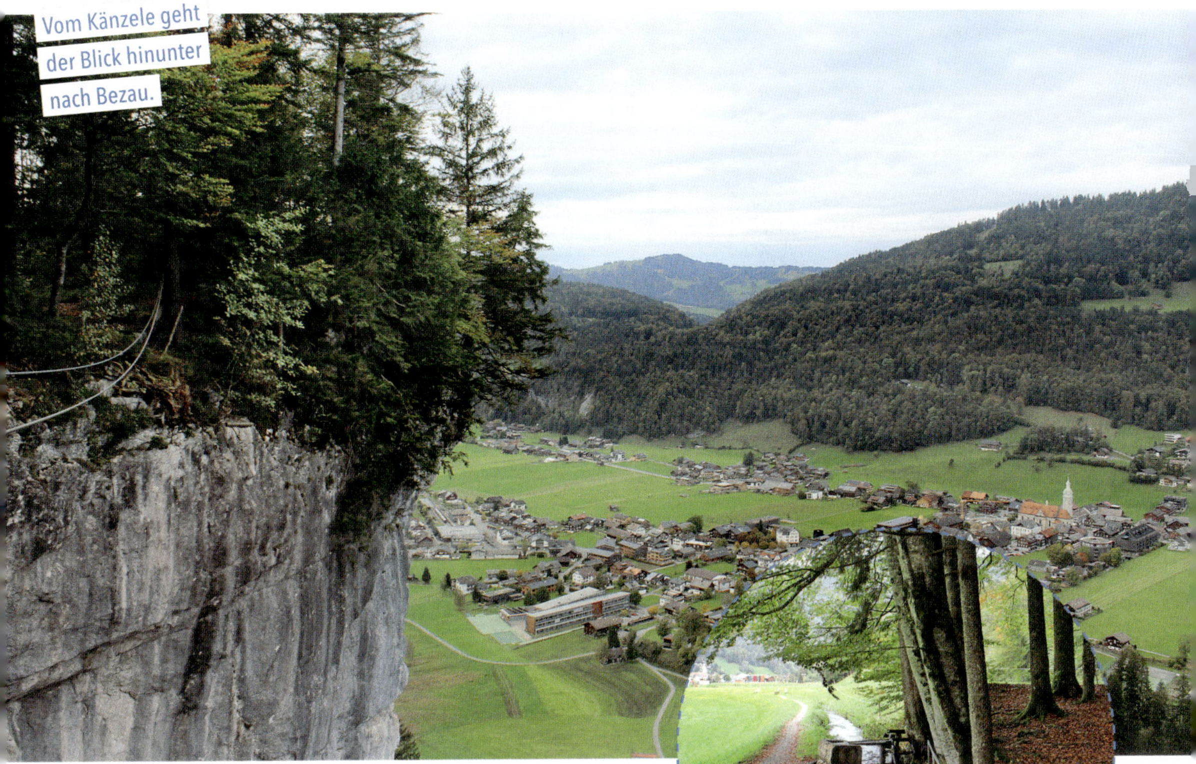

Vom Känzele geht der Blick hinunter nach Bezau.

Tipp

An letztgenanntem Weg mit dem Bächlein findet sich in Richtung Bezau die Kneippanlage mit einem kleinen Mühlrad, in Richtung Reuthe der erwähnte Gemeinschaftsgarten der Gartenfreunde Bezau-Reuthe. Je nach Jahreszeit bietet er einen hübschen, blütenreichen Anblick. Neben den Vereinsmitgliedern kümmern sich auch Schulen und Kindergärten um Beete (ein zweiter Gemeinschaftsgarten liegt beim Bahnhof Bezau, s. Tour 19), angebaut werden Blumen, Obst und Gemüse, dazu gibt's u. a. ein Labyrinth.

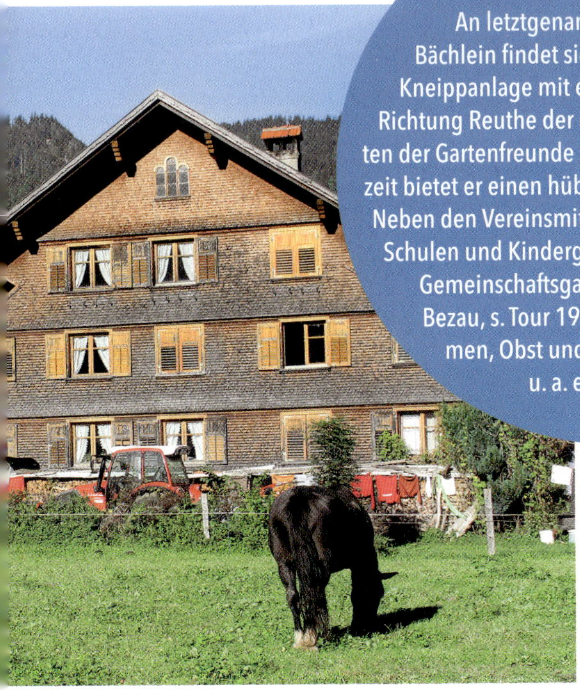

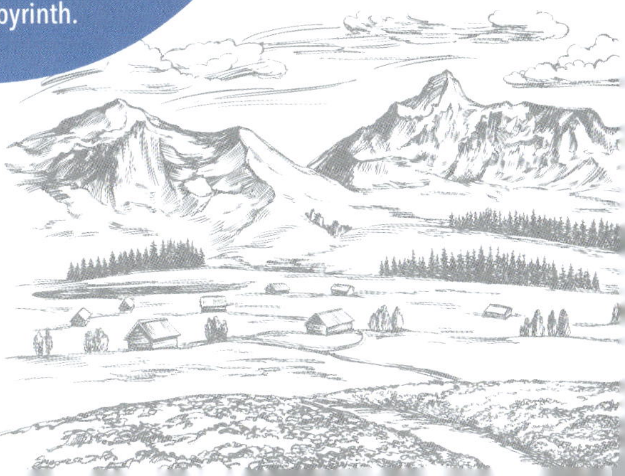

Der bereits erwähnte Umbau mit Vergrößerung im Jahr 1419 führte in der Folge wohl auch zum nächsten Grund, warum man der Reuther Kirche unbedingt einen Besuch abstatten sollte: die jüngst sanierten großflächigen Freskenmalereien aus dem Spätmittelalter. Ereignisse aus dem Marienleben, Heilige und Biblisches schmücken die Wände im Chorbereich, und außergewöhnlich ist ein Bilderzyklus, der das Glaubensbekenntnis illustriert. Aus der gleichen Zeit (um 1450) stammt das gotische Sakramentshäuschen, noch älter ist das romanische Vortragskreuz (um 1300). Ohne jeden Zweifel ist die Reuther Kirche ein kulturelles Schatzkästchen.

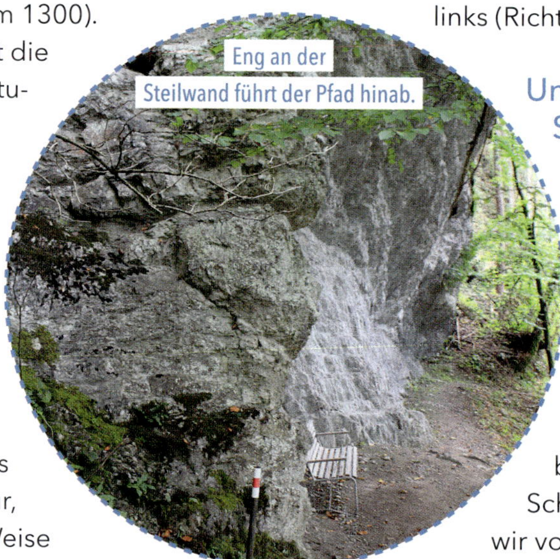
Eng an der Steilwand führt der Pfad hinab.

Faszinierendes Känzele

Nach dem stimmungsvollen Innenraum der Kirche mit seinen vielen Höhepunkten menschlichen Schaffens geht es nun hinaus in die Natur, die sich uns auf ihre Weise ebenfalls faszinierend präsentieren wird. Links an der Turmseite weist ein Schild zum Weg auf das Känzele hin. Das bedeutet: Es geht die nächsten gut zwei Kilometer stetig bergan, zwar vergleichsweise sanft, aber oft auf einem sehr schmalen Pfad, der über viele Wurzeln und Gestein führt und hin und wieder scharf an der Kante entlang verläuft. Der Weg ist generell nur für Wanderprofis geeignet und verlangt neben Trittsicherheit und Schwindelfreiheit auch eine entsprechende Ausrüstung, sprich: das richtige Schuhwerk.

Das Känzele ist zwar kein sehr hoher Berg, hat aber seine Tücken. Die Orientierung allerdings gehört nicht dazu: Es gibt nur diesen einen Pfad, und auf diesem geht es immer geradeaus bergan. Am Känzele angekommen, steht man oberhalb der Steilwand und wird mit dem Blick auf Bezau und das Tal belohnt. Im Anschluss wandern wir noch ein Stück bergan bis zum Sättele und folgen ab dort zweimal hintereinander an den Wegweisern der Abzweigung nach links (Richtung Reuthe/Bezau).

Unter der Schrofenwand

Der Abstieg vom Sättele erfolgt recht rasch; hier gibt es eine kurze Felspartie, wo man sich herunterhangeln muss. Danach geht es links weiter, und bald treffen wir auf die Schrofenwand, über der wir vor nicht allzu langer Zeit selbst noch standen. Eng an ihr geht es nun unter den steil abfallenden Felsen stets bergab. Nicht selten wird man hier auf Kletterer stoßen, für die solch geraden Wände naturgemäß eine sportliche Herausforderung und gute Übungsfläche sind. Für uns geht es schließlich rechts ab, bis wir auf das Bächlein und den begleitenden Weg treffen, der links am Gemeinschaftsgarten vorbei zurück zur Reuther Kirche führt.

Der Gemeinschaftsgarten unterhalb der Kirche in Reuthe ist ein kleines Paradies.

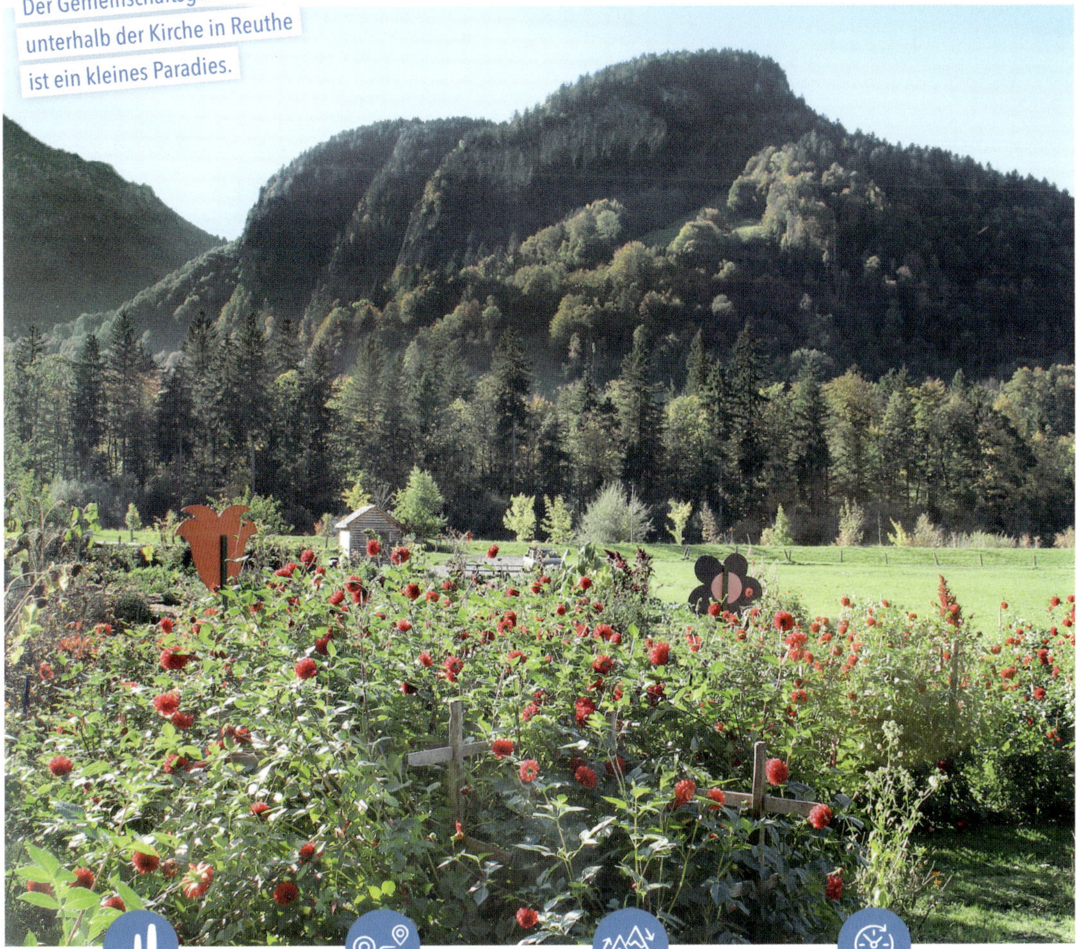

schwer | 5 km | 235/235 Hm | 2 Std.

Auf einen Blick

Tourencharakter
Warnung! Vermutlich der härteste Brocken in diesem Buch: sehr schmale Felsen- und Wurzelpfade, nicht selten direkt am Abhang – gilt für Auf- und Abstieg, der noch dazu kurze steile Passagen enthält. Nur für Profis, für Trittfeste und Schwindelfreie bei trockener Witterung!

Ausgangs-/Endpunkt
Reuthe, Pfarrkirche St. Jakobus
GPS: 47.371315, 9.894362

Höchster Punkt
Sättele (875 m)

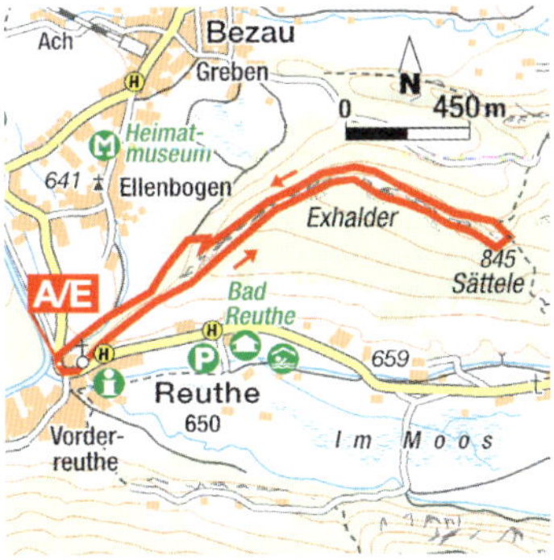

Anfahrt
ÖPNV: Vom Bahnhof Dornbirn weiter mit Bus 850 bis Bezau, dort umsteigen in Bus 831
Auto: A 14 (Rheintalautobahn) bis Ausfahrt Dornbirn-Nord, dann auf der L 200 bis Bezau und von dort weiter nach Reuthe/Bizau

Einkehr
Unterwegs keine (nächstgelegene in Bezau und Bad Reuthe)

Weitere Informationen
■ *reuthe.at*

BACHWANDERUNG IM SEITENTAL

21

Von Reuthe nach Bizau

Die Bregenzer Ach und die Bregenzerwaldstraße rauschen an dem Tal vorbei, in dem die beiden Dörfer Reuthe und Bizau liegen – ideal also für eine gemütliche Wanderung.

Dass Reuthe zu den kleineren Bregenzerwaldgemeinden – etwas über 600 Menschen leben hier – gehört, glaubt man sofort, wenn man vor dem heutigen Tourenstartpunkt, dem Gemeindeamt, steht: Drumherum stehen außer der Kirche (zu ihr siehe Tour 20) und dem Pfarrhaus nur wenige Gebäude. Trotzdem täuscht man sich, denn das überschaubare Zentrum Reuthes ist nur ein Teil mehrerer Parzellen, die teils weit entfernt vom Kern, dem eigentlichen Vorderreuthe, liegen: So reicht das Gemeindegebiet westlich über die Ach hinaus und zieht sich gegenüber Bezau hoch bis zu den Weilern Baien und Hof.

Reuthe und sein Moorbad

Wir aber wollen in die andere Richtung und gehen deshalb neben dem Amt mit der Schule rechts auf den Bizauer Bach zu, dem ersten unserer nassen Wegbegleiter bis Bizau. Am Spielplatz vorbei laufen wir zur und über die Holzbrücke und halten uns dann links. Nach wenigen Hundert Metern treffen wir auf das Moorbad Reuthe, das sich uns allerdings ganz anders präsentiert als sein rustikales Pendant in Sibratsgfäll (siehe Tour 8). Das moderne Wellness-Hotel vor Ort mit seinen modernen Bauten geht zurück auf das Bad Reuthe, das hier dank einer eisenhaltigen Quelle und der Moore der nahen Umgebung seit dem 18. Jahrhundert betrieben wurde. Der Ruf des Heilbads reichte vor allem im 19. Jahrhundert weit über Vorarlberg hinaus und lockte viele gekrönte Häupter und blaues Blut sowie Künstler und Gutbetuchte an, die hier Erholung und Gesundung suchten. Obwohl die Besitzer oft wechselten, konnte der Badebetrieb mitsamt seinem guten Ruf auch unter schwierigeren Umständen stets aufrechterhalten werden, nicht zuletzt, weil man sich auf den vergangenen Erfolgen nicht ausruhte und mit der Zeit ging, wie die Gegenwart deutlich beweist. Aufgrund dessen zählt Reuthe heute noch zu den bedeutendsten Bädern in Vorarlberg und ist sowohl bei Tagesgästen als auch für längere Aufenthalte beliebt.

Über Bizau

Wer sich die Badgebäude ansehen oder dort eine Pause einlegen möchte, der kann über den Steg hinübergehen (Gelegenheit dazu besteht auch auf dem Rückweg), ansonsten geht es geradeaus weiter bis zur

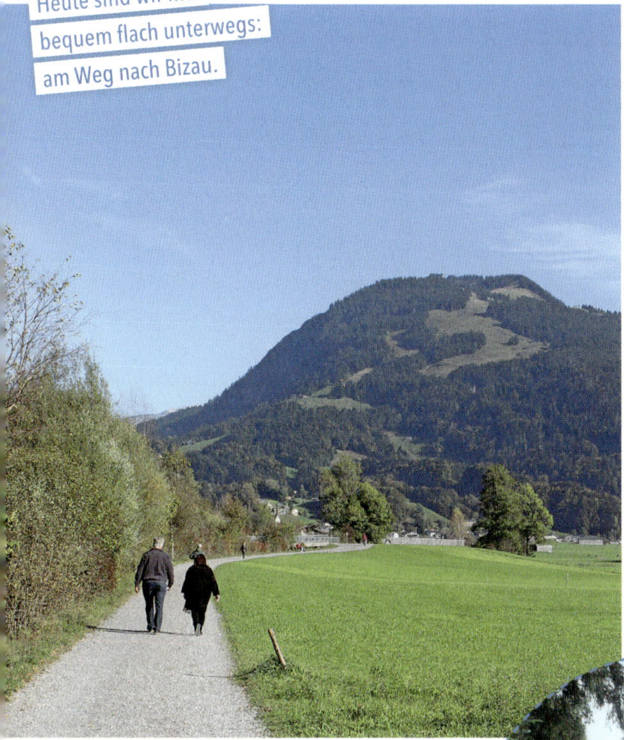
Heute sind wir mal bequem flach unterwegs: am Weg nach Bizau.

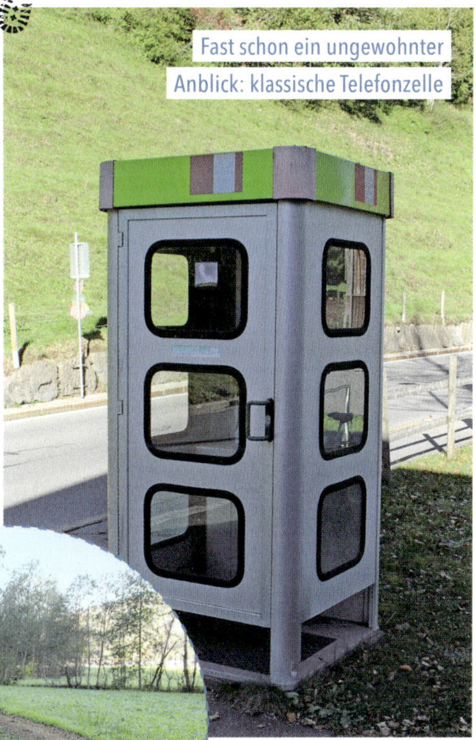
Fast schon ein ungewohnter Anblick: klassische Telefonzelle

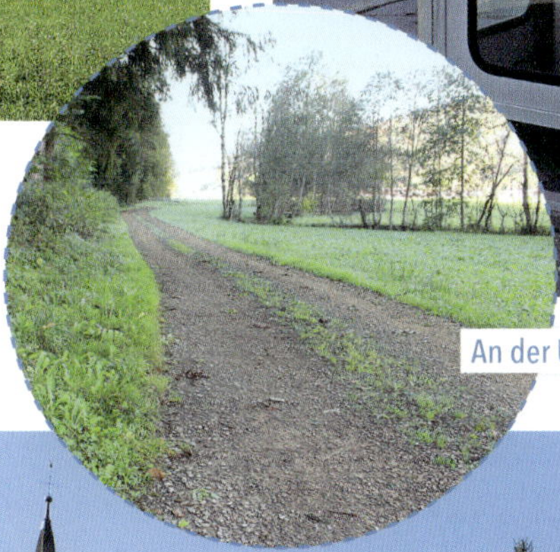
An der Ulve

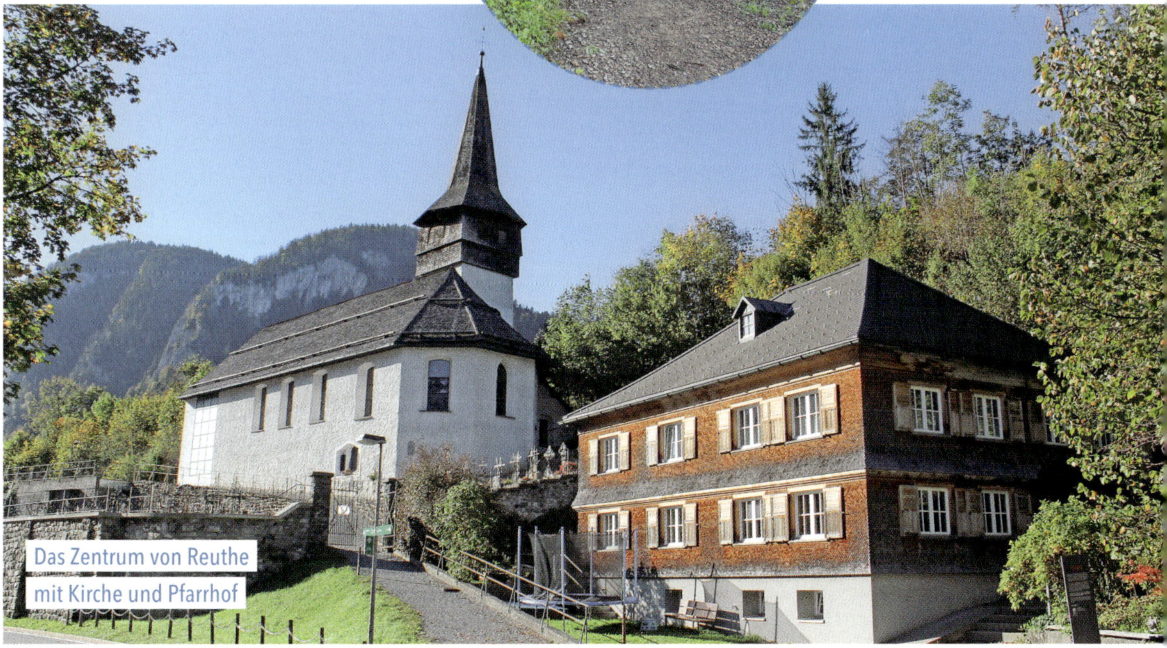
Das Zentrum von Reuthe mit Kirche und Pfarrhof

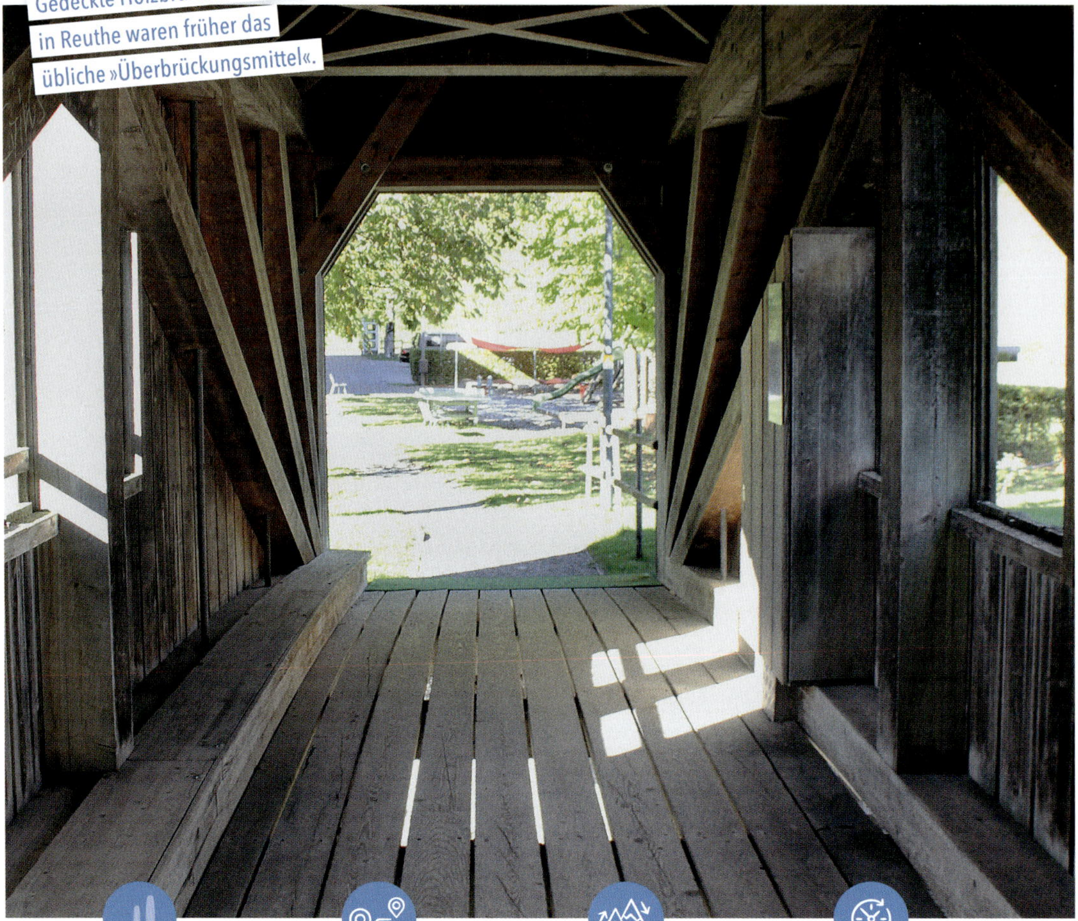

Gedeckte Holzbrücken wie hier in Reuthe waren früher das übliche »Überbrückungsmittel«.

leicht | 7 km | 45/45 Hm | 2 Std.

Auf einen Blick

Tourencharakter
Flache Strecke im Tal, gut befestigte Wege mit Spaziergangcharakter

Ausgangs-/Endpunkt
Reuthe, Gemeindeamt
GPS: 47.371370, 9.895581

Höchster Punkt
Bizau, Gemeindeamt (685 m)

Anfahrt
ÖPNV: Vom Bahnhof Dornbirn weiter mit Bus 850 bis Bezau, dort umsteigen in Bus 831
Auto: A 14 (Rheintalautobahn) bis Ausfahrt Dornbirn-Nord, dann auf der L 200 bis Bezau und von dort weiter nach Reuthe/Bizau

Einkehr
In Bizau und Reuthe

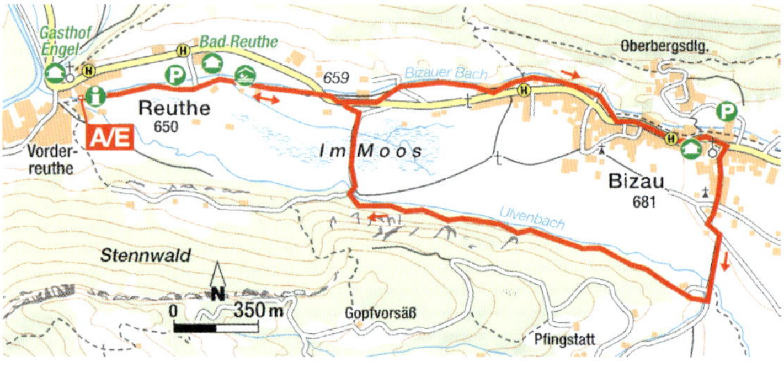

Weitere Informationen
reuthe.at

Querung der Straße, hier auf die andere Seite direkt gegenüber und wie gewohnt am Bach weiter, nun auf einem schmaleren Pfad. Verlässlich führt uns dieser schließlich hinein nach Bizau, mitten ins Dorfzentrum um die Barockkirche (zum Ort siehe Tour 22). An dieser gehen wir links vorbei bis ungefähr auf Höhe des Gasthauses Taube, halten uns hier dann rechts und laufen langsam dorfauswärts. An der ersten Kreuzung gehen wir noch geradeaus, an der nächsten (wo das Landsträßchen quert) dann links und gleich den nächsten Weg wieder links.

Nach der Abzweigung des Barfußpfads (siehe Tour 22) halten wir uns rechts, um uns unserer zweiten wässrigen Begleiterin anzuschließen, der Ulve (auch Ulvenbach). Der Uferweg führt uns am Südrand des Tals wieder in Richtung Reuthe. Ungefähr in der Mitte der beiden Dörfer gehen wir schließlich an der Kreuzung rechts hoch und erst einmal immer geradeaus, bis wir wieder auf die Verbindungsstraße treffen. Hier wählen wir links den Fußweg neben der Straße und kommen so nach wenigen Metern auf den uns bereits bekannten Abschnitt, dieses Mal natürlich in die andere Richtung. Wieder vorbei am Moorbad wandern wir zurück ins Ortszentrum von Reuthe.

Tipp

Bei seiner Gründung hieß Reuthe noch Ellenbogen. Erst im Spätmittelalter setzte sich der Name Reuthe (abgeleitet von Rodung) durch. Zwar blieb die alte Bezeichnung für eine Parzelle nördlich der Kirche erhalten, diese kam aber später an Bezau. Ein Besuch bei den Nachbarn lohnt sich aus zwei Gründen: In Ellenbogen sind nicht nur einige besonders gut erhaltene Bregenzerwaldhäuser zu bewundern, in einem von ihnen (erbaut 1555) befindet sich auch das Bezauer Heimatmuseum mit seiner Dauerausstellung zu regionaler Geschichte und Brauchtum. Ab dem Frühjahr 2024 wird es sich frisch renoviert und mit modernem Erweiterungsbau präsentieren.

■ *bezau-bregenzerwald.com*

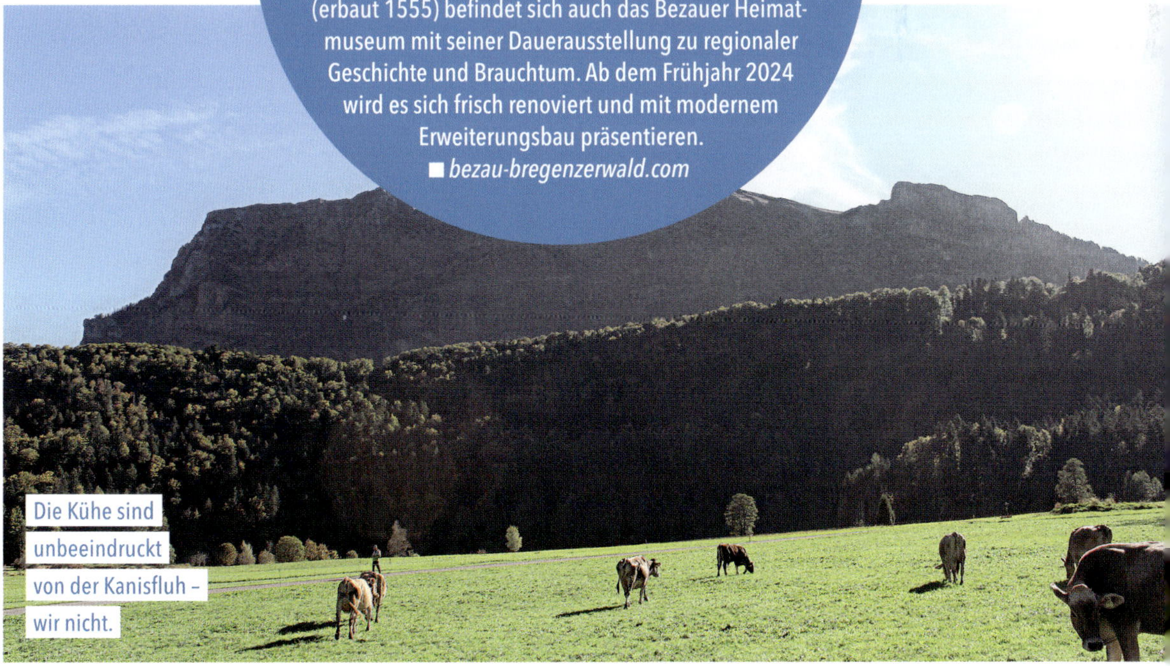

Die Kühe sind unbeeindruckt von der Kanisfluh – wir nicht.

22 Am Bizauer Barfußpfad

Einen großen Teil der heutigen Wegstrecke legen wir ganz sanft zurück: An den Mäandern des Moorbachs Ulve entlang werden die Schuhe ausgezogen, um barfuß weiter zu flanieren.

In einem Seitental und an der Stelle, wo dieses sich verengt – es endet schließlich als Sackgasse bei Schönenbach (siehe Tour 23) – liegt Bizau und ist dadurch mit einer sehr ruhigen Lage gesegnet. Erste Bewohner zogen wohl bereits im Hochmittelalter hierher, und langsam entwickelte sich das Dorf, für das 1684 mit der Errichtung einer eigenen Pfarrei ein wichtiger Schritt getan wurde. Die Kirche ist, auch wenn der später erneuerte Turm anderes zu signalisieren scheint, ein Bau aus dem Spätbarock (Ende 18. Jh.) mit einer entsprechend prächtigen Ausstattung. Um sie herum, ganz typisch, gruppieren sich die Gebäude des Zentrums von Bizau mit Gemeindeamt, Supermarkt und Dorfplatz. Ansonsten franst der Ort leicht aus, kann aber sehr viele gut erhaltene Bregenzerwaldhäuser aufweisen, wie wir gleich bemerken werden.

Von Bizau zum Bildbühel

Vom Gemeindeamt und der Dorfmitte laufen wir östlich weiter Richtung Oberdorf. Auf der rechten Straßenseite sehen wir schließlich einen Brunnen, biegen hier rechts zwischen die Häuser (Straße Winkel) ab und schlängeln uns durch die sehr schönen Wälderhäuser hindurch. Nach der Engstelle geht es ganz kurz rechts und nach wenigen Metern sogleich links weiter. Wir verlassen die letzten Anwesen und kommen zu einem Hügelchen, das von einer Kapelle gekrönt wird. Zum Bildbühel mit dem kleinen Gotteshaus aus dem 17. Jahrhundert, das wohl zu Pestzeiten dort oben errichtet wurde, kann man einen kurzen Abstecher auf einem Pfad machen. Zurück auf dem

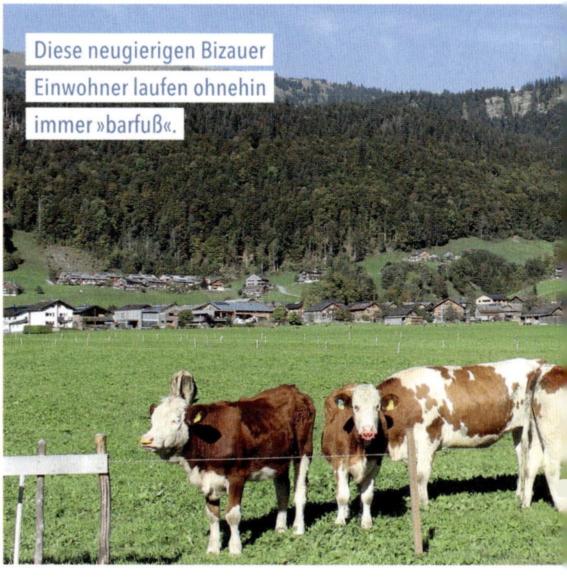
Diese neugierigen Bizauer Einwohner laufen ohnehin immer »barfuß«.

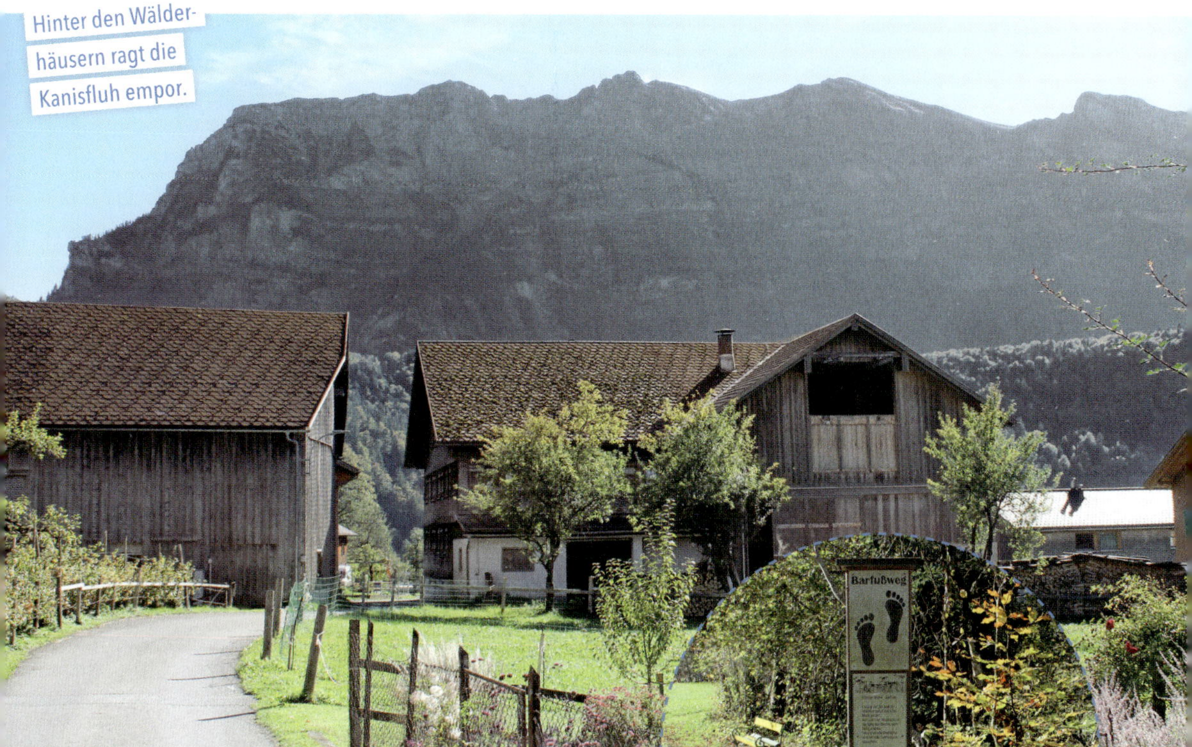

Hinter den Wälderhäusern ragt die Kanisfluh empor.

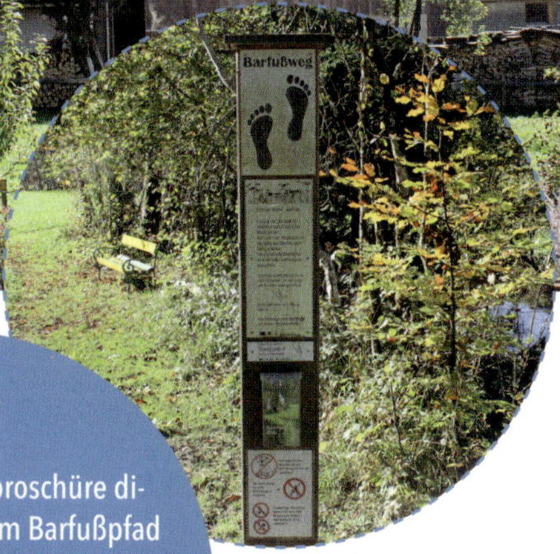

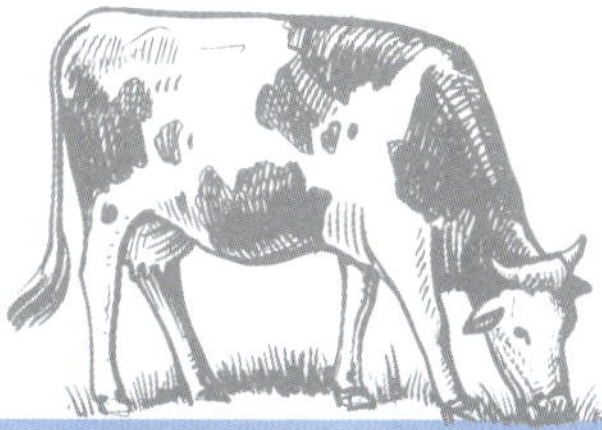

Tipp

Neben der Faltblattbroschüre direkt vor Ort gibt es zum Barfußpfad Bizau auch einen ausführlicheren kleinen Band, der weitere Informationen und Anregungen bietet. Für den Unkostenbeitrag von 5 Euro ist er im Gemeindeamt Bizau erhältlich.

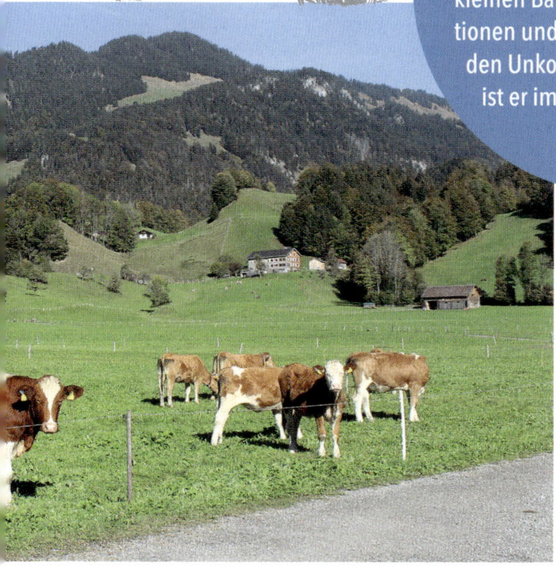

Weg geht es erst einmal geradeaus (nicht abbiegen!), bis wir an den Weiden nahe beim geheimnisvollen Roten Kreuz – das aber in entgegengesetzter Richtung liegt – links in Richtung Schnepfegg (siehe Tour 25) abbiegen.

Moorfreuden für alle

Am Waldrand stoßen wir auf einen kleinen Rastplatz mit einer sehr nett von Kindern gestalteten Bienenwand und den Hinweistafeln zum Barfußweg; hier gibt es auch ein Faltblatt zu entnehmen. Ab diesem Punkt heißt es nun: Schuhe und Socken haben Pause und werden nicht mehr an den Füßen, sondern in den Händen oder im Rucksack getragen. Das gilt natürlich nur für den, der mag, der Weg an der Ulve kann und darf auch mit Schuhen betreten werden. Wir sind hier auf der Moorseite des Bachs, an einem Abschnitt des Gewässers, der mit Bäumchen und Stauden bewachsen ist. Die moorige Umgebung gefällt ohnehin nicht wenigen Pflanzen, darunter verschiedenen Orchideenarten und dem Sonnentau, einer trotz des anheimelnden Namens bekanntlich fleischfressenden Pflanze. Die Ulve schlängelt sich in vielen Windungen durch das Hoch- ins Niedermoor und schließlich in saftige Wiesen, die verständlicherweise sehr gern von den Bauern als Weideflächen benutzt werden.

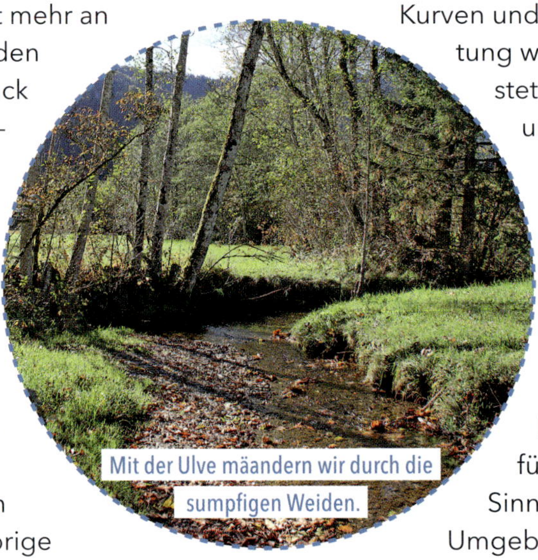

Mit der Ulve mäandern wir durch die sumpfigen Weiden.

Barfuß bei Bizau

Der Barfußpfad, auf dessen Pflege sehr gut geachtet wird, sodass man sich keine Sorgen um seine Fußsohlen machen muss, geht auf ein Förderprogramm zurück, durch das heimische Ideen umgesetzt werden konnten. Die Bizauer haben sich für diese sanfte Variante von Tourismus entschieden – mit Erfolg: Der Barfußpfad erhielt und erhält sehr viel Lob. Zu Recht, wie wir beim Begehen bemerken werden. Der Pfad durch das geschützte Gebiet braucht an sich keine Wegbeschreibung: Es ist die Ulve, die uns als Begleiterin mit all ihren Kurven und Mäandern die Richtung weist, der Pfad folgt ihr stets treu, lediglich hin und wieder wechselt er über Brückchen das Ufer. Der eigentliche Barfußabschnitt ist gut 600 Meter lang – empfohlen wird, ihn langsam zu begehen, um bei gemächlichem Tempo das Gefühl des Bodens und die Sinneseindrücke aus der Umgebung angemessen genießen zu können.

Leider hat alles irgendwann ein Ende: Wir stoßen schließlich auf ein Teersträßchen und ziehen uns hier Socken und Schuhe wieder über. Kurz geht es nach rechts, dann kurz links und gleich wieder rechts hinein ins Dorf – so kommen wir hoffentlich erholt und erfrischt durch das besondere Naturerlebnis zu unserem Ausgangspunkt zurück.

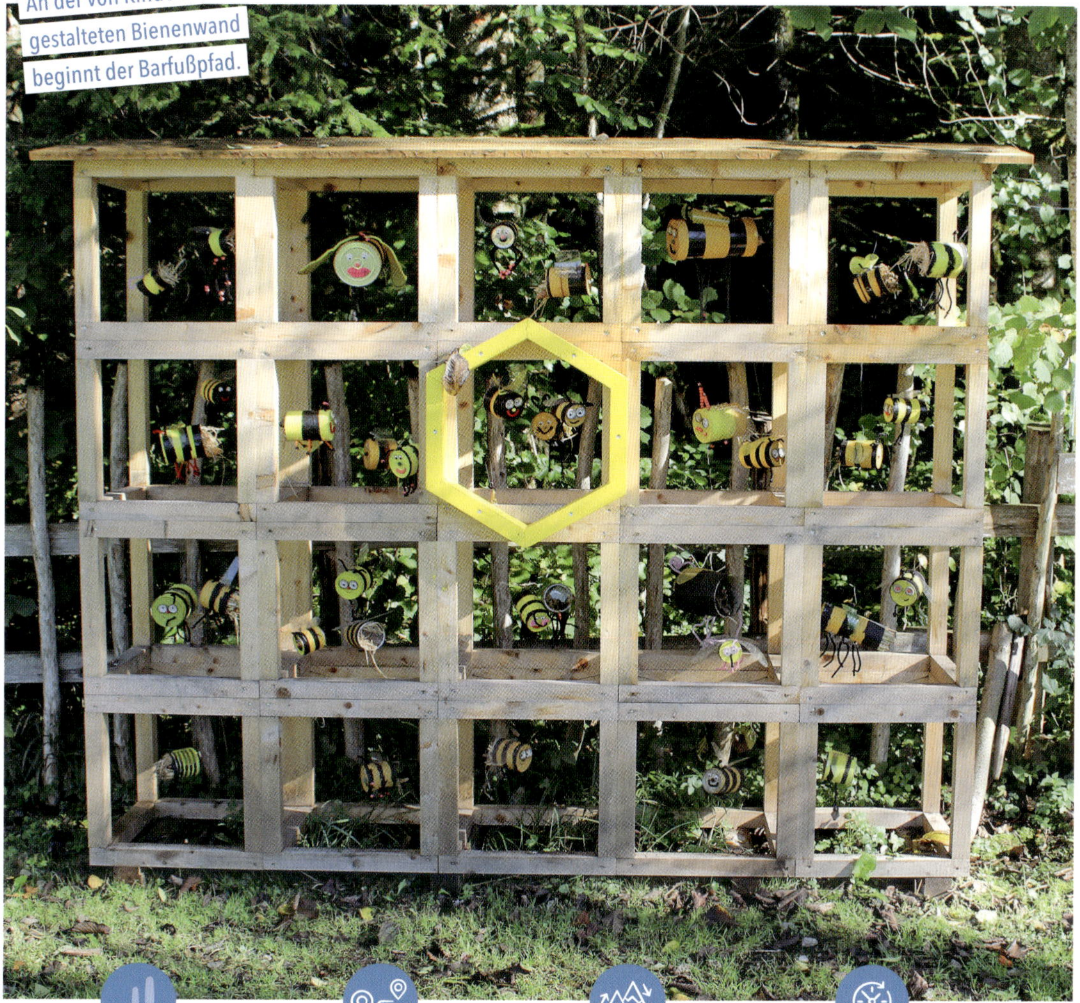

An der von Kindern gestalteten Bienenwand beginnt der Barfußpfad.

leicht | 3,5 km | 20/20 Hm | 1 Std.

Auf einen Blick

Tourencharakter
Flache Strecke, die, ob barfuß oder beschuht, sehr angenehm zu begehen ist. Der Barfußpfad ist teilweise etwas sumpfig.

Ausgangs-/Endpunkt
Bizau, Gemeindeamt
GPS: 47.369386, 9.929366

Höchster Punkt
Bizau, Oberdorf (702 m)

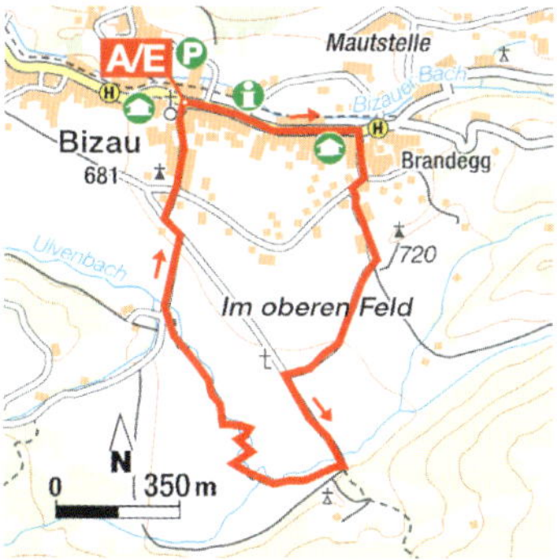

Anfahrt
ÖPNV: Vom Bahnhof Dornbirn weiter mit Bus 850 bis Bezau, dort umsteigen in Bus 831
Auto: A 14 (Rheintalautobahn) bis Ausfahrt Dornbirn-Nord, dann auf der L 200 bis Bezau und von dort weiter nach Reuthe/Bizau

Einkehr
In Bizau

Weitere Informationen
bizau.at

EINE GANZ BESONDERE VORSÄSS

23

Von Bizau nach Schönenbach

Zu den beliebtesten Fotomotiven des Bregenzerwalds gehört die Vorsäß Schönenbach. Die Hütten, die Kapelle und natürlich die sie umgebende Landschaft machen sie zu einem besonderen Ort.

Wir starten in Bizau (siehe Touren 21 und 22) in der Ortsmitte am Gemeindeamt und gehen von diesem aus nach Osten die leicht ansteigende Straße ins Oberdorf hinauf. Die Vorsäß Schönenbach zählt, insbesondere in den Sommermonaten, zu den beliebtesten Reisezielen des Bregenzerwalds, weshalb der übliche Weg dorthin (obwohl es sich lediglich um ein Landsträßchen handelt, das noch dazu als Sackgasse endet und mit einer Maut belegt ist) stark von Auto- und Motorradverkehr geprägt ist.

Steiler Auftakt

Ganz vermeiden lässt sie sich nicht, gleichwohl wollen wir aber für den Beginn deshalb eine wesentlich schönere und stillere, aber auch anspruchsvollere Alternative wählen, um nach Schönenbach zu gelangen. Wo die Straße sich verzweigt, wenden wir uns deshalb leicht rechts (als Orientierung: Wegweiser »Mellenstockvorsäß«) und bleiben so vorerst auf der Straße nach Schnepfau. Bereits hier wird der Anstieg deutlicher – und so wird es auch die nächste Zeit bleiben. In ersten Serpentinen geht es für uns weiter an der Straße entlang, bis wir am Waldrand auf eine Abzweigung nach links in Richtung des ehemaligen Skilifts treffen. Auf diesem Teerweg kommen wir durch die Parzelle mit dem sprechenden Namen Hütten, der Anstieg bleibt kräftig. Vor einem kurzen Waldstück mit Tobel und Ruhebänken halten wir uns links.

Über die Vor-Vorsäßen

Hinter dem Waldstück erreichen wir die Mellenstockvorsäß, die mit ihrer Kapelle (17. Jh.) idyllisch am Hang liegt. Spätestens ab hier bekommt der Weg einen rustikaleren Charakter, aber auch die dünn besiedelte Einsamkeit des Tals wird deutlich spürbarer. Wir gehen immer geradeaus auf dem mal breiteren, mal engeren Weg durch so manches Bachbett, wobei wir den geografischen Höhepunkt unserer Tour überschreiten.

Erst langsam, dann bald auf einem bequemeren Weg, aber schneller wieder abwärts, kommen wir letztlich nach Löffelau, wo unser Weg über eine Brücke führt und in die Schönenbachstraße mündet. Ab diesem Punkt gilt es nun öfter einmal, Autos oder Motorradfahrern auszuweichen. Das Tal ist hier vergleichsweise eng, weitet sich aber

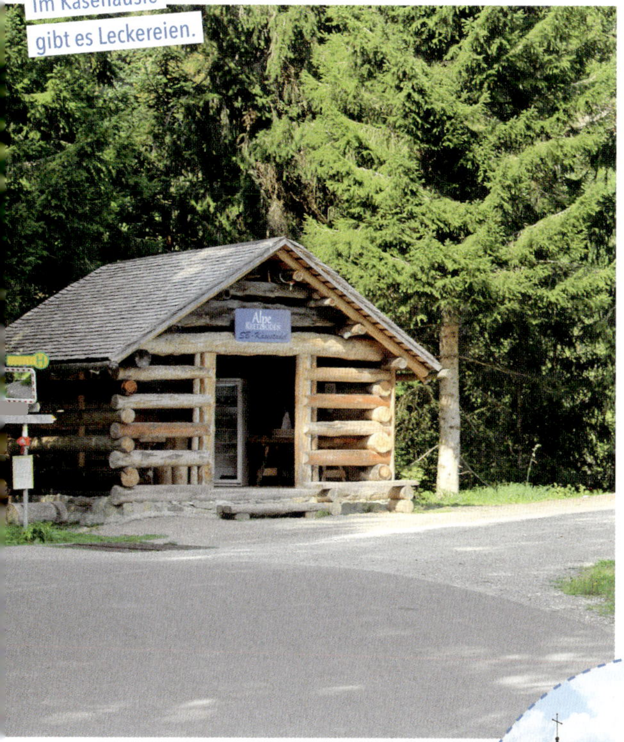

Im Käsehäusle gibt es Leckereien.

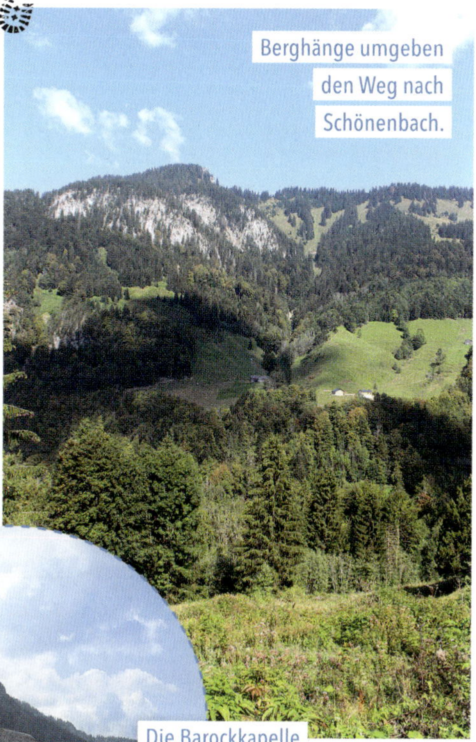

Berghänge umgeben den Weg nach Schönenbach.

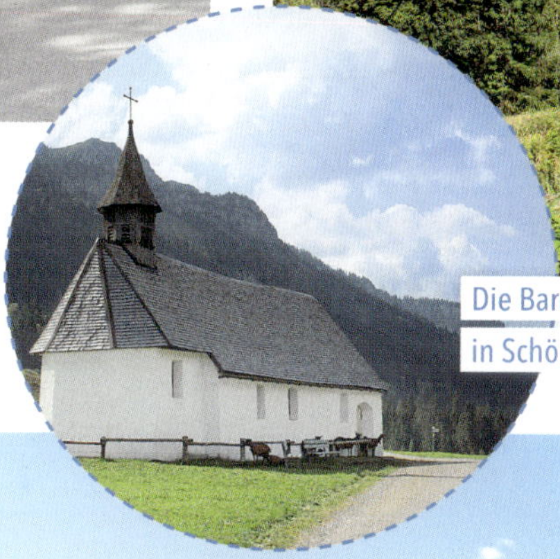

Die Barockkapelle in Schönenbach

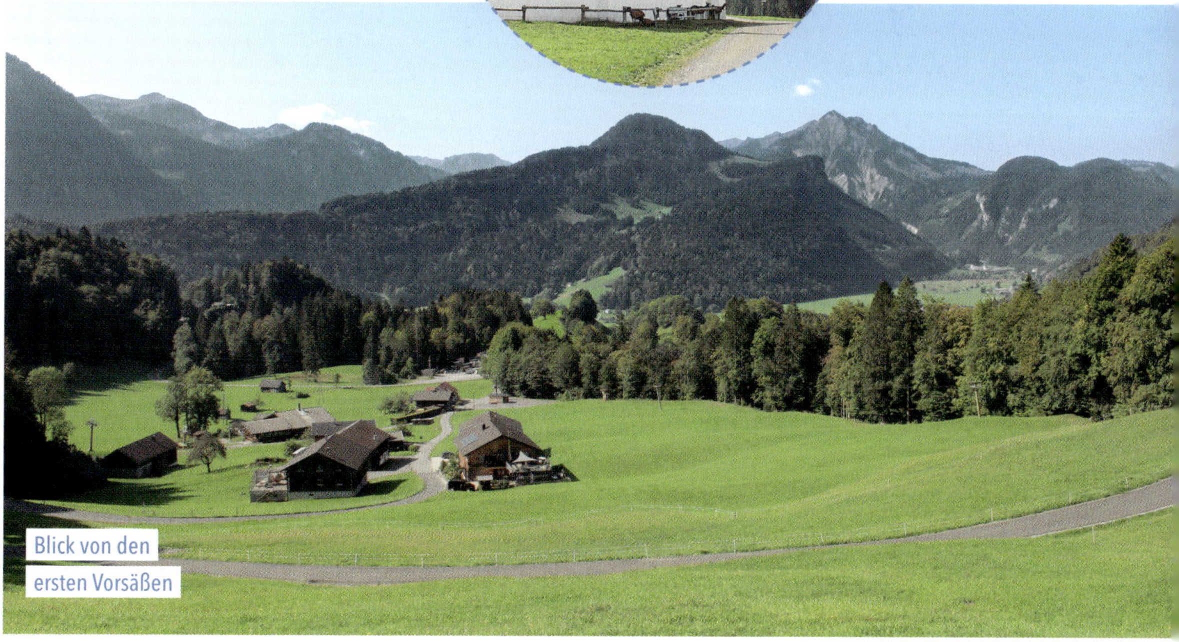

Blick von den ersten Vorsäßen

Bizau hat das Tal
fast für sich allein.

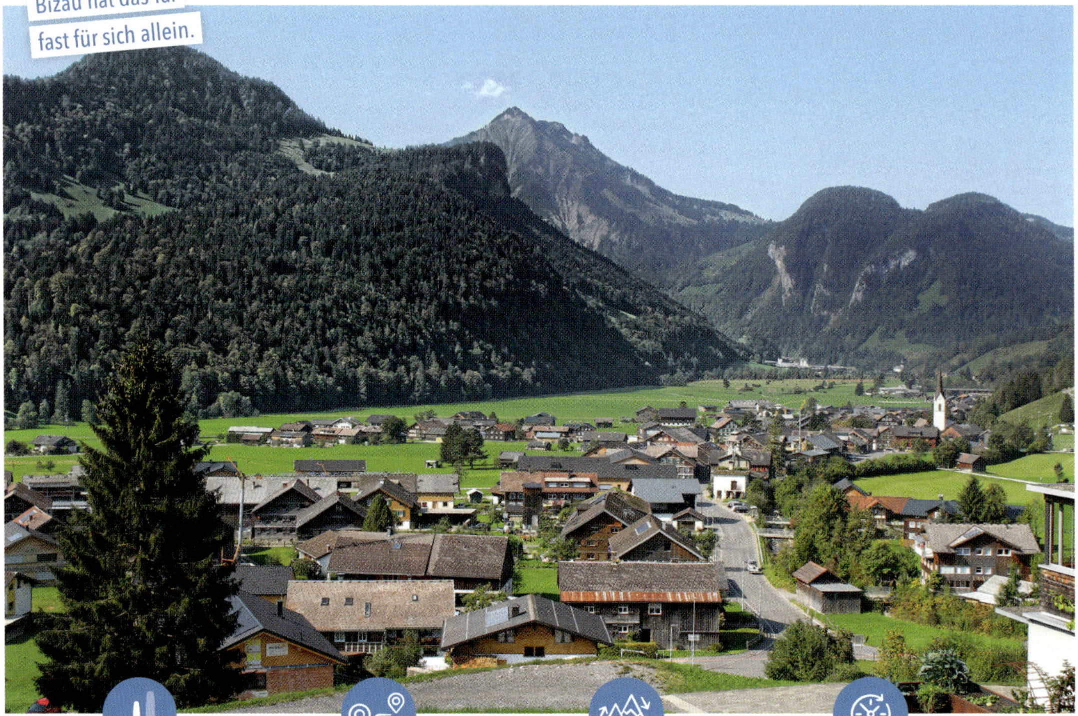

mittel | 8 km | 340/80 Hm | 2.30 Std.

Auf einen Blick

Tourencharakter
Gleich zu Beginn anstrengender Aufstieg auf bequemen Wegen, danach teils kleinere Pfade. Auf der Schönenbachstraße wandert es sich naturgemäß problemlos, allerdings ist auf den Verkehr zu achten.

Ausgangspunkt
Bizau, Gemeindeamt
GPS: 47.369386, 9.929366

Endpunkt
Vorsäß Schönenbach
GPS: 47.374822, 10.030741

Höchster Punkt
Mellenstockvorsäß (1031 m)

Anfahrt
ÖPNV: Vom Bahnhof Dornbirn weiter mit Bus 850 bis Bezau, dort umsteigen in Bus 831

Auto: A 14 (Rheintalautobahn) bis Ausfahrt Dornbirn-Nord, dann auf der L 200 bis Bezau und von dort weiter nach Reuthe/Bizau

Einkehr
In Bizau, Alpe Rüschere, in Schönenbach

Weitere Informationen
■ *bizau.at*

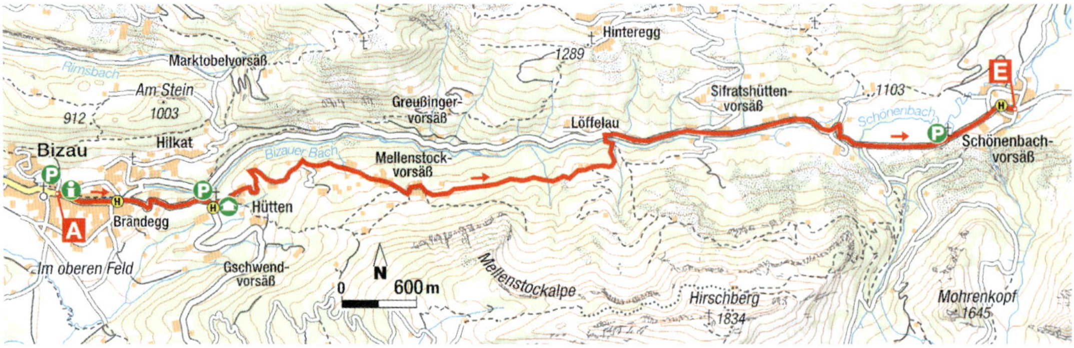

nach einiger Zeit, wenn wir uns der Alpe Rüschere annähern.

Durch Schönenbach

An einer Kurve steht dann das Käsehäusle der Alpe Kretzboden – hier wandern wir rechts hinab zum ersten Wanderparkplatz und sehen vor uns die Vorsäß Schönenbach. Sie gilt als die größte des Bregenzerwalds, gut 25 Hütten umfassend, darunter ein Gasthof und ein Erholungsheim. Es ist einerseits die Lage auf einer Art großen Tallichtung mit den Hochalpen im Hintergrund, aber auch das Idyll mit freilaufenden Tieren und der schönen, großzügigen Kapelle aus dem 17. Jahrhundert, das die nachvollziehbare Attraktion dieser Vorsäß ausmacht (die übrigens zu Bezau, nicht zu Bizau gehört).

Es lohnt sich, eine Runde durch das Gelände zu drehen, ehe man sich überlegt, wie es zurückgehen soll – im Sommer fährt in unregelmäßigen Abständen ein Bus (831) bis Bizau bzw. weiter über Reuthe bis Bezau. Man kann natürlich auch zurückwandern, als Variation etwa über die Alpe Kretzboden, dann die Straße entlang (was aufgrund des daneben fließenden Bachs sehr reizvoll ist, wenn man den Verkehr ignoriert) oder naturgemäß auf dem Hinweg.

Schmankerltipp

Gasthof Egender: In Schönenbach kann man im (allerdings oft stark frequentierten) Gasthof Egender einkehren. Gemütlich ist aber auch eine Brotzeit mit heimischer Wegzehrung – versorgen kann man sich damit direkt am Weg in Bizau, an der Alpe Rüschere, im Käsehäusle der Alpe Kretzboden oder in Schönenbach selbst. Leckere Käse- und Wurstsorten direkt vom Erzeuger locken hier zum Verzehr oder Mitnehmen.

■ *jagdgasthaus-egender.at*

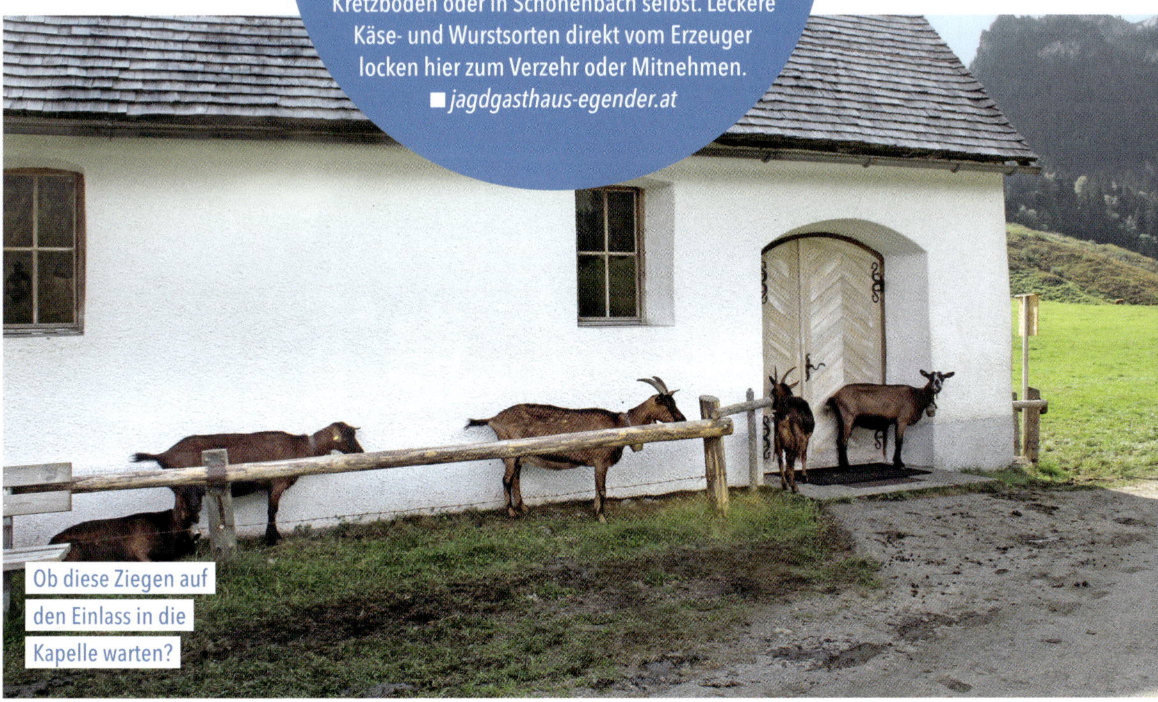

Ob diese Ziegen auf den Einlass in die Kapelle warten?

EINE ALPENTOUR

24 Von der Mellaubahn nach Mellau

Wir beginnen unsere Wanderung hoch oben, um auf einem langen Weg langsam ins Mellental hinabzusteigen – vorbei an einigen Alpen, aber sonst in unberührter Natur.

Seit Anfang der 1980er-Jahre gibt es die Mellaubahn, und nach einem Umbau 2015 präsentiert sie sich heute in modernem Glanz. Bereits die Stationsgebäude sind einmal mehr Zeichen für die im Bregenzerwald beliebte Kombination von Holz und zeitgenössischer Architektur. Natürlich ist auch die Bahn selbst, eine sogenannte Umlaufbahn mit 10-Mann-Gondeln, mit modernster Technik ausgestattet – schließlich gilt es, in nur gut sechs Minuten einen Höhenunterschied von fast 700 Metern zu überwinden: Die Talstation befindet sich auf 716 Metern, der Ausstieg erfolgt auf 1396 Metern Höhe.

Aufwärts mit der Mellaubahn

Bequem lassen wir uns also nach oben transportieren bis zur Roßstelle, wo wir noch einmal Kraft für unsere Wanderung schöpfen können, denn es gibt Verpflegungs- bzw. Rastmöglichkeiten und auch eine kleine Kapelle sowie naturgemäß einen tollen Ausblick hinunter ins Tal der Bregenzer Ach. Denn noch sind wir nicht ganz auf dem Höhepunkt unserer Tour angelangt: Von der Bergstation steigen wir auf einem breiten und bequemen Weg in sanften, langen Serpentinen zur ersten Alpe Wildgunten hinauf. Die sehr gute Beschaffenheit der Wege wird uns bis hinunter ins Tal begleiten, angenehmer können ein Aufstieg und dann ein langer Abstieg kaum

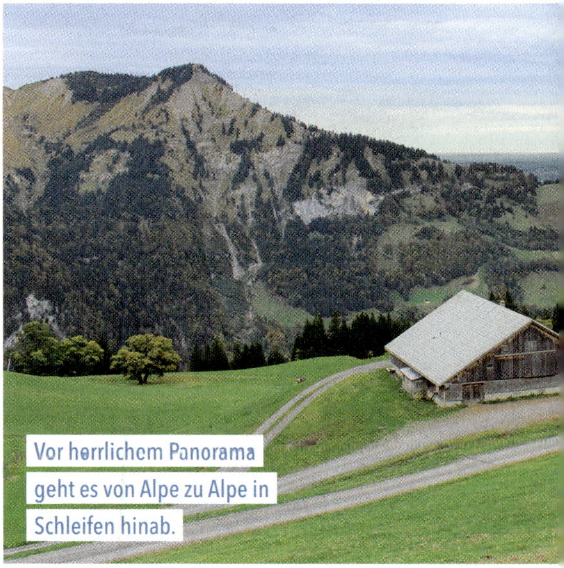

Vor herrlichem Panorama geht es von Alpe zu Alpe in Schleifen hinab.

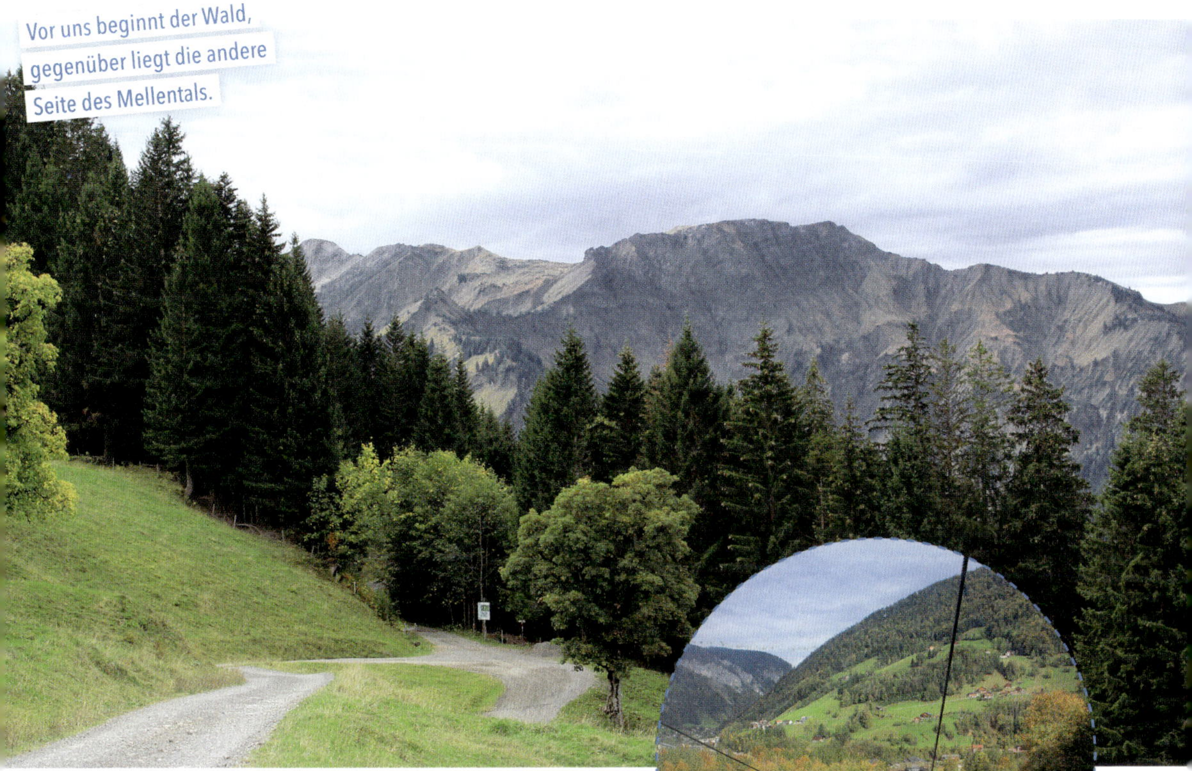

Vor uns beginnt der Wald, gegenüber liegt die andere Seite des Mellentals.

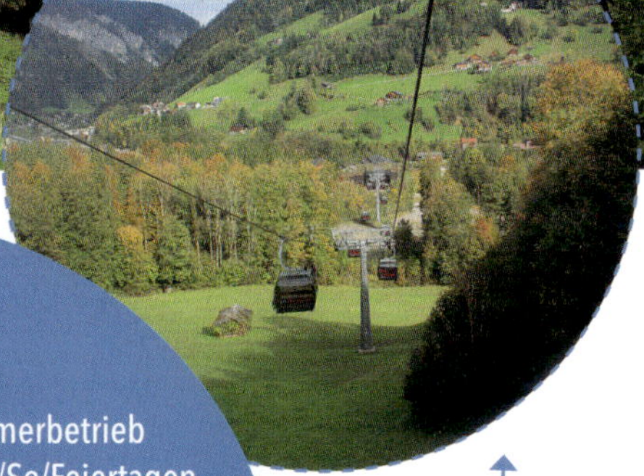

Tipp

Die Mellaubahn fährt im Sommerbetrieb von Ende Mai bis Mitte Juni an Sa/So/Feiertagen und von Mitte Juni bis Mitte Oktober täglich. An Wochentagen ist sie 9–17 Uhr geöffnet (Mittagspause 12–13 Uhr, entfällt an Wochenenden und Feiertagen). Anfang Dezember bis Anfang April wird Sa/So um 8 Uhr, Mo–Fr um 8.30 Uhr gestartet (letzte Bergfahrt 15.30 Uhr, letzte Talfahrt 16.45 Uhr). Dank des Gondelverkehrs gibt es selten längere Wartezeiten. Zur Mellaubahn gibt es eine eigene Busverbindung (832).
■ *damuels-mellau.at*

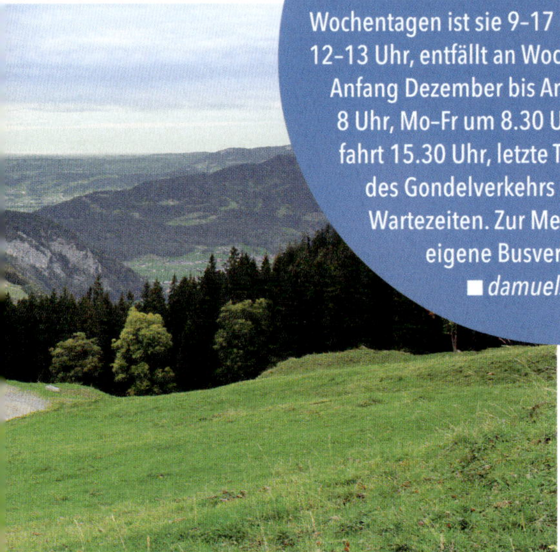

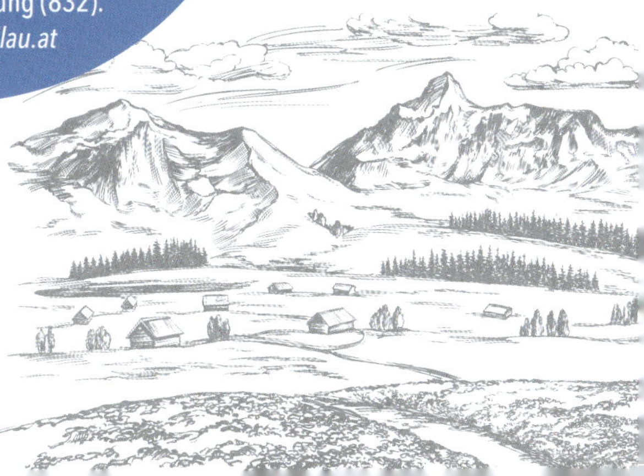

sein. Letzterer beginnt an der Alpe Wildgunten, wo es während der Saison auch einen Gastbetrieb gibt.

Ins Mellental

An der Kreuzung vor der Alpe biegen wir rechts ab. Die Orientierung bleibt leicht, ohnehin sehen wir dank des Abstiegs die nächsten Kurven unseres Wegs zumeist schon unter uns sich hinabschlängeln. So kommen wir zur zweiten Alpe, der Suttisalpe. An ihr und dem sehr malerisch einzeln stehenden Baum in der Nähe vorbei erreichen wir schließlich eine Kreuzung, wo wir uns rechts halten. Der Dauerabstieg führt nun am Wald oberhalb des Mellentals entlang, das wegen seiner Naturschönheit weitbekannt ist. Hier leben nur sehr wenige Menschen, bis auf die verstreuten Alpen wurde das gesamte Gebiet der Natur überlassen und – worauf uns mehrfach Schilder hinweisen – besonderem Schutz unterstellt.

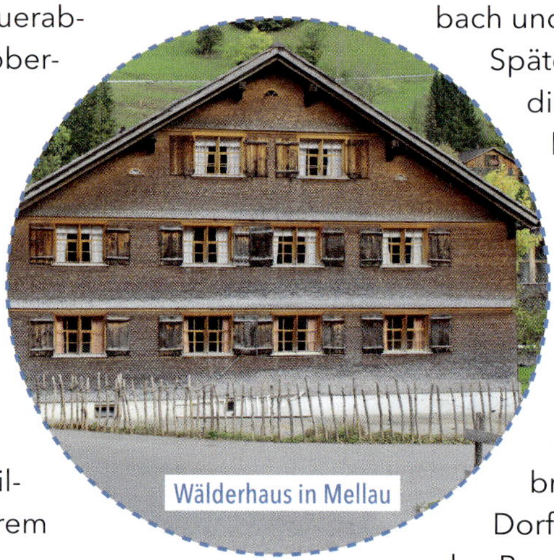
Wälderhaus in Mellau

Inzwischen sind wir an Alpe Nummer drei, dem Mösele, angekommen. Unsere Richtung bleibt unverändert: immer nach rechts und bergab. Allerdings verändert sich unsere Umgebung, auch haben wir nun den Wald erreicht und treten in diesen ein. Beschattet geht es folglich, mitunter an kleinen Wasserfällen vorbei, die sich hier ins Tal stürzen, auf dem Hauptweg bis kurz vor Mellau. Am Aussichtspunkt, den wir mit einem kurzen Abstecher nach links erreichen, können wir einen ersten Blick von der Anhöhe auf das Dorf werfen.

Beeindruckendes Mellau

Zurück auf dem Weg ins Tal kommen wir bis zum Ortsrand von Mellau und können hier entweder gleich rechts zurück zur Talstation der Mellaubahn oder – und das wird natürlich empfohlen – noch geradeaus ins Ortszentrum und schließlich von dort aus zurückwandern.

Gegründet haben Mellau Bauern aus Schwarzenberg, die im Mittelalter die guten Weiden am Zusammenfluss von Mellenbach und Ach nutzen wollten. Später wurden der Ort und die Pfarrei von Schwarzenberg unabhängig, ein Zuckerschlecken war das Leben in Mellau aber nicht unbedingt: An die dort besonders heftig wütende Pest erinnern drei Kreuze am Ortseingang, und 1870 brannte ein Großteil des Dorfs mitsamt der Kirche nieder. Beeindrucken ließen sich die Mellauer davon letztendlich nicht, man baute Kirche und Dorf eben einfach wieder auf. Deshalb finden sich auch hier einige sehr schöne charakteristische Wälderhäuser. Geprägt ist der Ort inzwischen stark vom Tourismus, es gibt viele Gasthäuser und Hotels, und gemeinsam mit Damüls bildet man eines der großen Skigebiete Vorarlbergs. Im Winter transportiert die Mellaubahn deshalb vor allem Skifahrer nach oben.

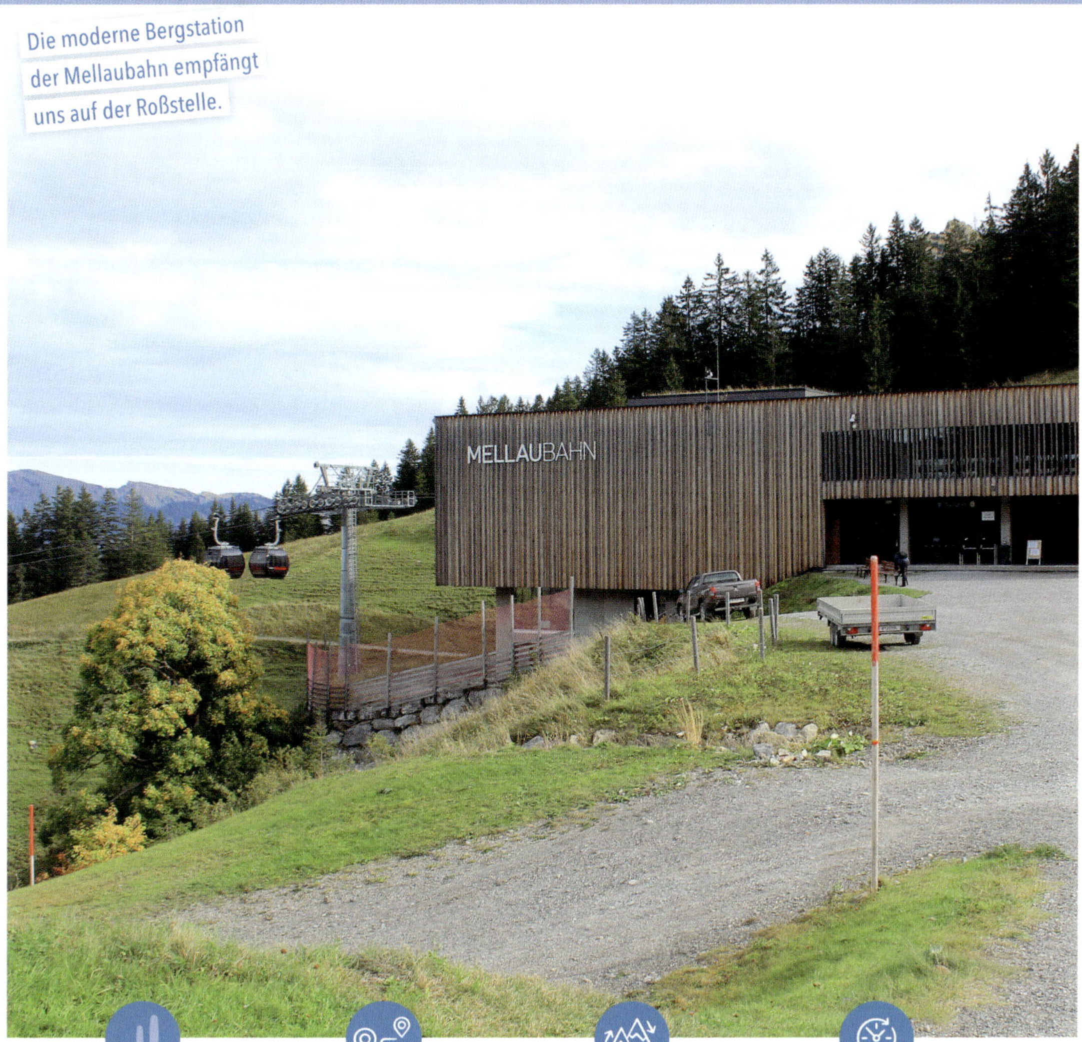

Die moderne Bergstation der Mellaubahn empfängt uns auf der Roßstelle.

leicht | 10,5 km | 220/930 Hm | 3.30 Std.

Auf einen Blick

Tourencharakter

Bis zur ersten Alpe ansteigend, aber gemächlich und auf breiten Wegen. Das gilt auch für den langen Abstieg: keine Rampen, keine Pfade.

Ausgangs-/Endpunkt

Talstation Mellaubahn
GPS: 47.346031, 9.888554

Höchster Punkt

Wildguntenalpe (1610 m)

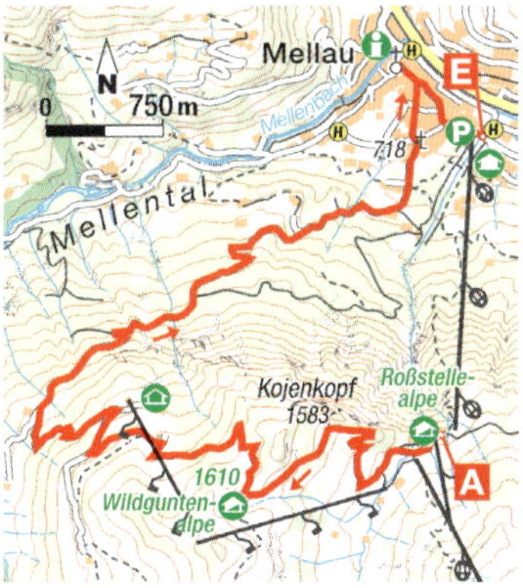

Anfahrt

ÖPNV: Vom Bahnhof Dornbirn weiter mit Bus 850 bzw. vom Bahnhof Bregenz mit Bus 840
Auto: A 14 (Rheintalautobahn) bis Ausfahrt Dornbirn-Nord, weiter auf der L 200

Einkehr

Mellaubahn (Roßstelle), Alpe Wildgunten, in Mellau

Weitere Informationen

■ *mellau.com*

IM SCHATTEN DER KANISFLUH

25

Von Schnepfau nach Mellau

Mit Schnepfau, der Schnepfegg und Hirschau durchwandern wir drei kleine Perlen des Bregenzerwalds. Beherrscht werden sie von der mächtigen Nordwand der Kanisfluh.

Durch den Gebirgsdurchbruch zwischen der Mittags- und der Kanisfluh führt das Sträßchen in einer halben Stunde nach Schnepfau, einem kleinen Dörfchen, das anmuthig auf grünen Fluren liegt. Ein Fußweg führt von hier über einen schmalen, sich weit in's Thal hinaus erstreckenden Gebirgsrücken, bis Schnepfeck, an der St. Wendelinskapelle vorüber.« Bis auf einige Schreibweisen muss an dieser Beschreibung eines Reiseführers aus dem Jahr 1856 wenig geändert werden.

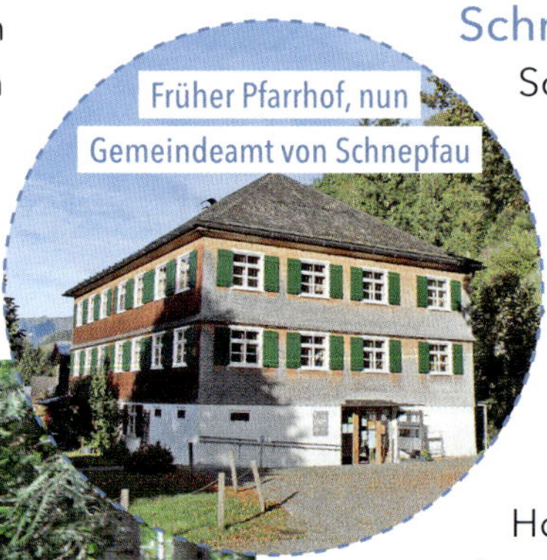

Früher Pfarrhof, nun Gemeindeamt von Schnepfau

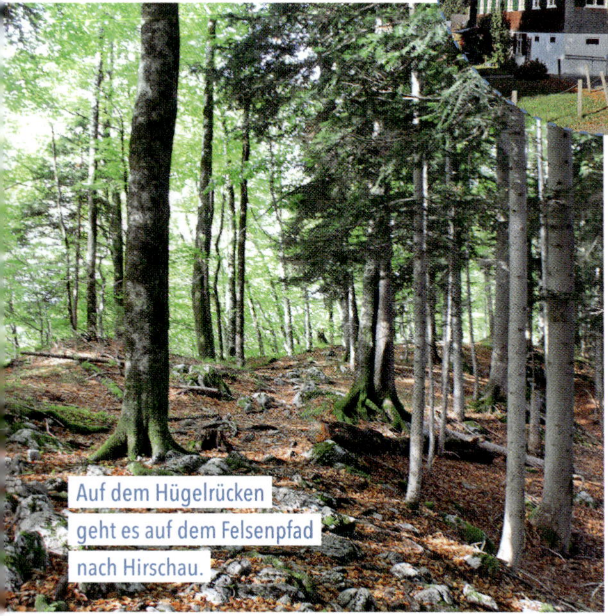

Auf dem Hügelrücken geht es auf dem Felsenpfad nach Hirschau.

Schmuckes Dorf

Schnepfau ist noch immer das anmutige Dörfchen, das der Besucher vor fast 170 Jahren sah, halbwegs geschützt am Nordrand des hier engen Tals zwischen den beiden Durchbrüchen im Osten und Westen gelegen, um den Hochwassern der Ach und vor allem dem Schatten der übermächtig erscheinenden Kanisfluh auszuweichen. Seine Lage hemmte die Entwicklung vielleicht etwas und Schnepfau hat zwar nur gut 500 Einwohner, aber trotzdem alles, was ein lebendiges und schmuckes Bregenzerwalddorf braucht: eine stattliche Barockkirche mit einem sehr schönen benachbarten Pfarrhof im Wälderstil, der nun als Gemeindeamt dient, angeordnet um den sicher – neben Schwarzenberg – schönsten Dorfplatz der Region mit alter Linde und Dorfbrunnen. Dazu gibt es natürlich eine

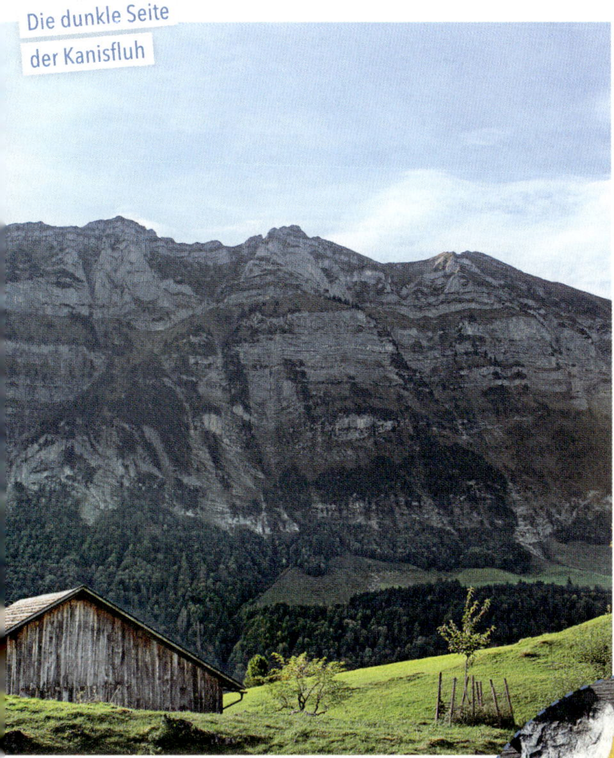

Die dunkle Seite der Kanisfluh

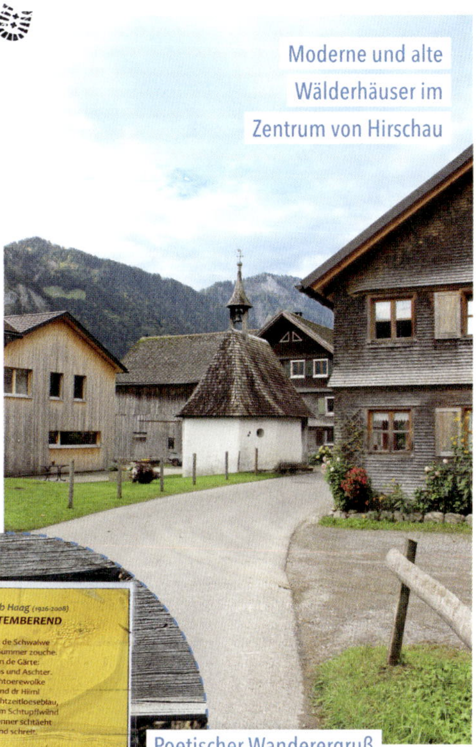

Moderne und alte Wälderhäuser im Zentrum von Hirschau

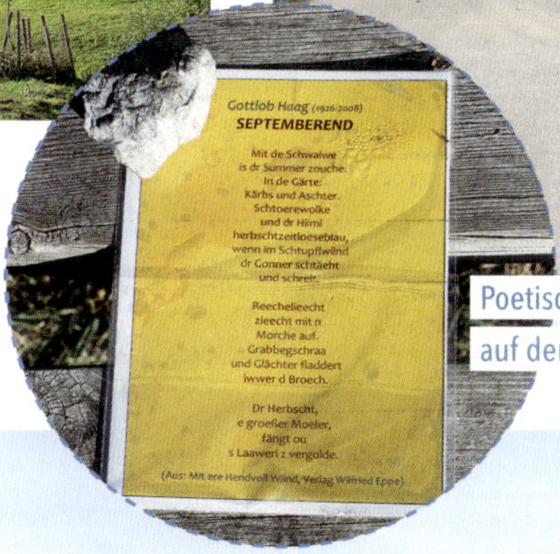

Poetischer Wanderergruß auf der Schnepfegg

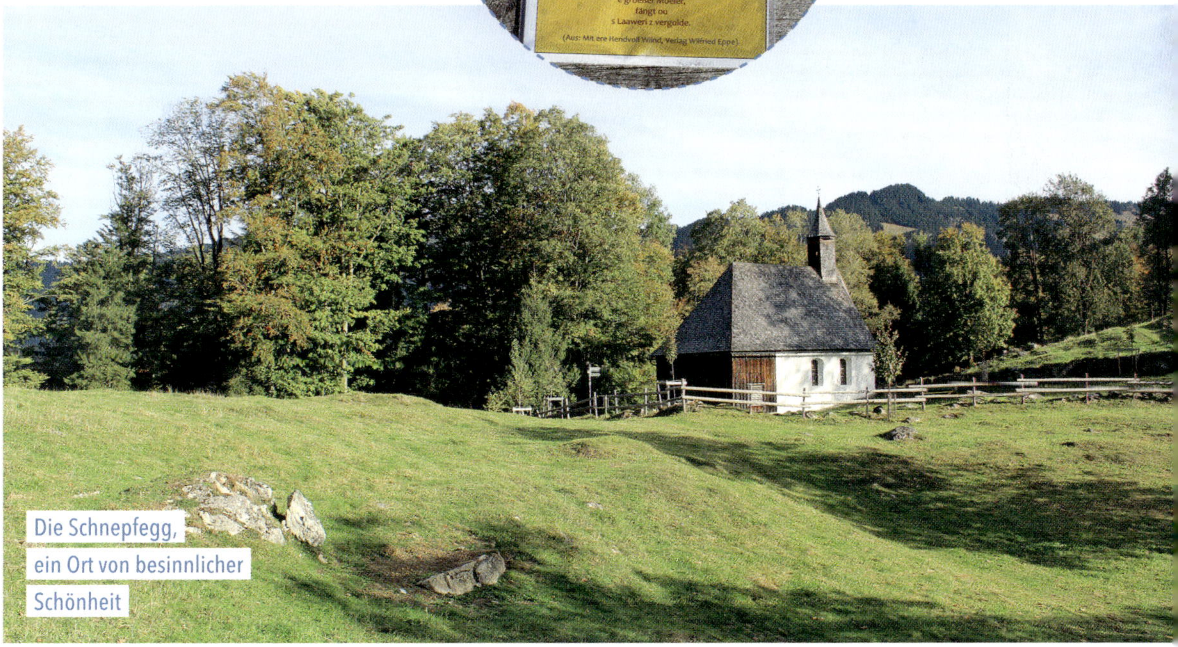

Die Schnepfegg, ein Ort von besinnlicher Schönheit

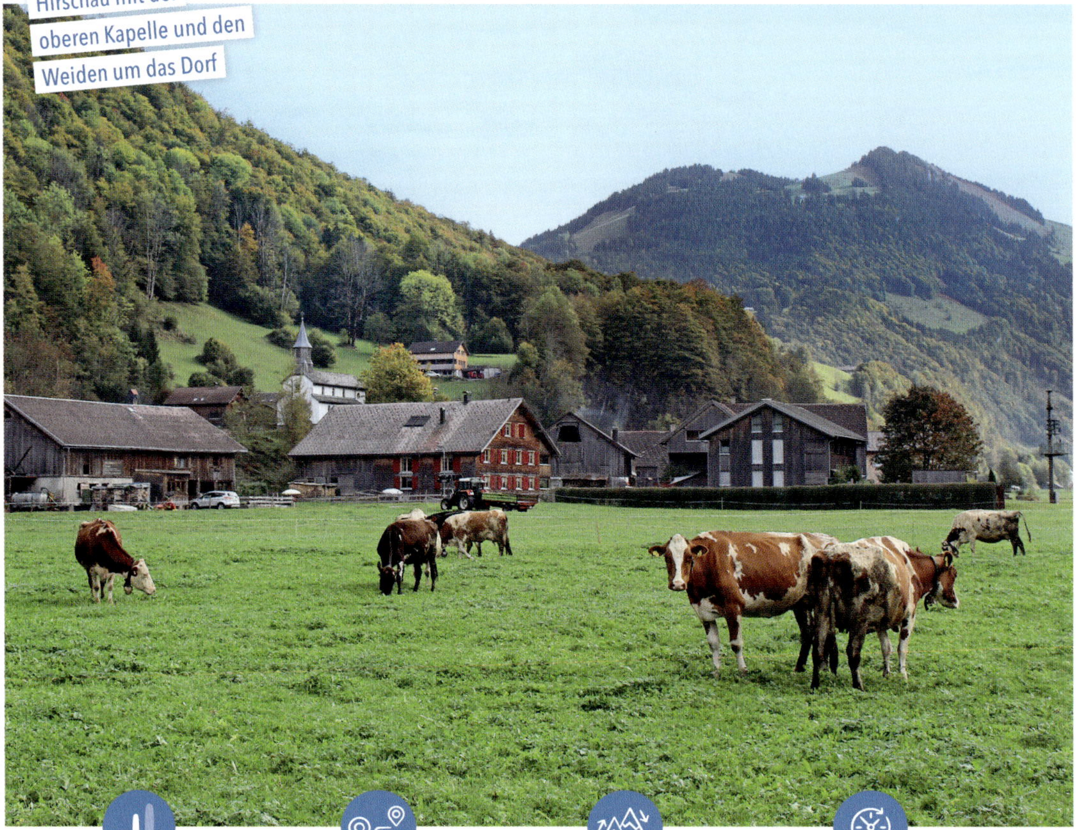

Hirschau mit der oberen Kapelle und den Weiden um das Dorf

mittel | 6,5 km | 160/200 Hm | 2 Std.

Auf einen Blick

Tourencharakter
Anfangs kräftiger Anstieg auf einem etwas breiteren, aber auch teils steinigen Pfad bis zur Schnepfegg. Auf dem Sattel ein Wurzelpfad. Der Abstieg nach Hirschau ist unproblematisch, der Rest des Weges nach Mellau ohnehin: Er führt schnurgerade und flach am Fluss entlang.

Ausgangspunkt
Schnepfau, Gemeindeamt
GPS: 47.35194, 9.945556

Endpunkt
Mellau, Kirche
GPS: 47.35208, 9.94527

Höchster Punkt
Schnepfegg (891 m)

Anfahrt
ÖPNV: Vom Bahnhof Dornbirn weiter mit Bus 850 bzw. vom Bahnhof Bregenz mit Bus 840
Auto: A 14 (Rheintalautobahn) bis Ausfahrt Dornbirn-Nord, weiter auf der L 200

Einkehr
In Schnepfau (Café) und Mellau

Weitere Informationen
■ *schnepfau.at*

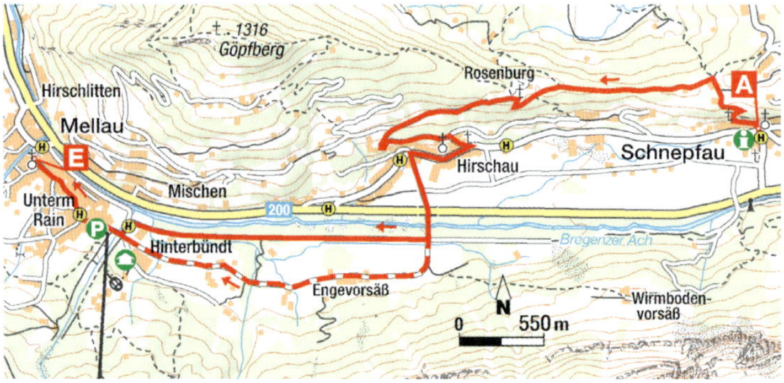

Sennerei und einen kleinen Supermarkt für die Erstversorgung sowie nicht wenige gut erhaltene Höfe.

Über die Schnepfegg

Wir starten in Schnepfau vor dem Gemeindeamt am erwähnten hübschen Dorfplatz. Hier am Gemeindeamt geht es links am Hang über den gebirgigen Pfad erst einmal kräftig hinauf zur Schnepfegg; das letzte Stück führt oben den Weg über die Weide geradeaus auf die wenigen Häuser und vor allem auf die Kapelle zu. Das Plateau mit der Wendelinkapelle ist ein Idyll, man versteht, dass es zum beliebten Wallfahrtsziel wurde, und dass nicht nur, weil der heilige Wendelin ein für die Bewohner wichtiger Viehpatron war: Auch heute werden hier noch gern in und um das kleine Gotteshaus aus dem 17. Jahrhundert Messen gefeiert.

Hier auf der Schnepfegg verzweigen sich auch mehrere Wanderwege – wir gehen vor der Kapelle links (oder nach Besuch gewissermaßen geradeaus) auf dem Scheitel des Höhenzugs in Richtung Hirschau. Nach Beginn des Waldes präsentiert sich der Weg als schmaler Wurzel- und Felspfad, es heißt also etwas verstärkt auf die eigenen Füße zu achten. Auch die Wegführung ist je nach Jahreszeit nicht immer eindeutig erkennbar, aber verirren kann man sich dank der klaren Grundrichtung nicht.

Schmankerltipp

Berghaus Kanisfluh: Wer einen kleinen Abstecher mit Rast einfügen möchte, kann hinter der Schnepfegg-Kapelle den Weg zum Berghaus Kanisfluh einschlagen. Dieses wird nach gut 300 m erreicht und lockt neben dem gastronomischen Angebot mit einem herrlichen Ausblick auf die Nordseite des Berges. Dank einer Webcam kann man sich davon jederzeit überzeugen.
■ *kanisfluh.net*

Hirschau und Mellau

Schließlich stoßen wir auf ein Sträßchen und folgen diesem links hinab bis Hirschau. Auch dieses noch kleinere Dörfchen schmiegt sich an den Nordrand, und gemeinsam mit der Landstraße schlängeln wir uns rechts durch die eng stehenden, oft sehr prächtigen und noch in großer Anzahl vorhandenen Bregenzerwaldhäuser. In der Ortsmitte stehen zwei Kapellen beieinander: direkt an der Straße St. Martin aus der Mitte des 17. Jahrhunderts und nebenan auf einer Erhebung die Lourdeskapelle vom Ende des 19. Jahrhunderts. Beide schmücken Barockaltäre.

Für uns geht es nun an der nächsten Kreuzung links aus Hirschau hinaus und auf die Bregenzer Ach zu. Nach der L 200 sind wir am Fluss angekommen und haben die Wahl: entweder sogleich flach und strikt geradeaus an der Ach entlang oder noch ein Stück geradeaus und dann ebenfalls rechts über die Vorsäßen. Zeitlich macht dies nur wenig Unterschied, auch sind beide Wege bequem und gut in Schuss. Wie man sich auch entscheidet: Am Ende steht man schließlich an der Talstation der Mellaubahn und damit schon vor dem nächsten Dilemma. Dieses Mal stellt sich die Frage: direkt geradeaus ins Dorf weiter oder lieber noch einen »Umweg« unternehmen, nämlich Tour 24 anschließen? In jedem Fall bringt uns der Bus nach Schnepfau zurück.

26 Von Schoppernau nach Au

Noch einmal weitet sich das Tal der Bregenzer Ach. Aus den hier liegenden Ortschaften stammen einige Wälder Persönlichkeiten, die eine große Wirkung für die Region und weit darüber hinaus hatten.

Wir beginnen unsere Tour am Gemeindeamt in Schoppernau; nebenan liegt das moderne Tourismusbüro mit integriertem Franz-Michael-Felder-Museum. Wie in Schnepfau (siehe Tour 25) fällt auf, dass sich das Dorf auf gut 850 Metern Höhe auf die nördliche Talseite der Bregenzer Ach drängt, denn auch hier wollten die Bewohner den langen Schatten der umgebenden Berge möglichst entfliehen. Links oder rechts an der Käserei mit Laden vorbei gehen wir empor zur Kirche, die man auf einem kleinen Felsabsatz errichtete, nachdem ihre Vorgängerin durch ein Hochwasser komplett zerstört worden war. Treten wir nach dem Besuch aus der Kirche, sehen wir den charakteristischen Pfarrhof eines Bregenzerwalddorfs, so wie überhaupt in und um Schoppernau einige sehr schöne Wälderhäuser erhalten sind, darunter das Geburtshaus Franz Michael Felders im Oberdorf 55 (siehe Tour 27).

Von Schoppernau nach Rehmen

Von der Kirche laufen wir zu dem kleinen Dorfplatz mit Großkreuzung vor dem Gasthaus Zum Fraaanz (kein Druckfehler!). Wir wählen hier den mittleren Weg, der uns leicht rechts bis zur Talstation der Diedamskopf-Bergbahn führt. Sie ist nicht zu verfehlen, da hier sommers wie winters viel Betrieb herrscht, denn viele wollen auf den Schoppernauer Hausberg (2090 m) hinaus. Wir dagegen gehen links an der Talstation vorbei, der Weg steigt nun deutlich an.

Nach der Linkskurve biegen wir rechts ab und halten uns kurz darauf links auf den Pfad Richtung Rehmen. Nun stoßen wir auf ein sehr interessantes Objekt: Am Eingang

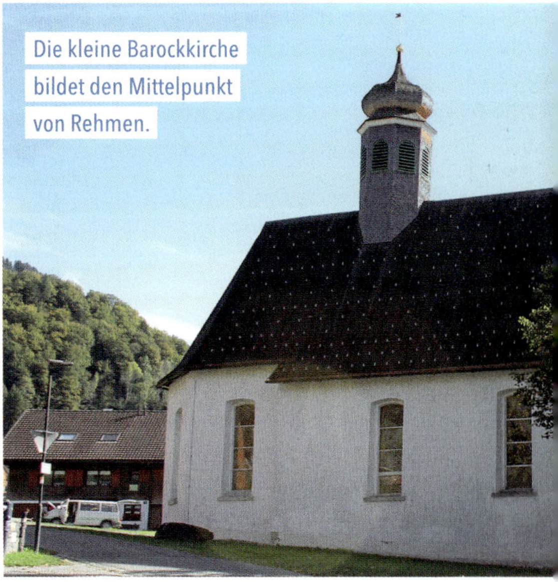
Die kleine Barockkirche bildet den Mittelpunkt von Rehmen.

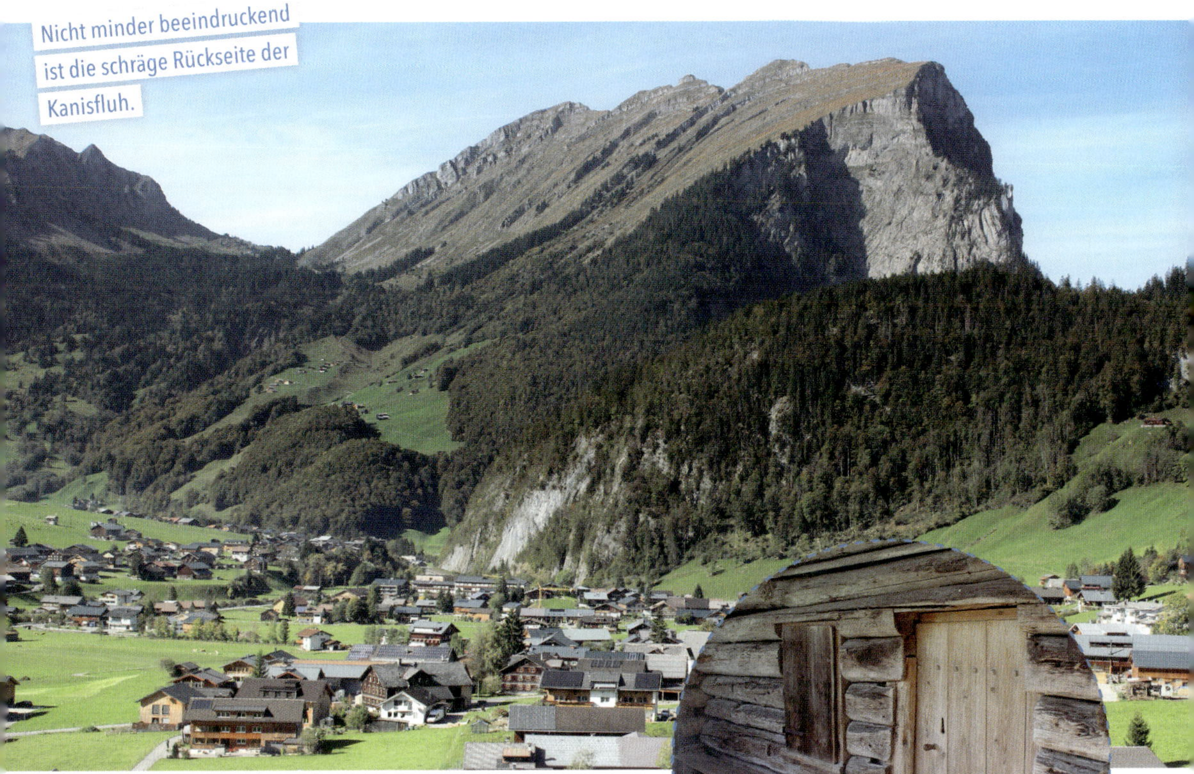

Nicht minder beeindruckend ist die schräge Rückseite der Kanisfluh.

Bitte eintreten: Vorsäßhütte am Holdamoos

Tipp

Der großen Strahlkraft der Werke der Bregenzerwälder Baumeister, Künstler und Handwerker des Barocks widmet sich das BarockBaumeisterMuseum. Untergebracht ist es in einem wunderschönen Gebäude, dem ehemaligen Kuratenhaus in Rehmen, das einige Zeit von einem der berühmten Wälder Künstler bewohnt wurde. Im Sommer ist die Ausstellung Mo 15–19, Do 13–17 und Fr–So 10–17 Uhr geöffnet.
■ *barockbaumeister.at*

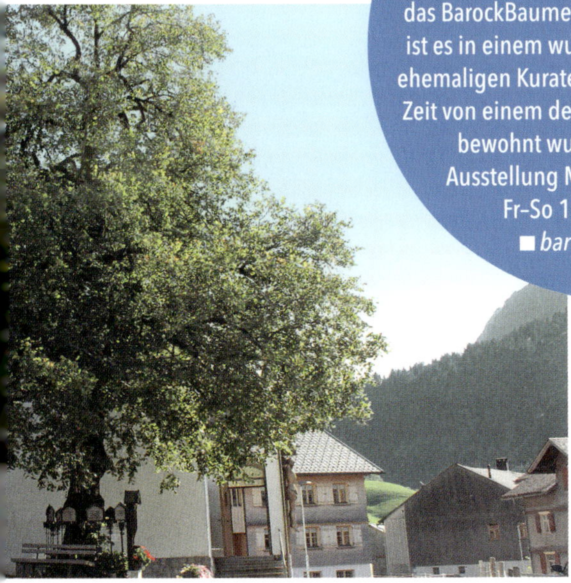

zum Holdamoos steht eine altertümliche Vorsäßhütte. Als Bregenzerwald-Kenner wissen wir, dass sie eigentlich viel zu tief im Tal platziert ist – tatsächlich wurde sie von der Vorsäß Vorderhopfreben hierher versetzt, um als Schauobjekt über das Leben und die Arbeit auf den Hütten zu dienen. An bestimmten Tagen ist die Vorsäß geöffnet, aber auch sonst kann man sich hier und nebenan im schönen Kräutergarten informieren.

Anschließend wandern wir nicht ins Holdamoos hinein, sondern rechts leicht bergab weiter durch das Gatter und bis zu dem Sträßchen. Hier gehen wir links hinunter ins Dorf Rehmen mit seiner barocken, kleinen Dorfkirche mit schöner Innenausstattung.

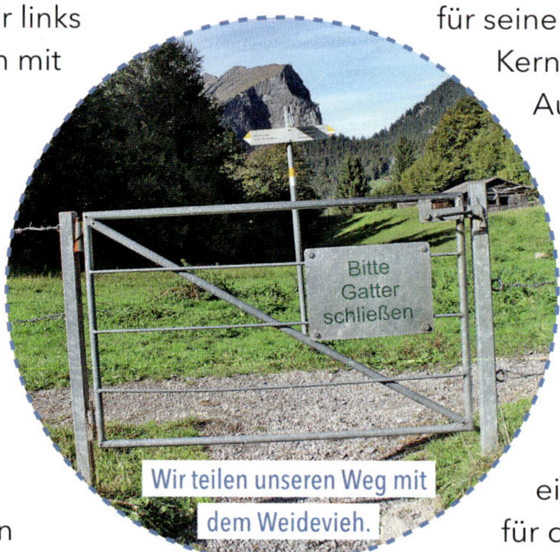

Wir teilen unseren Weg mit dem Weidevieh.

Gebanntes Wasser

An der Kirche gehen wir rechts sowie am Parkplatz vorbei zur Sennerei, wo wir links in die Straße Richtung Bregenzer Ach einbiegen. An der L 200 halten wir uns kurz rechts, aber nur bis zur Brücke, über die wir den Bach queren und auf der anderen Seite rechts weiter an der Ach entlangwandern. Die hier durch Einfassungen und Begradigungen gebändigte Ach stellte jahrhundertelang durch ihre Hochwasser für die Bewohner der umliegenden Dörfer eine stete Gefahr dar. Deshalb liegt der Ortskern von Au, zu dem wir schließlich nach einiger Zeit links hochsteigen, erhöht über dem Tal. Der einstige Gründungspunkt der Siedlung allerdings befindet sich unten am Fluss, und noch immer deutet der Name der Parzelle Jaghausen an, dass hier die mittelalterlichen Grundherren eine Niederlassung für ihre Jagdvergnügen im tierreichen Bregenzerwald hatten.

Berühmte Auer Zunft

Vom Gemeindeamt kommen wir rechts hinab zu dem Ortsteil, der von der gotischen Kirche beherrscht wird. Au ist heute ein beliebter Ferienort – wie das nebenstehende Hotel deutlich unterstreicht –, berühmt ist das kleine Dorf jedoch vor allem für seine Barockbaumeister. Den Kern der Künstler, die sich zur Auer Zunft zusammengeschlossen hatten, bildeten die beiden Großfamilien Beer und Thumb, unterstützt von vielen Bildhauern und Malern aus ihrer Heimat. Wälder Künstler hatten gut zwei Jahrhunderte lang eine enorme Bedeutung für das Bauen in Süddeutschland, in Teilen Österreichs und der Schweiz. Ihnen verdanken wir z. B. Bauwerke wie die Birnau am Bodensee, St. Gallen, Weingarten, die Stiftskirche Kempten oder Kloster Einsiedeln. Im Alter kehrten viele der berühmten Künstler in ihre Heimat zurück.

Auch wir machen uns von hier auf den Rückweg – entweder mit dem Bus oder, wer mag, kann die Tour verlängern, indem er den Weg an der Ach entlang direkt nach Schoppernau wählt.

Diese Vorsäß wurde zu Schauzwecken versetzt und zugänglich gemacht.

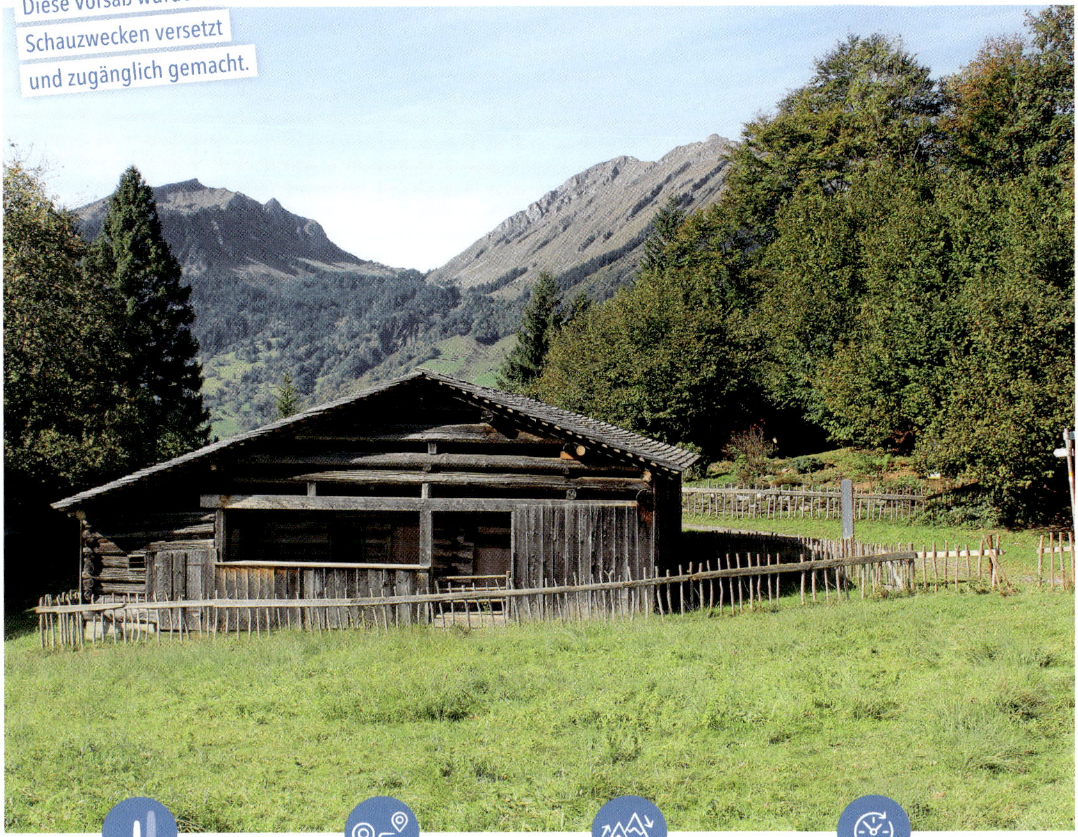

mittel | 5 km | 60/110 Hm | 1.30 Std.

Auf einen Blick

Tourencharakter
Ein kräftiger Anstieg am Fuß des Diedamskopfs, dann kurz über Pfade, anschließend auf Teerwegen und hinter Rehmen bis Au flach am Ufer der Ach entlang

Ausgangspunkt
Schoppernau, Gemeindeamt
GPS: 47.312010, 10.016415

Endpunkt
Au, Kirche
GPS: 47.323959, 9.976539

Höchster Punkt
Halde (907 m)

Anfahrt
ÖPNV: Vom Bahnhof Dornbirn weiter mit Bus 850 bzw. vom Bahnhof Bregenz mit Bus 840 (auch für die Rückfahrt ab Au)
Auto: A 14 (Rheintalautobahn) bis Ausfahrt Dornbirn-Nord, dann weiter auf der L 200

Einkehr
In Schoppernau, Rehmen und Au

Weitere Informationen
■ *au-schoppernau.at*

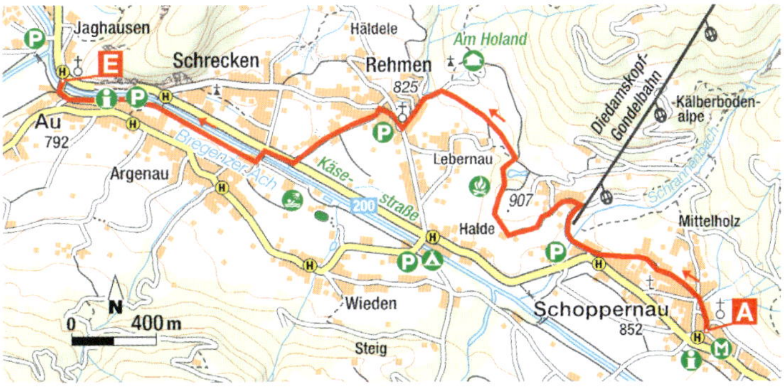

27 Rund um Schoppernau

Das Andenken an den Schriftsteller Franz Michael Felder wird in Schoppernau sowie im gesamten Bregenzerwald hochgehalten. Zu Recht wandeln wir daher heute auf den Spuren dieser eindrucksvollen Persönlichkeit.

Wir beginnen unsere Wanderung an der Schoppernauer Kirche, in der unser Protagonist 1839 getauft wurde. Vorerst aber betreten wir sie noch nicht, sondern begeben uns zum Pfarrhaus, das für Felder eine zwielichtige Rolle spielte: Während der Pfarrer seiner Kindheit den wissbegierigen Knaben noch förderte, wurde dessen Nachfolger zu seinem erbitterten Gegner. Wir umrunden den Kirchhügel, gehen nach dem Pfarrhof links und biegen dann unterhalb des Friedhofs gleich wieder links in die schmale Straße am nördlichen Dorfrand, über die wir ins Oberdorf kommen.

Wie alles begann …

Am Ende dieses Wegs treffen wir auch auf die Rückseite von Felders Geburts- und Wohnaus (Oberdorf 55). Dank diesem Schriftsteller wissen wir viel über das Leben Mitte des 19. Jahrhunderts in Schoppernau und im Hinteren Bregenzerwald, über dessen Härten, aber auch über die schöneren Momente.

Die waren allerdings in Felders Dasein immer wieder von schlimmen Rückschlägen begleitet. Der einfache Bauernsohn, der früh seine Eltern verlor und gesundheitlich angeschlagen den eigenen kärglichen Betrieb erhalten musste, erarbeitete sich nebenher sein umfassendes Wissen selbst. Er besaß nicht nur das Talent zum Schreiben, sondern engagierte sich vor allem auch für eine Verbesserung der oft ärmlichen Existenzen seiner Mitmenschen – was keineswegs bei allen auf Gegenliebe stieß.

Er schuf eine Genossenschaft der Käsebauern, um sich gegen die großen Monopolisten, die »Käsegrafen«, durchzusetzen, verbesserte das Los der in Heimarbeit schaffenden Frauen, schuf eine Versicherung gegen Naturunglücke für die Bauern und gründete eine für alle zugängliche Bibliothek, um das Bildungsniveau zu erhöhen. Bei Obrigkeit und Kirche machte er sich damit ebenso verdächtig wie unbeliebt, doch bei einem wachsenden Anteil der Bevölkerung genoss Felder durchaus Ansehen.

Tragisch war sein Tod: Nachdem seine ihn stets unterstützende Frau Anna Katharina Moosbrugger aus Hinterhopfreben, wo Felder seine Vorsäß hatte, jung verstorben war, folgte ihr der dadurch aus der Bahn geworfene Felder kurz darauf mit nur 30 Jahren.

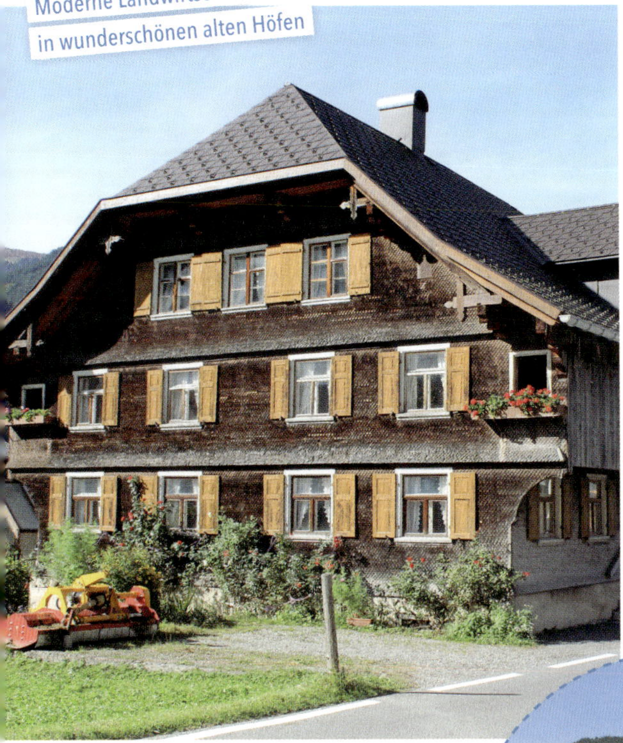

Moderne Landwirtschaft in wunderschönen alten Höfen

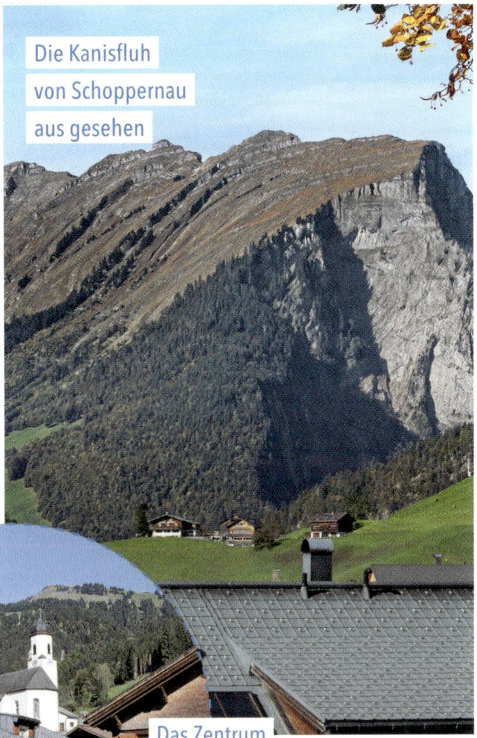

Die Kanisfluh von Schoppernau aus gesehen

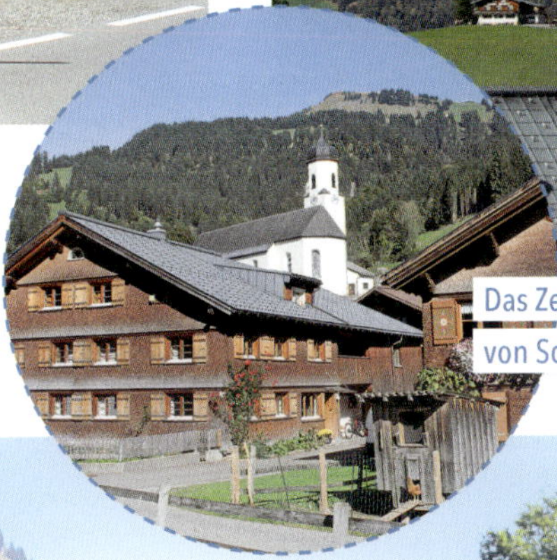

Das Zentrum von Schoppernau

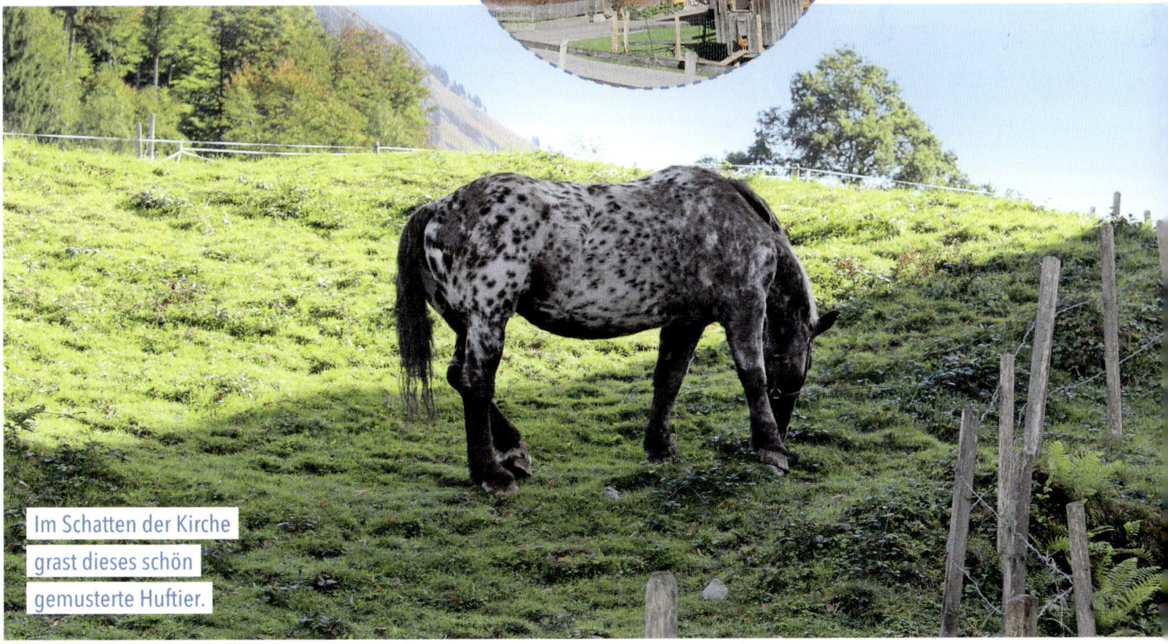

Im Schatten der Kirche grast dieses schön gemusterte Huftier.

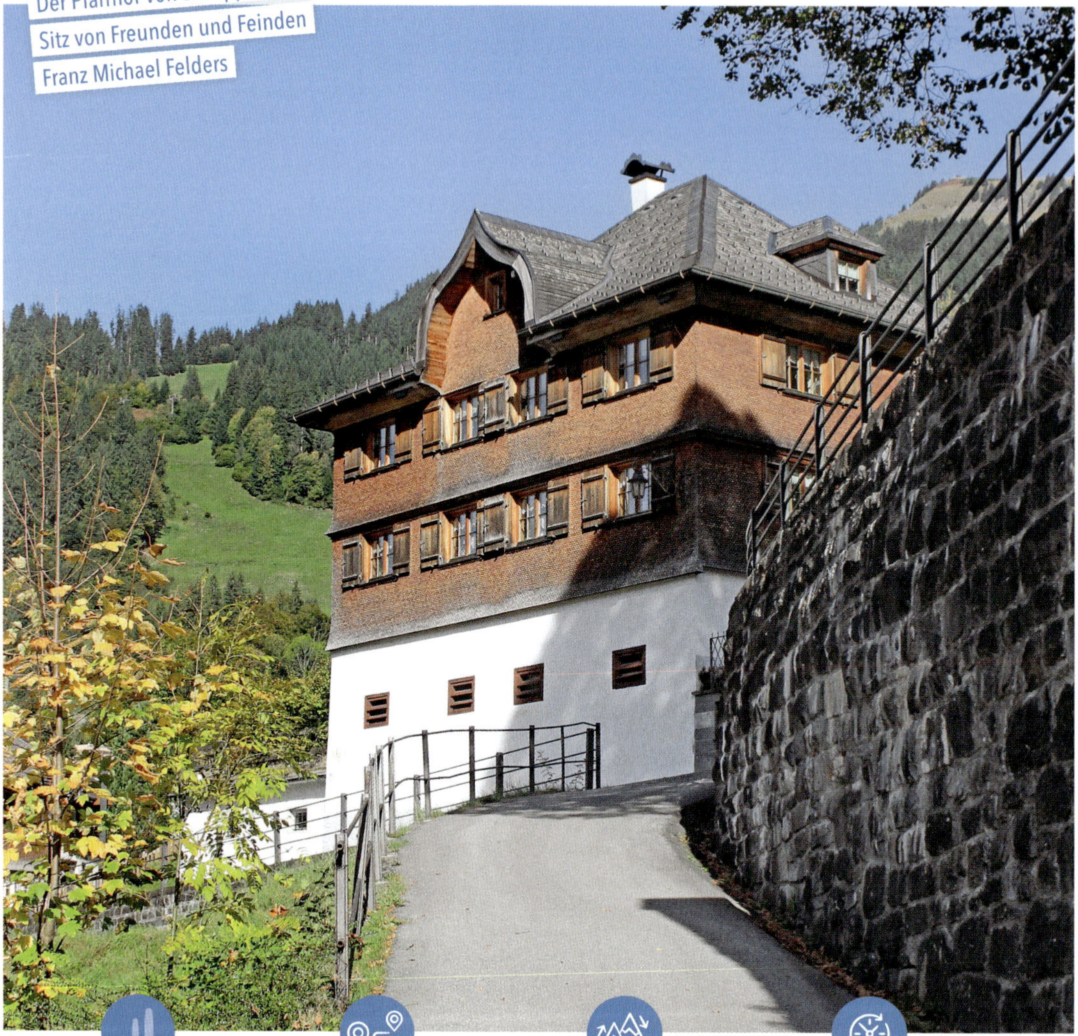

Der Pfarrhof von Schoppernau – Sitz von Freunden und Feinden Franz Michael Felders

leicht | 3,5 km | 35/35 Hm | 1 Std.

Auf einen Blick

Tourencharakter
Erweiterter Dorfspaziergang auf nahezu ebenen und bequemen Wegen, nur minimale Anstiege

Ausgangs-/Endpunkt
Schoppernau, Kirche
GPS: 47.313315, 10.017258

Höchster Punkt
Abzweigung zur Ach (867 m)

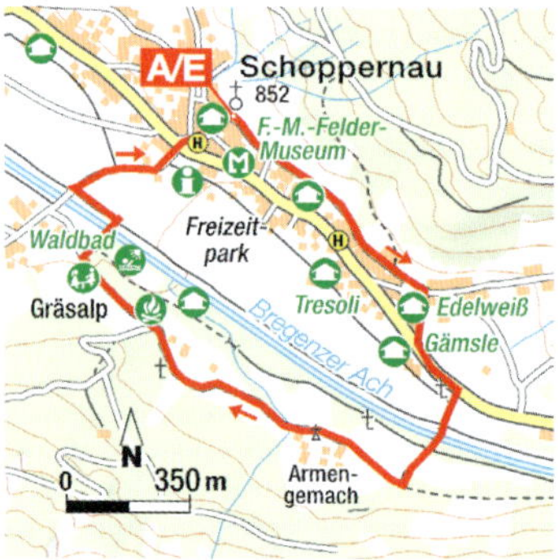

Anfahrt
ÖPNV: Vom Bahnhof Dornbirn weiter mit Bus 850 bzw. vom Bahnhof Bregenz mit Bus 840
Auto: A 14 (Rheintalautobahn) bis Ausfahrt Dornbirn-Nord, weiter über die L 200

Einkehr
In Schoppernau

Weitere Informationen
au-schoppernau.at

Zur Ach

Am Ende des Sträßchens im Oberdorf gehen wir an der Kreuzung rechts in Richtung Bregenzerwaldstraße auf das gegenüberliegende Hotel Gaemsle zu, laufen dort links und kurze Zeit an der Straße entlang, dann geht es rechts ab zur Ach. Diese überqueren wir an einer Stelle, an der Felder einst während der Arbeit mit seiner Herde in den Fluss fiel: Während vorbeigehende Bauern seine Kühe retteten, ließen sie ihn, den »Sonderling«, im Wasser liegen – erst ein Freund aus dem Dorf kam ihm zu Hilfe.

Wir gehen kurz geradeaus, wandern dann rechts über die Vorsäß Armengemach weiter bis zum Waldschwimmbad und erreichen den neuen Wälder-Spielplatz. Hier laufen wir rechts über die Brücke und links weiter bis zur Straße. Auf dieser geht es zurück ins Ortszentrum, dort über die Bregenzerwaldstraße und zur Käserei. Auch hier wird an den großen Sohn Schoppernaus erinnert, unter anderem mit einem »Franz-Michael-Felder-Käse«. Gegenüber liegen das Tourismusbüro und das Felder-Museum (siehe Tipp).

Vordenker und kritischer Liebhaber

Bei der Käserei rechts abbiegend kommen wir zurück zum Kirchhügel. Bei einem Besuch der Kirche mit ihrer schönen Barockausstattung begegnen wir einem von Felders Söhnen: Kaspar Felder wurde Schreiner und schuf für seine Heimatkirche unter anderem das Hauptportal, die Docken der Kirchenbänke und das Kriegerdenkmal. Links neben der Kirche auf dem Friedhof mit den vielen schmiedeeisernen Kreuzen finden wir schließlich an der Seitenwand das Grab des berühmtesten Schriftstellers des Bregenzerwalds. Felders Freunde wollten ihm bereits kurz nach seinem Tod ein Ehrenmal setzen – der ihm ein Leben lang feindlich gesinnte Pfarrer Rüscher verweigerte aber eine Aufstellung innerhalb des Gottesackers. Während einer Abwesenheit des Geistlichen brachten die Anhänger des Dichters das von einem Wiener Künstler geschaffene Monument 1875 aber doch im Friedhof an.

Diese Streitereien um Franz Michael Felder sind in Schoppernau und im Bregenzerwald, der ihm viel verdankt, zum Glück längst Geschichte. Zu Recht wird er heute als »Sonderling« im besten Sinne, als Vordenker, begabter Schriftsteller und kritischer Liebhaber seiner Heimat anerkannt.

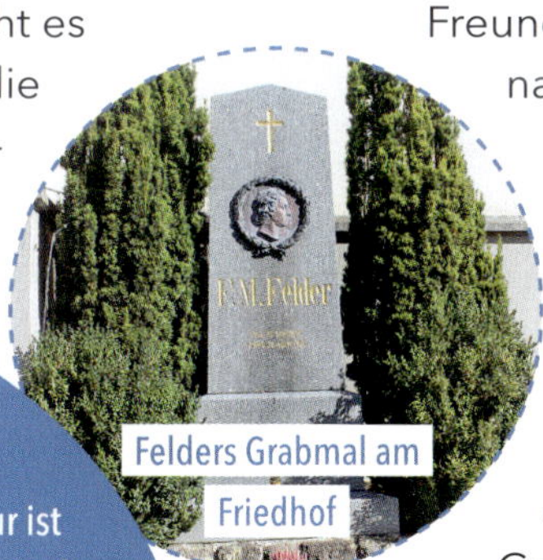

Felders Grabmal am Friedhof

Tipps

Zur Nach- oder Vorbereitung dieser Tour ist das Felder-Museum im modernen Kulturzentrum der beste Ort. Dort wird man ausführlich über das Leben und Schaffen Felders informiert. Der Eintritt ist kostenfrei, es werden Führungen angeboten. Der Franz-Michael-Felder-Verein widmet sich ebenfalls der Erforschung seines Lebens und der Verbreitung seines Werks, aber auch der Förderung zeitgenössischer Vorarlberger AutorInnen.

■ *au-schoppernau.at/aktivitaet/franz-michael-feldermuseum*
■ *felderverein.at*

28 Auf die Sünser Spitze

Zu buchstäblichen Spitzenleistungen treibt uns diese Tour an: Vom Walserdorf Damüls aus geht es hoch hinaus, und wir überschreiten dabei die 2000-Meter-Marke.

Das kleine Walserdorf mit dem eigentümlichen Namen, einst im 13. Jahrhundert von eingewanderten Schweizern aus dem Wallis gegründet, ist nicht nur wegen seiner Höhenlage auf gut 1430 Metern ein Ort der Superlative. Gemeinsam mit Faschina und dem seit Kurzem durch Liftverbindungen angeschlossenen Mellau auf der anderen Seite der Mittagsspitze (2095 m) gehört es zu den größten Skigebieten Österreichs, fast exakt in der geografischen Mitte Vorarlbergs gelegen.

Für Skifahrer und Wanderer attraktiv

Dazu passt, dass es vor einigen Jahren die Auszeichnung als »schneereichstes Dorf der Welt« erhielt – bei Schneehöhen von bis zu zehn Metern sicher redlich verdient. Zugleich ist Damüls aber natürlich auch ein Paradies für Wanderfreudige, die gern (noch) etwas höher hinauswollen. Was den Bewohnern einst einige Beschwerlichkeiten verursachte – nämlich die Lage zwischen verschiedenen Berggruppen, sodass nur über hoch gelegene Pässe wie dem Furkajoch Zugang zur Außenwelt bestand –, erweist sich heute als zusätzliche Attraktion für Liebhaber von Bergwanderungen. Der Kern des ansonsten recht verstreuten Dorfs ist geprägt von den üblichen Bauten der Grundversorgung, wobei das Tourismusbüro in der ehemaligen Schule und das FIS-Ski-Museum im alten Pfarrhof allein schon wegen der schönen und unter Denkmalschutz stehenden Gebäude einen Besuch wert sind.

Spätgotische Schatzkiste

Darum gehen wir vom Tourismusbüro rechts die Metalltreppe hoch zum Skimuseum und von dort links zum nächsten

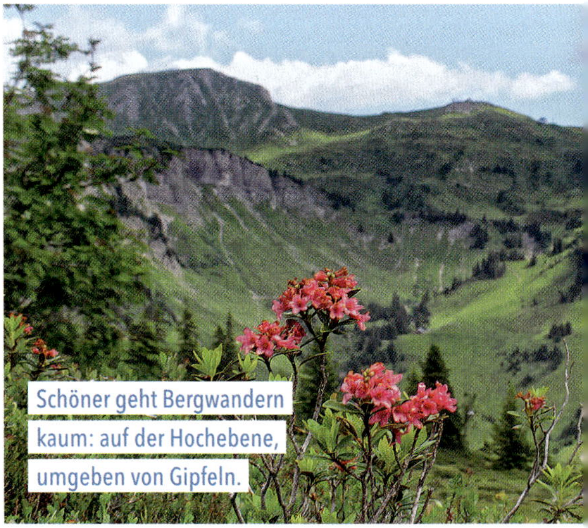

Schöner geht Bergwandern kaum: auf der Hochebene, umgeben von Gipfeln.

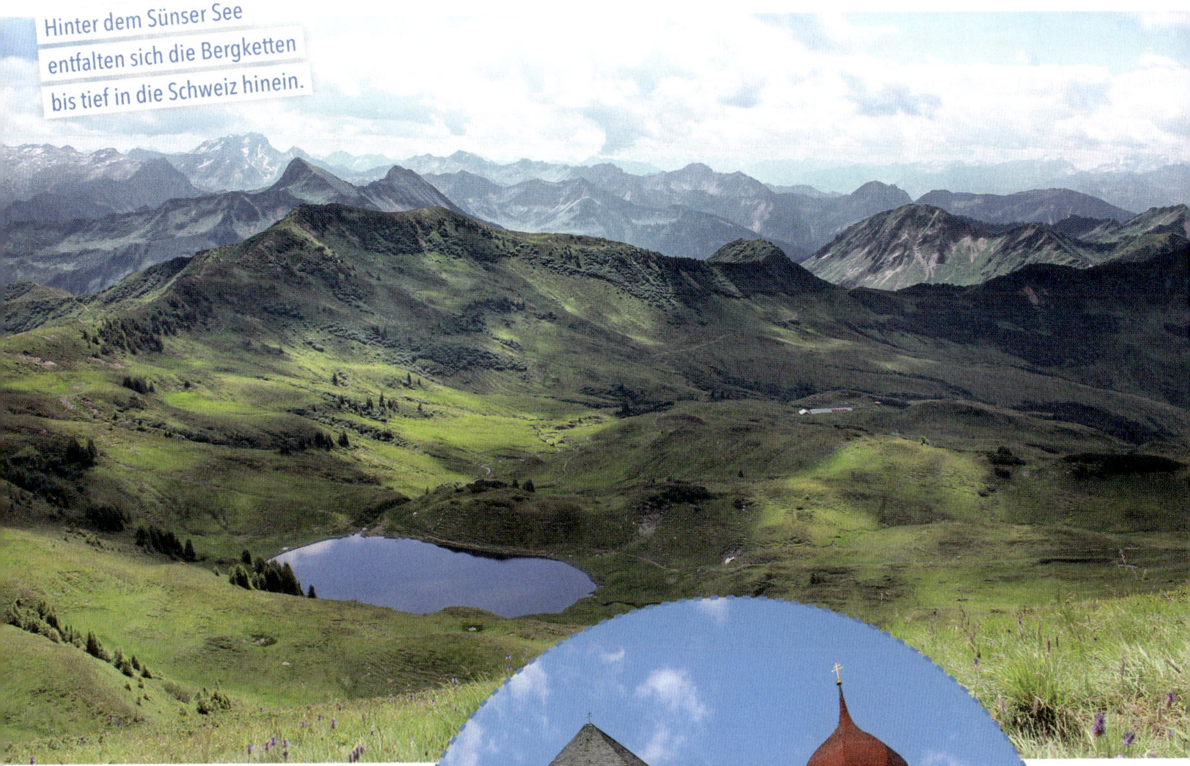

Hinter dem Sünser See entfalten sich die Bergketten bis tief in die Schweiz hinein.

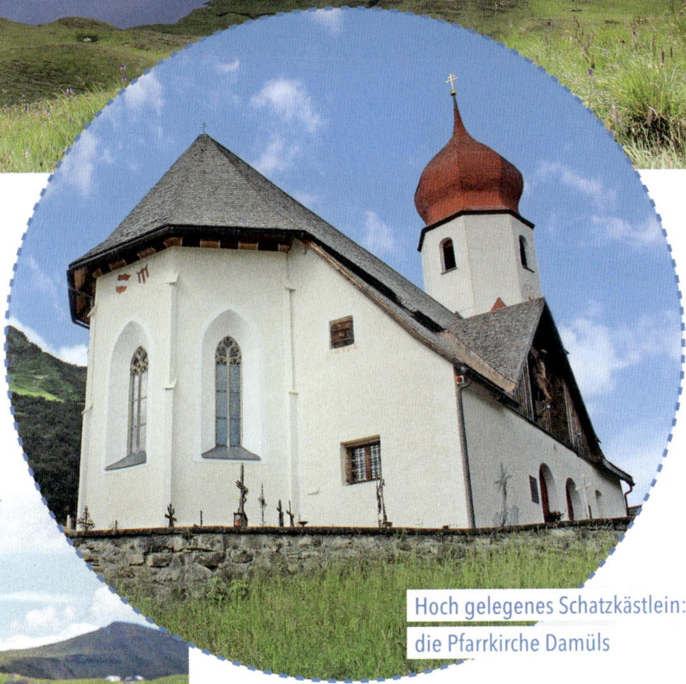

Hoch gelegenes Schatzkästlein: die Pfarrkirche Damüls

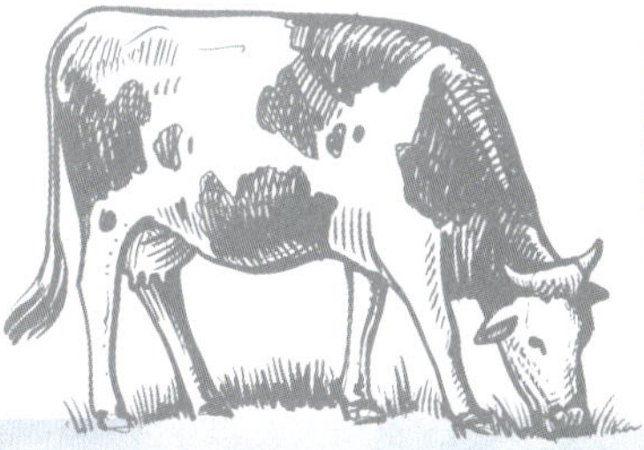

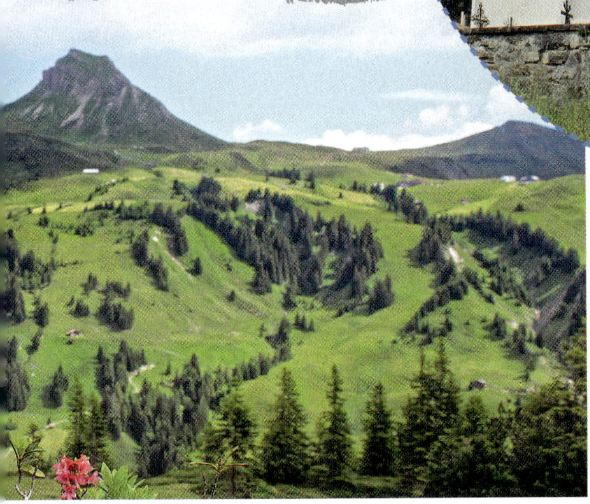

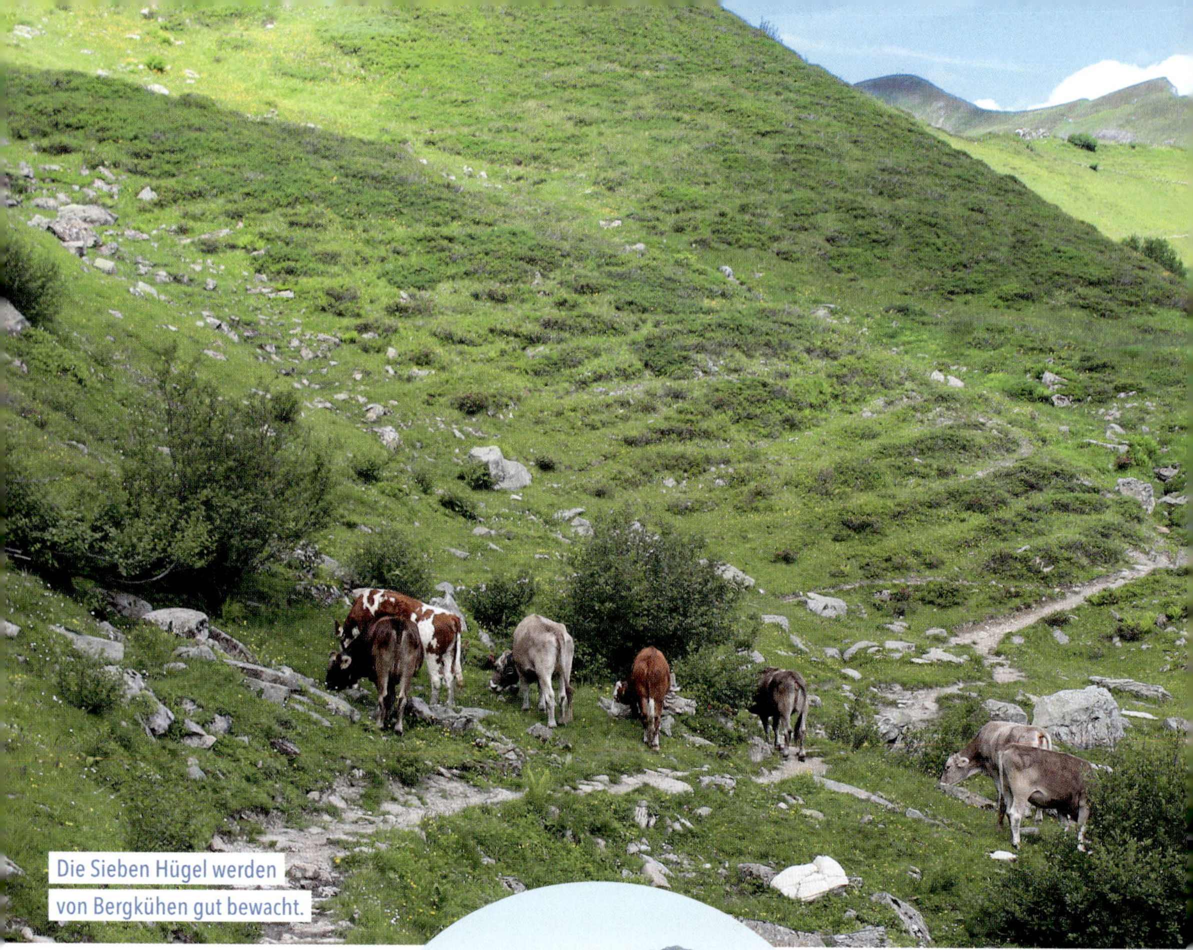

Die Sieben Hügel werden von Bergkühen gut bewacht.

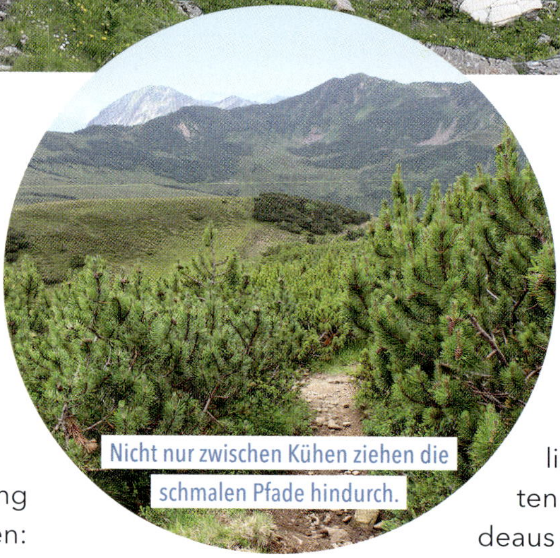

Nicht nur zwischen Kühen ziehen die schmalen Pfade hindurch.

Höhepunkt, der Kirche – auch diese allein durch ihr Aussehen und vor allem ihre Lage ein beliebtes Postkarten- und Fotomotiv. Im Inneren überrascht sie durch ihre wertvolle Ausstattung aus vielen Jahrhunderten: Das spätgotische Gotteshaus ist wahrlich eine Schatzkiste mit vielen Kunstwerken – von den mit Fresken aus dem 15. Jahrhundert bemalten Wänden über das Pestkreuz bis zum frühbarocken Hochaltar, der an die Vergangenheit als Wallfahrtsziel erinnert.

Ins Hochgebirge

Nach dem Besuch des sakralen Schmuckstücks wählen wir neben ihm den emporführenden Pfad, zweigen dann links ab (nicht den breiten Weg) und gehen geradeaus auf die Hotelbauten zu. Hier halten wir uns rechts und im Folgenden ebenfalls rechts (rote Markierung »Sünser Joch«), umkurven die Mistgrube und halten uns im spitzen Winkel rechts. An der nächsten Gabelung biegen wir nach links und anschließend rechts auf den Bergpfad ab. Nun sind wir endgültig

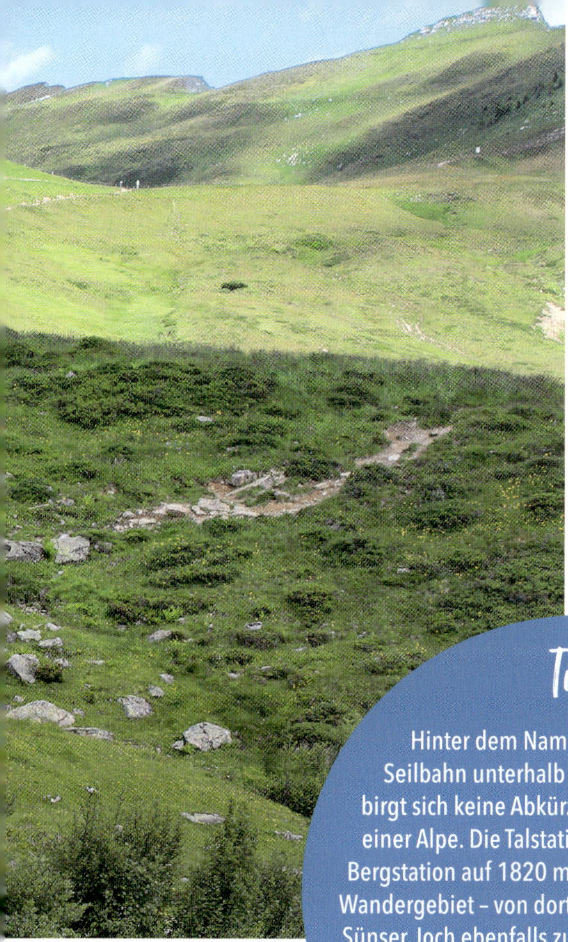

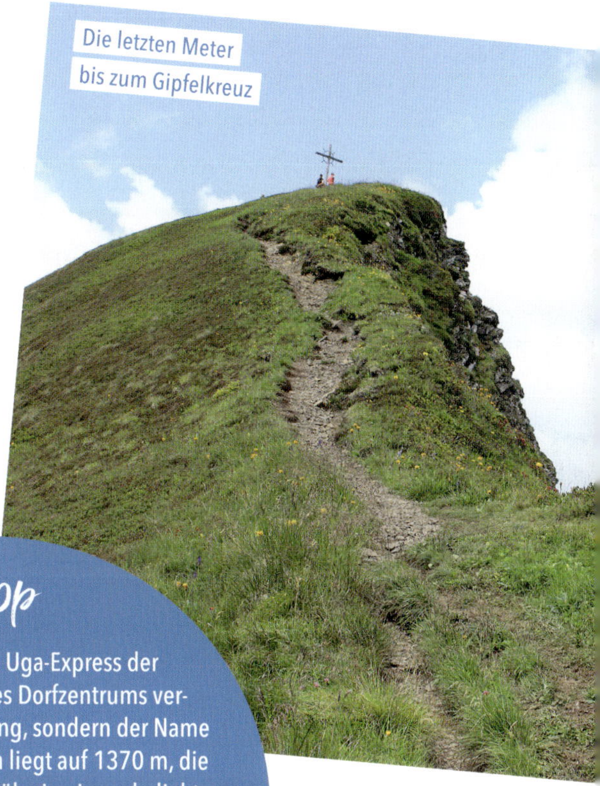

Die letzten Meter bis zum Gipfelkreuz

Tipp

Hinter dem Namen Uga-Express der Seilbahn unterhalb des Dorfzentrums verbirgt sich keine Abkürzung, sondern der Name einer Alpe. Die Talstation liegt auf 1370 m, die Bergstation auf 1820 m Höhe in einem beliebten Wandergebiet – von dort kommt man u. a. über das Sünser Joch ebenfalls zur Sünser Spitze. Betrieben wird die Bahn von Ende Mai bis Mitte Oktober (9–16.30 Uhr, an Werktagen Mittagspause). Im Hochsommer gibt es wie bei der Bezauer Seilbahn (s. Tour 18) Sonderfahrten am späten Abend.

im Hochgebirge angekommen, lange wird uns keine menschliche Behausung mehr begegnen (von einer Liftstation abgesehen).

Auf schönen, nur langsam ansteigenden Bergpfaden geht es durch prächtige Natur über die Sieben Hügel, mit herrlichen Ausblicken auf die Umgebung der Mittagsspitze einerseits und das Furkajoch andererseits. Vor uns liegt das Portlahorn (2010 m), auf das wir uns zubewegen. Auf einem Schotterweg angekommen, gehen wir rechts hoch zur erwähnten Liftstation Sunnegg und hier weiter auf dem Bergpfad rechts bis zur Abzweigung Portlahorn. Hier begeben wir uns wiederum rechts auf den

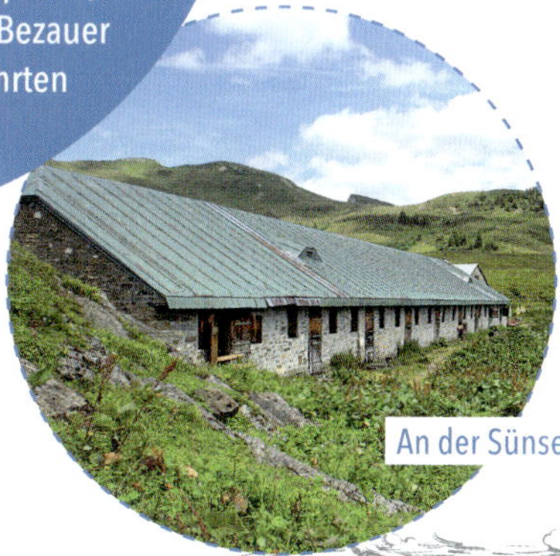

An der Sünser Alpe

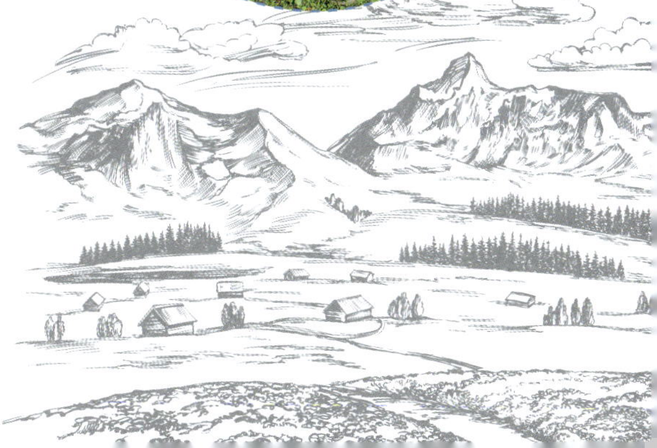

leicht abschüssigen Pfad, der dann wieder ansteigend zum Sünser Joch (1900 m) führt.

Zur Sünser Spitze

Am Großwegweiser geht es nun steil rechts hoch. Wir überwinden die Höhengrenze von 2000 Metern und erreichen den Sünser Kopf (2032 m). Nun folgt der schwierigste Teil der Strecke: Von dort oben wenden wir uns links dem schmalen Hochgrat zu und wandern auf dem steinigen und schmalen Weg bis zum letzten noch etwas steileren Anstieg, der uns zur Sünser Spitze (2061 m) führt.

Dann haben wir es geschafft, der Gipfel aller Touren in diesem Buch ist erreicht! Und er bietet einige Kuriositäten: Denn wir sind inzwischen nicht mehr in Damüls, auch nicht im unter uns liegenden Mellau, sondern in der Stadt Dornbirn, zu deren Gemeindegebiet die Sünser Spitze gehört. Deren Name wiederum ist recht jung, er hat sich erst in den 1970er-Jahren endgültig etabliert, obwohl man eigentlich nicht so genau weiß, wovon sich das Wort Süns ableitet. Allzu viele Gedanken über solche Seltsamkeiten wird man sich aber hier auf der Höhe nicht machen wollen, sondern lieber den Blick von der Mittagsspitze bis ins am Horizont im Tal erkennbare Bezau, zum Hohen Freschen und zum beeindruckenden Alpenpanorama im Süden schweifen lassen.

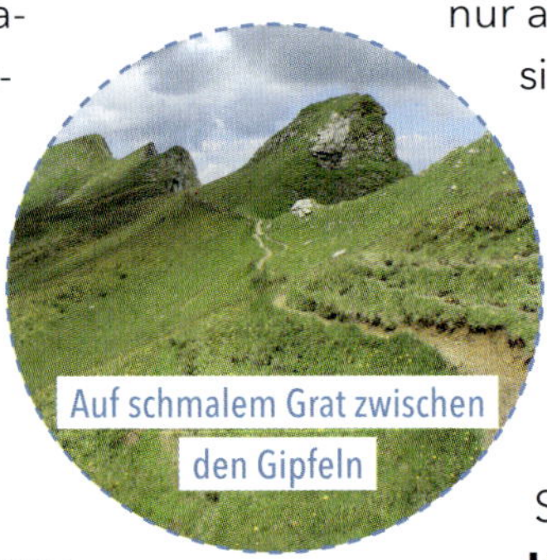
Auf schmalem Grat zwischen den Gipfeln

Sagenhafter Sünser See

Das Gipfelplateau ist recht überschaubar und bietet nicht allzu vielen Wanderern Platz, weshalb man den Aufenthalt bei aller Naturschönheit nicht zu lange ausdehnen sollte. Über den linken der westlichen Abstiege geht es nun wieder steil, steinig und durch manch Gebüsch hinunter zum Sünser See, dessen dunkelblaue Oberfläche wir schon von mehreren Seiten gesehen haben.

Das Gewässer auf 1810 Metern Höhe, ein geschütztes Biotop, faszinierte die Menschen schon seit Urzeiten, weshalb sie in ihm sagenhafte Bewohner vermuteten, wie etwa einen wilden Stier, der von Zeit zu Zeit aus der Tiefe des Sees ausgebrochen sein soll, um die Umgebung zu verwüsten. Inzwischen scheint er aber dauerhaft gebannt, die Tiefe des Sees beträgt ohnehin nur acht Meter, nicht unbedingt ein sicheres Versteck.

Sicher und von Unterwelttieren unbehelligt geht es für uns am See geradeaus weiter, bis wir wieder am Sünser Joch ankommen. Von dort wandern wir auf bekannter Strecke zurück nach Damüls.

Hinweis: Wer es bei einer mittelschweren Bergwanderung belassen möchte, lässt den Abschnitt zwischen Sünser Kopf und Sünser Spitze aus – dessen Hochgrat ist nur für wirklich Schwindelfreie geeignet, denn es geht rechts Hunderte von Metern senkrecht in die Tiefe! Man kann hingegen die Strecke abkürzen und beim Sünser Joch geradeaus zum See wandern (statt rechts hochzusteigen), dort eine gemütliche Rast einlegen oder auch einen Abstecher zur Sünser Alpe machen und von dort zurück nach Damüls absteigen.

Alles auf Rot: Hier oben gibt es viele, aber keine leichten Wege.

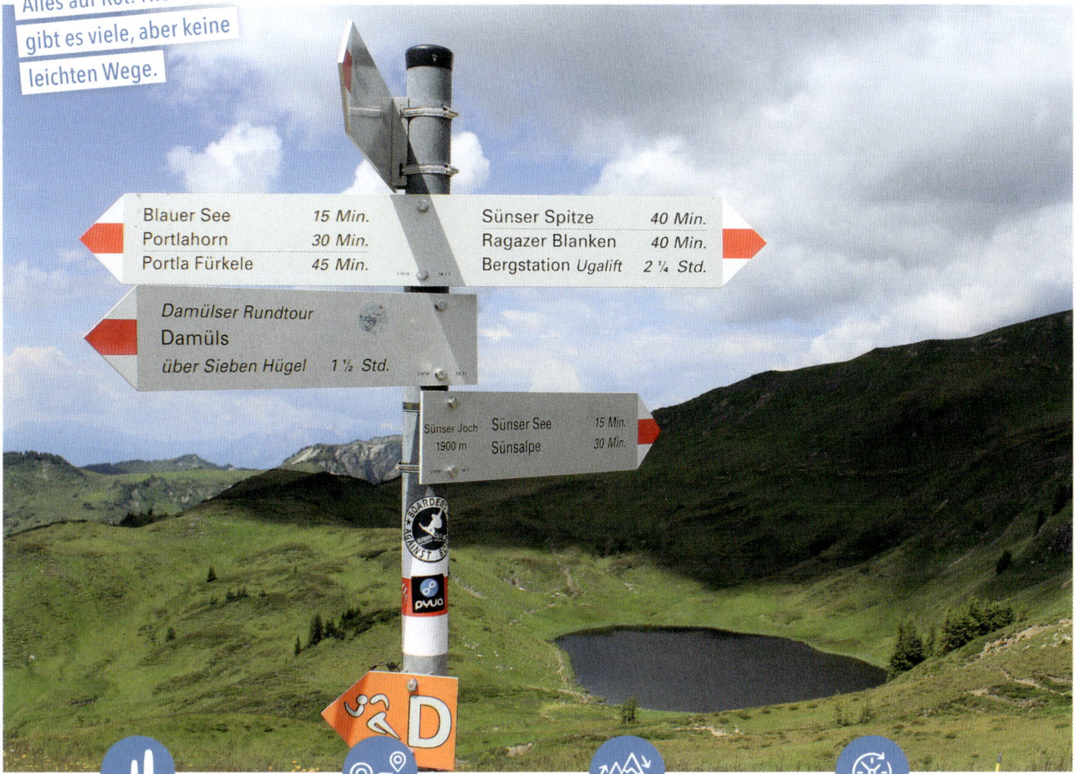

schwer | 10,5 km | 630/630 Hm | 4 Std.

Auf einen Blick

Tourencharakter
Klassische Bergwanderung im Hochgebirge ohne Klettersteige oder Leitern. Schwer wird die Strecke nur auf dem Teilstück Sünser Joch–Sünser See – dieser Abschnitt ist sehr anspruchsvoll und nur für Profis mit reichlich Erfahrung, Trittsicherheit und absoluter Schwindelfreiheit geeignet. Als einfachere Alternative bietet sich eine verkürzte Tour zum Sünser See an (s. Beschreibung).

Ausgangs-/Endpunkt
Damüls, Tourismusbüro
GPS: 47.280148, 9.890879

Höchster Punkt
Sünser Spitze (2061 m)

Anfahrt
ÖPNV: Vom Bahnhof Dornbirn mit Bus 850 bis Au, dann weiter mit Bus 851
Auto: A 14 (Rheintalautobahn) bis Ausfahrt Dornbirn-Nord, weiter auf der L 200 bis Au und von hier auf der L 193 bis Damüls

Einkehr
In Damüls

Weitere Informationen
■ *damuels.at*

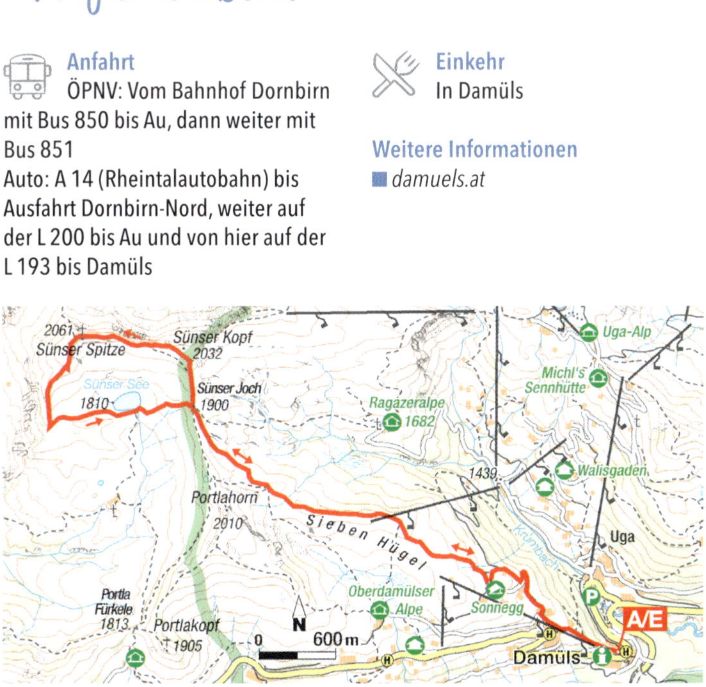

SEHENSWERTE SEEN-TOUR

29

Vom Kalbelesee nach Schröcken

Unterhalb der höchsten Berge des Bregenzerwalds wandern wir auf dem Weg nach Schröcken durch eine Idylle, so ganz abseits von Verkehrsstraßen, garniert mit kleinen Seen und Alpen.

Unser Ausgangspunkt ist die Bushaltestelle bzw. der Parkplatz der Saloberlifte am Hochtannbergpass (siehe Tour 30). Von hier gehen wir westlich neben der Bregenzerwaldstraße, von der wir uns langsam entfernen, in Richtung Kalbelesee, der links neben uns liegt.

Preisgekrönter See

Das kleine natürliche Gewässer (gut 2,4 ha), gespeist von Bächen und einer Quelle, ist ein Biotop in herrlicher Lage, überragt von den umgebenden Bergmonumenten wie dem Widderstein im Norden (2533 m), dem Karhorn im Süden (2416 m) und dem durch die Lifte erschlossenen Saloberkopf (2041 m).

Unser Weg führt uns an dem Hügelchen mit Kreuz vorbei auf dem Hauptpfad zum nächsten noch viel bekannteren Kleingewässer. Nachdem wir bereits den höchsten Punkt unserer heutigen Tour überwunden haben, geht es bergab auf das Hotel und den Körbersee zu, der bereits am Beginn unserer Tour auf den Wegweisern als »schönster Platz Österreichs« angekündigt wurde. Das Prädikat geht zurück auf eine TV-Sendung des ORF, in der jährlich jedes österreichische Bundesland jeweils einen Konkurrenten ins Rennen für eine Zuschauerabstimmung schickt. 2017 trug der Körbersee den Sieg davon, und wir können diese Wertung heute gleich vor Ort überprüfen.

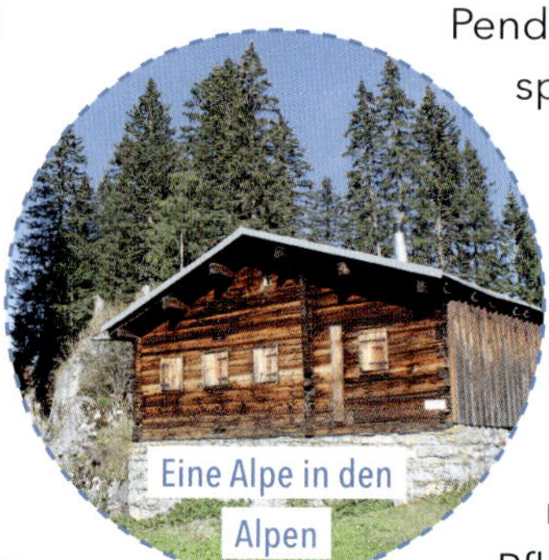
Eine Alpe in den Alpen

Geschütztes Biotop

Interessanterweise liegt der Körbersee auf fast exakt der gleichen Höhe wie der Kalbelesee und ist nur geringfügig größer (gut 3 ha). Er ist etwas tiefer eingebettet als sein Pendant und wird von der Braunarlspitze überragt, dem mit 2649 Metern höchsten Berg des Bregenzerwalds (obwohl geografisch bereits zum Lechquellengebirge zählend). Der Körbersee ist ebenfalls als Biotop geschützt und nicht nur Heimat zahlreicher Tier- und Pflanzenarten, sondern auch von nachgewiesen hoher Trinkwasserqualität. Dass wir ihn noch immer in absoluter Stille und Abgeschiedenheit genießen können, verdanken wir dem gescheiterten

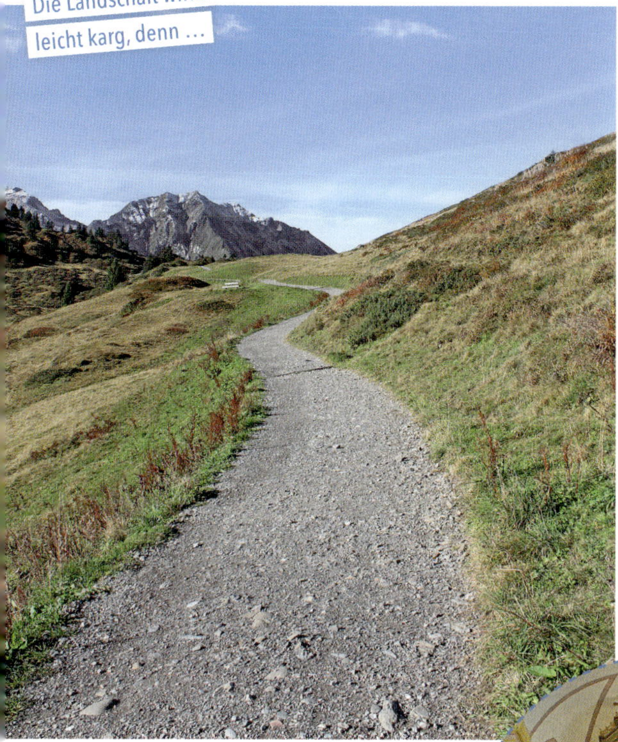

Die Landschaft wirkt leicht karg, denn …

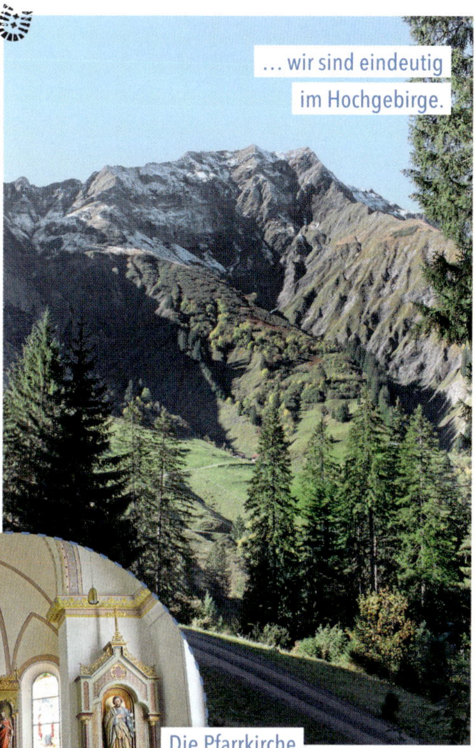

… wir sind eindeutig im Hochgebirge.

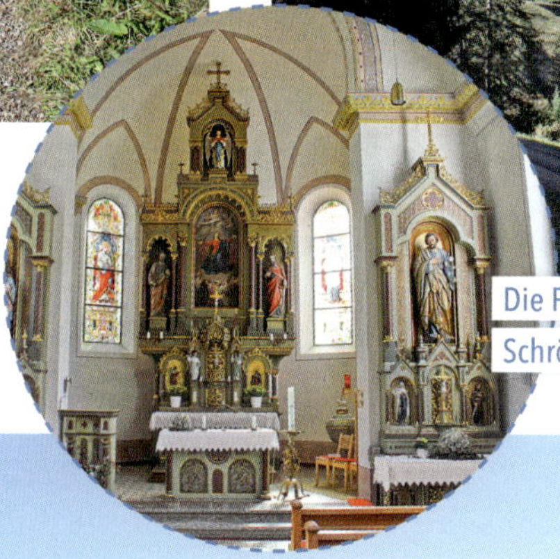

Die Pfarrkirche Schröcken

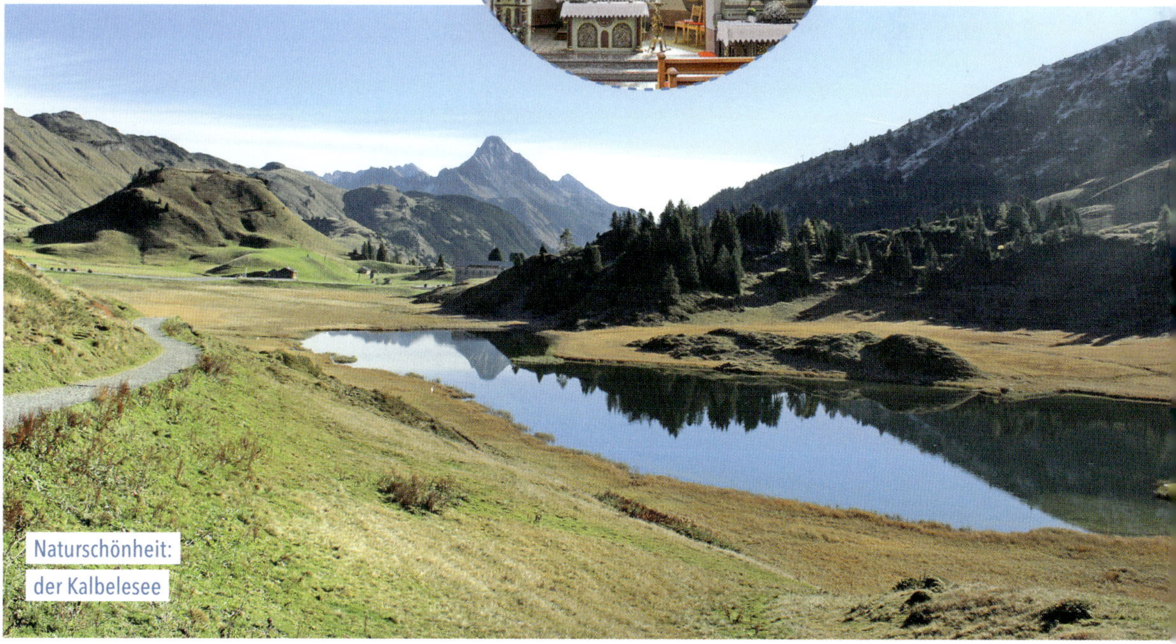

Naturschönheit: der Kalbelesee

Auf dieser Wanderung umgeben uns die höchsten Gipfel des Bregenzerwalds.

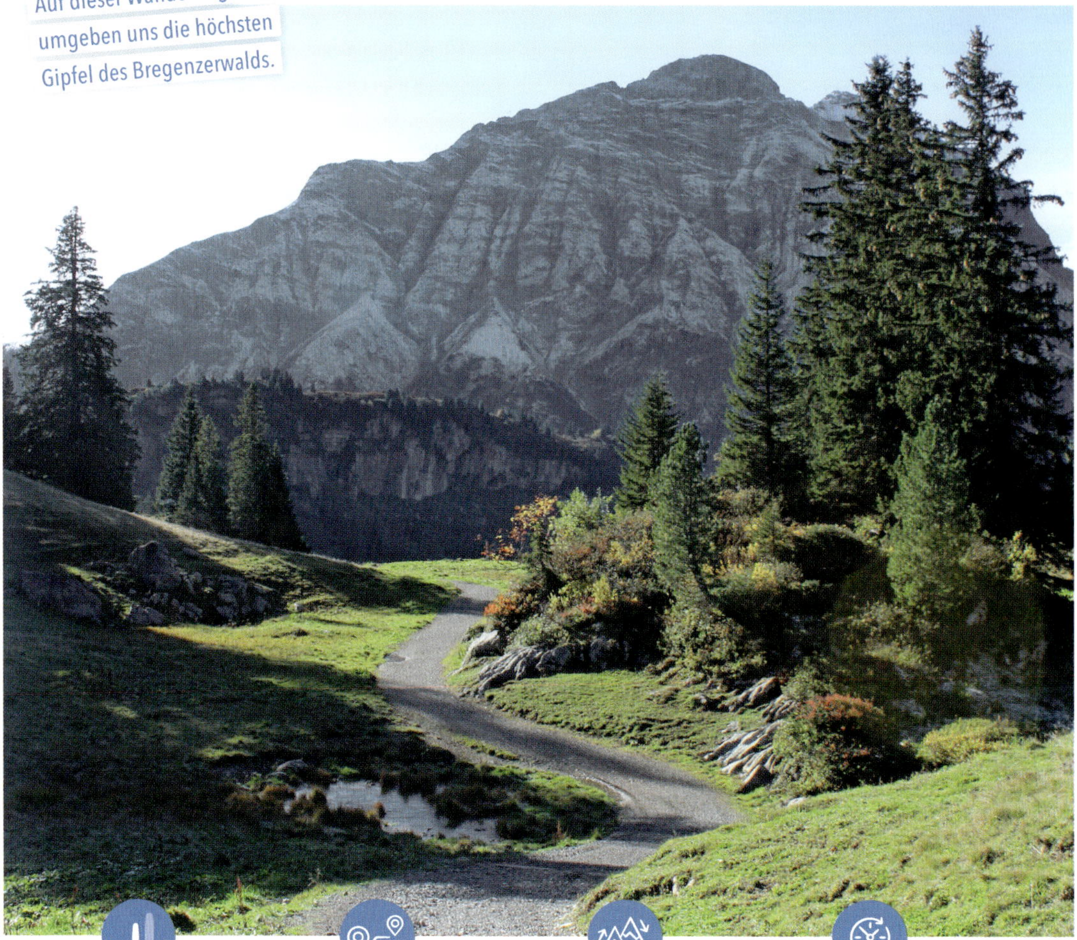

mittel | 6,5 km | 90/480 Hm | 2.30 Std.

Auf einen Blick

Tourencharakter
Die Wanderung führt fast nur bergab, und das auf sehr angenehmen, breiten Wegen. Vor Schröcken sind diese etwas steiler (Stöcke empfehlenswert).

Ausgangspunkt
Bushaltestelle bzw. Parkplatz Saloberlifte
GPS: 47.268176, 10.127694

Endpunkt
Schröcken, Kirche
GPS: 47.257528, 10.092149

Höchster Punkt
Zwischen Kalbele- und Körbersee (1762 m)

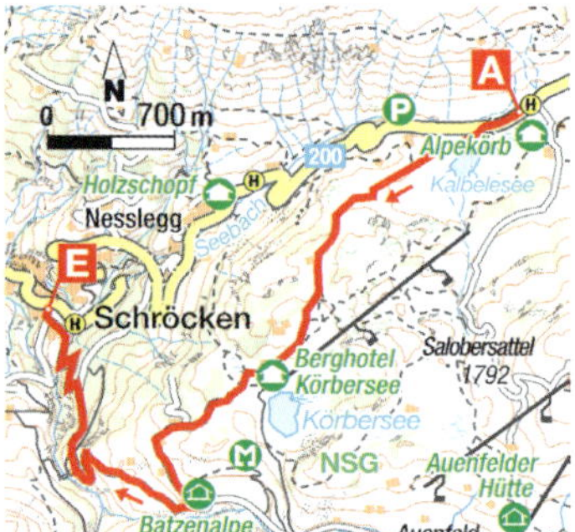

Anfahrt
ÖPNV: Vom Bahnhof Dornbirn weiter mit Bus 850 oder 852
Auto: A 14 (Rheintalautobahn) bis Ausfahrt Dornbirn-Nord und weiter auf der L 200; oder ab Ausfahrt Bludenz-Montafon über die S 16 und die L 198

Einkehr
Unterwegs keine

Weitere Informationen
■ *warth-schroecken.at*

Projekt einer Straße von Schröcken nach Lech, die ursprünglich hier hätte vorbeiführen sollen. In Erwartung der dadurch angelockten Touristen wurde damals bereits das Berghotel gebaut. Nun steht es allein in bester Lage und wirbt mit seiner Autofreiheit.

Steiler Abstieg nach Schröcken

Man kann zum See hinuntersteigen oder gleich rechts über die Hotelterrasse weitergehen und gelangt so durch eine große Kurve zum Alpmuseum Batzen, das nach der Kreuzung rechts bergab auf uns wartet (siehe Tipp). Von hier wandern wir auf dem breiten, gepflegten Weg bergab – hin und wieder weist er allerdings ein sehr starkes, rampenartiges Gefälle auf, daher sind Stöcke sicher eine gute Hilfe, um den Druck auf die Gelenke zu entlasten. In mehreren großen Serpentinen geht es auf Schröcken zu, das von einigen Aussichtspunkten bereits gut zu erkennen ist. Im Wald noch einmal links, dann weiter bergab haltend, wandern wir hinein in das Dorf mit seiner markanten Kirche.

Eine der kleinsten Bregenzerwaldgemeinden

Obwohl Schröcken genaugenommen die letzte »echte« Bregenzerwaldgemeinde ist, da die alle Ortschaften verbindende Bregenzer Ach hier oberhalb an der Mohnenfluh (2542 m) auf gut 2400 Meter Höhe entspringt, war das Dorf über Jahrhunderte hinweg eher in die andere Richtung orientiert. Die Besiedelung ging von Walsern aus, die östlich hier anlangten, und noch lange blieb eine enge Bindung an Lech bestehen, von dem man kirchlich und politisch abhängig blieb. Erste Siedler tauchten wohl bereits im 14. Jahrhundert auf, 1640 wurde die Pfarrei gegründet, in etwa zur gleichen Zeit etablierte sich der Name Schröcken. Einer der ersten Pfarrer bestieg u. a. den Widderstein (um 1664), eine damals Staunen erregende Pioniertat, zu der nicht nur alpinistischer Mut gehörte, denn auf den Bergspitzen wurde oft allerlei dämonisches Getier vermutet. 1870 brannte der Hauptort, die Parzelle Heimboden, herunter; in der Folge wurde u. a. die Kirche neu errichtet. Heute ist Schröcken zwar eine der kleinsten Bregenzerwaldgemeinden (ca. 220 Einwohner), aber für Wanderungen – wie wir selbst gemerkt haben – und für Wintersport hervorragend geeignet.

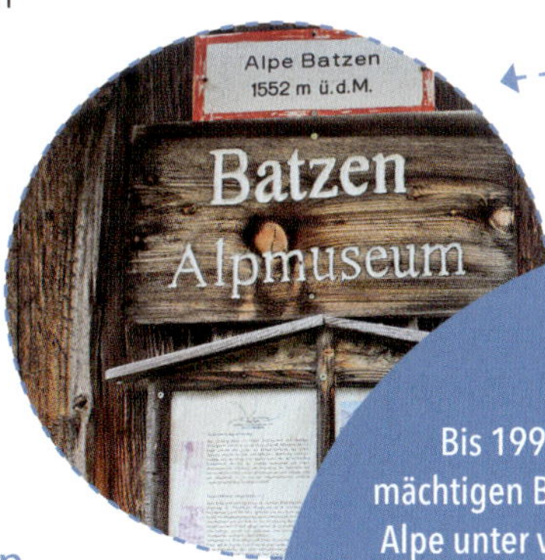

Tipp

Bis 1998 war die Alpe Batzen unter der mächtigen Braunarlspitze nur eine gewöhnliche Alpe unter vielen, allerdings eine sehr alte (um 1800) mit uriger Ausstattung. Deshalb sollte sie auf Wunsch vieler ihren aktiven Betrieb beibehalten. Dank der Überlassung samt vollständigem Inventar durch die Vorbesitzer und des Engagements eines Kulturvereins konnte das »Alpmuseum uf m Tannberg« mit hauseigener Sennerei eingerichtet werden, und auch das Leben der Senner und Sennerinnen, ihre Arbeit und ihr Alltag ist originalgetreu bewahrt und damit nachempfindbar.

■ *alpmuseum.at*

AM ENDE DES BREGENZERWALDS

30

Von Warth nach Hochkrumbach

Auf der historischen Alten Salzstraße wandern wir zu einer Passhöhe bei einem (fast) verschwundenen Dorf.

Das Dörfchen Warth ist mit kaum 180 Einwohnern nicht nur die zweitkleinste Gemeinde in ganz Vorarlberg, es hat auch noch weitere Besonderheiten aufzuweisen: Mit 1495 Metern (gemessen im Ortszentrum) ist es zugleich die höchste und zudem die östlichste Siedlung des Bregenzerwalds, und die Grenze zu Tirol ist nur wenige Hundert Meter, die zu Deutschland nicht viel weiter entfernt.

Einst wichtiger Umschlagplatz

Geografisch liegt Warth bereits östlich des Hochtannbergpasses und somit strenggenommen bereits außerhalb der Talschaft der Bregenzer Ach, die sonst die Wäldergemeinden verbindet. Zur besseren touristischen Vermarktung im Winter hat sich das Dorf zwar mit Lech am Arlberg zu einem der bekanntesten und größten Skigebiete Österreichs zusammengeschlossen, politisch und historisch besteht aber kein Zweifel daran, dass das einst von einwandernden Walsern gegründete Warth eindeutig dem Bregenzerwald zugehört. Mit ihm ist es über die L 200, die inzwischen über den genannten Pass führt, verbunden.

Diese vergleichsweise bequeme Verbindung existiert aber erst seit dem 20. Jahrhundert. Früher war das Erreichen Warths und vor allem der weitere Weg hinein in den Bregenzerwald etwas beschwerlicher, jedoch von großer Bedeutung: Über Warth wurde Salz aus den bayerischen und den Tiroler Bergwerken transportiert – und nicht selten auch geschmuggelt. Die Bezeichnung Alte Salzstraße ist, sagen wir einmal, etwas euphemistisch – natürlich war dieser Weg nur ein Saumpfad, immerhin aber für das Führen von Pferden geeignet, die das Salz auf ihrem Rücken trugen.

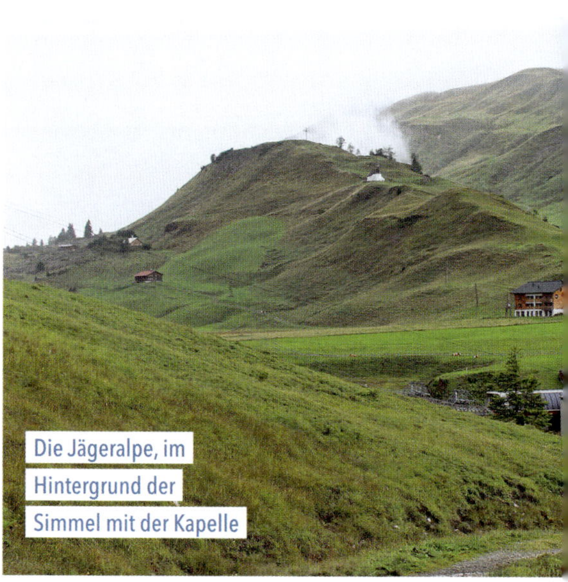

Die Jägeralpe, im Hintergrund der Simmel mit der Kapelle

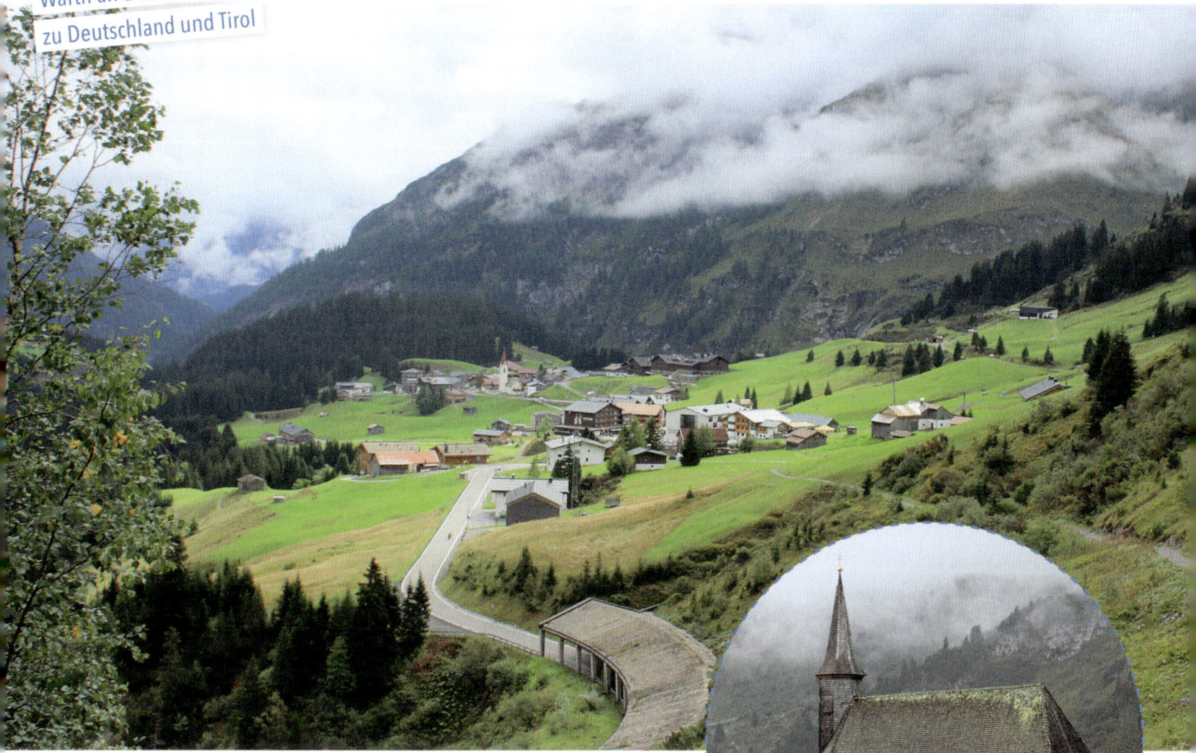

Warth an der Grenze zu Deutschland und Tirol

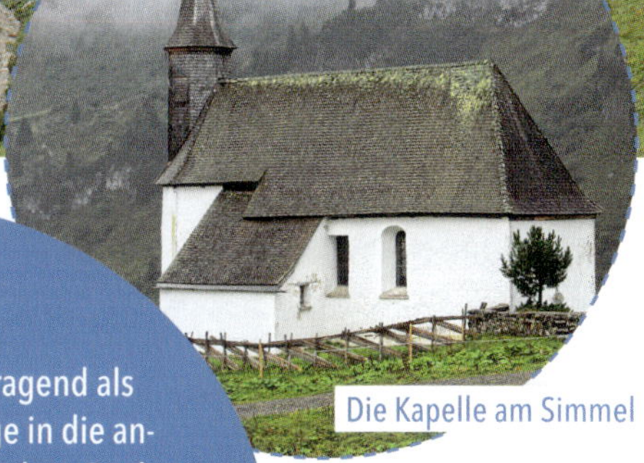

Die Kapelle am Simmel

Tipp

Warth eignet sich hervorragend als Ausgangspunkt für Ausflüge in die angrenzenden Nachbarorte. Mit dem Ortsbus ist man z. B. in wenigen Minuten im berühmten Skiparadies Lech am Arlberg. Die Grenze zum Bundesland Tirol verläuft direkt neben Warth, und mit dem Bus 110 gelangt man bis Reutte; die Strecke begleitet den Oberlauf des hier noch recht wilden Lechs und führt durch bekannte Dörfer wie Steeg, Elbigenalp oder Bach.

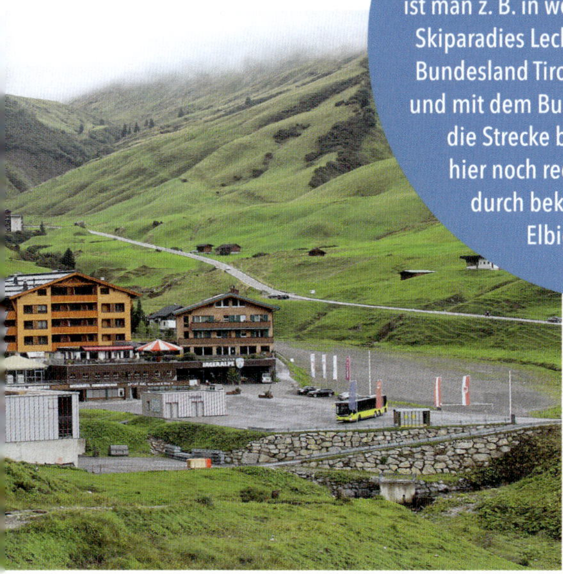

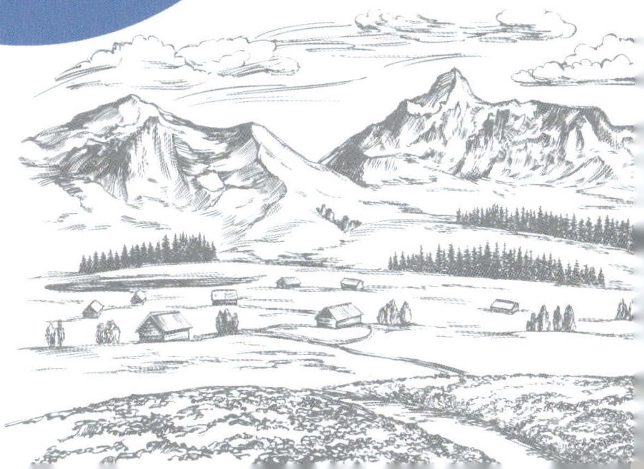

Auf der Alten Salzstraße

Auf dieser Tour folgen wir ihren Spuren und starten dafür einmal mehr am Gemeindeamt. Wir gehen dorfauswärts auf die Kirche St. Sebastian zu und an ihr vorbei weiter an der Straße entlang bis zu den Hotelbauten der Steffisalpe. Hier laufen wir über deren Parkplatz rechts am Hotel vorbei und dann halb rechts auf den Pfad, der auf den Wegweisern als »Alte Salzstraße« gekennzeichnet ist. Auf ihm geht es nun ansteigend und durch schöne Bergwiesen und kleinere Waldstücke bis zum Pass hinauf.

An der Holzbodenalpe wenden wir uns rechts in Richtung auf die schon sichtbare Jägeralpe zu, gehen dort zum Vorplatz des Hotels und rechts an diesem vorbei. Dann folgen wir der Linkskurve hinter die Gebäude und laufen hier rechts weiter. An der nächsten Gabelung halten wir uns leicht rechts. Ansteigend kommen wir so zum Hotel Adler und gehen von dort links hoch bis zur Kapelle am Simmel. Sie ist der letzte historische Überrest des einstigen Dorfs Hochkrumbach.

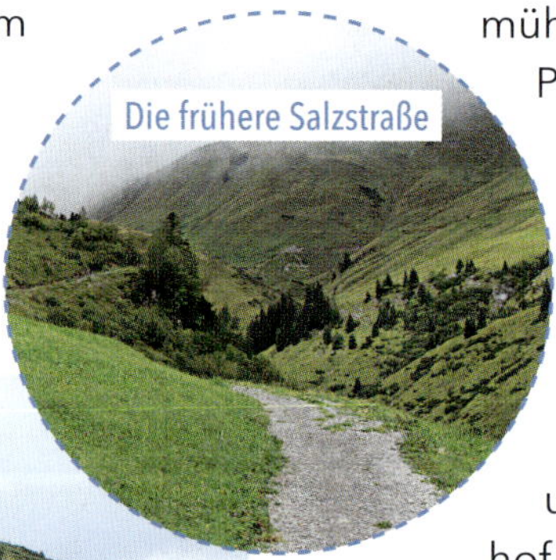
Die frühere Salzstraße

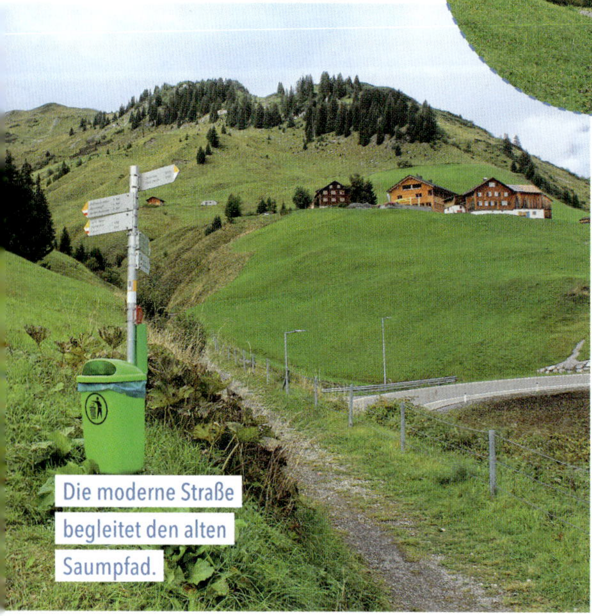
Die moderne Straße begleitet den alten Saumpfad.

Das verschwundene Dorf

Wie viele Siedlungen der Gegend war auch Hochkrumbach im Mittelalter von Walsern in 1680 Metern Höhe gegründet worden und hatte jahrhundertelang eine wichtige Bedeutung als Station an der Passhöhe. Die barocke Jakobuskapelle war lange Zeit sogar eigenständige Pfarrkirche. Doch seit der Mitte des 19. Jahrhunderts, als der mühselige Transport über den Pass durch andere Wege ersetzt worden war, entvölkerte sich Hochkrumbach. Und mit den Bewohnern verlor der Ort nach und nach nicht nur seine Häuser, sondern schließlich auch den Pfarrer und letztlich sogar den Friedhof und das Pfarrhaus. Geblieben ist nur die einsame Kapelle, die dafür sehr hübsch am Berg gelegen ist. Der Tourismus und die bessere Erschließung dank der Bregenzerwaldstraße führten zum Neubau einiger Häuser in der Nähe, sodass das einst selbstständige und heute wieder etwa 20 Einwohner zählende Hochkrumbach der Gemeinde Warth zugeteilt wurde.

Von hier gelangt man mit dem Bus (Ortsbus oder Linie 852) oder auf demselben Weg zu Fuß zurück nach Warth. Möglich ist auch ein Abstecher zum Kalbelesee etwas weiter westlich.

Im Sommer Wander-, im Winter aber vor allem Skigebiet: die Region um Warth

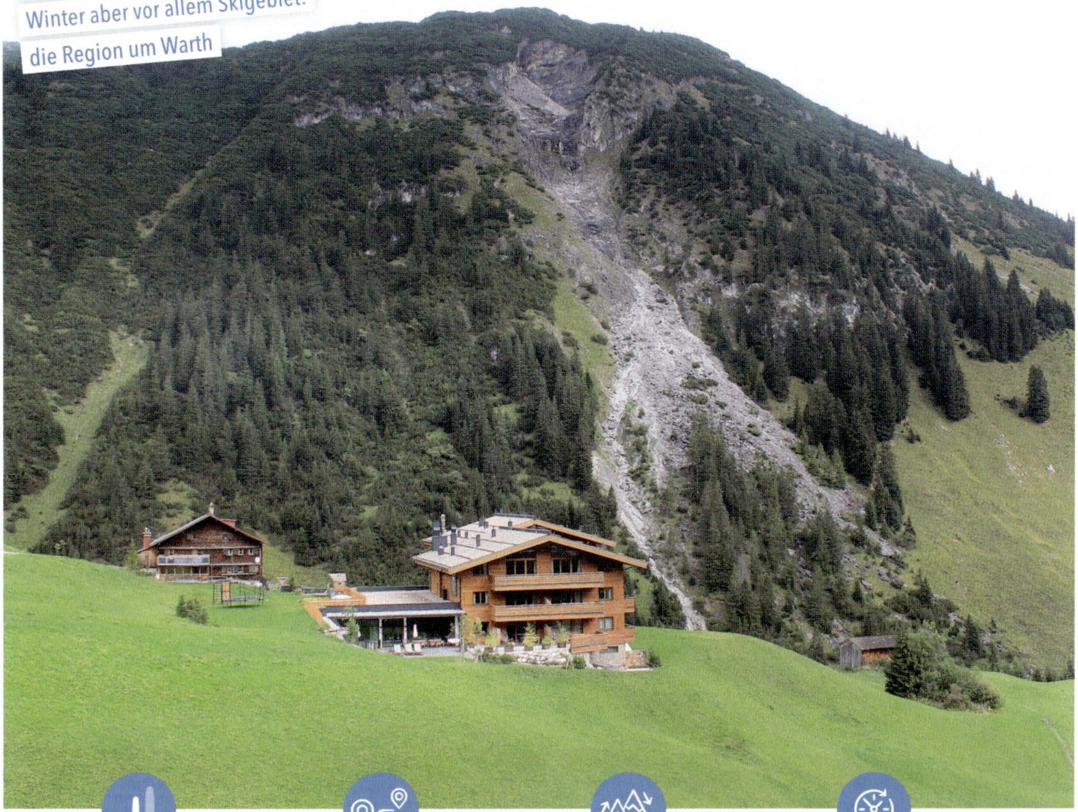

mittel | 5 km | 190/10 Hm | 1.30 Std.

Auf einen Blick

Tourencharakter
Obwohl die verbliebene Alte Salzstraße nur ein Bergpfad ist, zeigt sie sich größtenteils gut begehbar (außer bei schlechter Witterung) und ohne längere anstrengende Anstiege.

Ausgangspunkt
Warth, Gemeindeamt
GPS: 47.257886, 10.183060

Endpunkt
Hochkrumbach, Kapelle St. Jakob am Simmel
GPS: 47.268720, 10.136176

Höchster Punkt
Kapelle St. Jakob am Simmel (1700 m)

Anfahrt
ÖPNV: Vom Bahnhof Dornbirn weiter mit Bus 850 oder 852
Auto: A 14 (Rheintalautobahn) bis Ausfahrt Dornbirn-Nord und weiter auf der L 200; oder ab Ausfahrt Bludenz-Montafon über die S 16 und die L 198

Einkehr
In Warth oder Hochkrumbach-Jägeralpe

Weitere Informationen
■ *warth-schroecken.at*

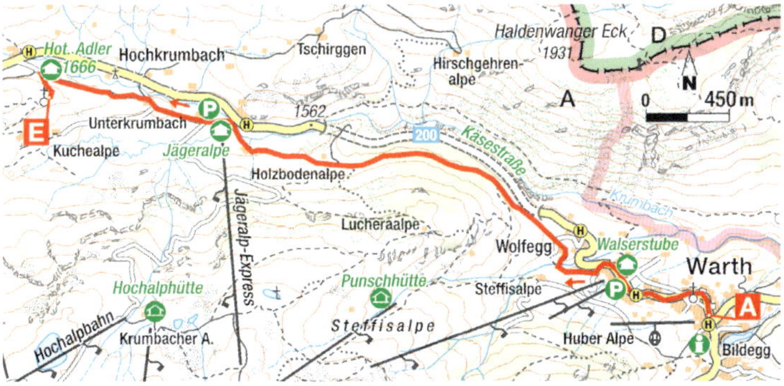

Register

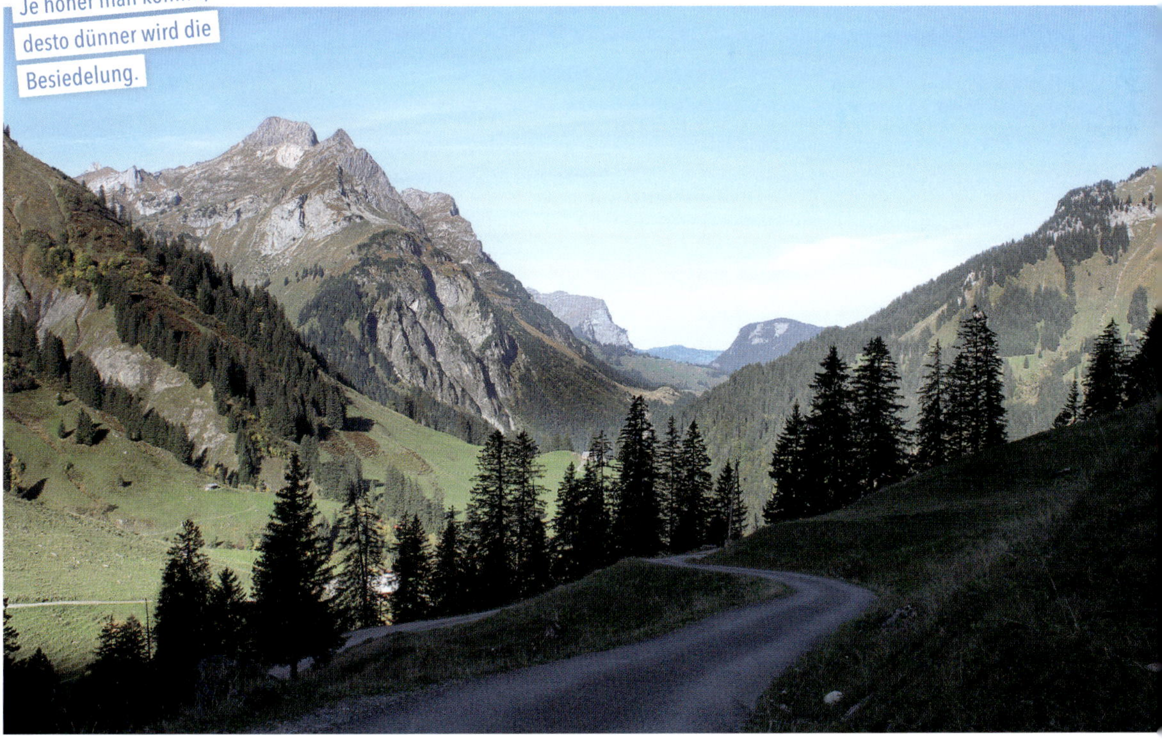

Je höher man kommt,
desto dünner wird die
Besiedelung.

Impressum

Verantwortlich: Katja Treu
Redaktion und Lektorat: Anette Späth
Umschlaggestaltung: Mathias Frisch, Rudi Stix
Layoutgestaltung: Anna Lena Ibiş, Mathias Frisch
Layout: Eva-Maria Klaffenboeck
Repro: LUDWIG:media
Herstellung: Bettina Schippel

Printed in Poland by CGS Printing

★ ★ ★ ★ ★

Sind Sie mit diesem Titel zufrieden? Dann würden wir uns über Ihre Weiterempfehlung freuen. Erzählen Sie es im Freundeskreis, berichten Sie Ihrem Buchhändler oder bewerten Sie bei Onlinekauf. Und wenn Sie Kritik, Korrekturen, Aktualisierungen haben, freuen wir uns über Ihre Nachricht an den J. Berg Verlag, Postfach 40 02 09, D-80702 München oder per E-Mail an lektorat@verlagshaus.de.

Unser komplettes Programm finden Sie unter: www.j-berg-verlag.de

Bildnachweis

Alle Bilder im Innenteil stammen vom Autor mit folgenden Ausnahmen:
shutterstock: S. 11 o. (haak78); S. 13 li. u. (Volker Rauch); S. 14, S. 96/97 (mindscapephotos); S. 15, S. 18 li. u. (Daan Kloeg); S. 18 o. (Mny-Jhee); S. 18 re. u. (TG23); lookphotos: S. 12 (Johaentges, Karl); S. 13 re. u. (Mueringer, Christian)
Illustrationen: Berglandschaft: shutterstock/VladisChern; Bergfluss: shutterstock/Emre Tarimcioglu; Bäume: shutterstock/feipco; Blume: shutterstock/alisun18; Wanderer in Berglandschaft: shutterstock/Goderuna; Bergsilhouette: Adobe Stock; Wanderersilhouetten: shutterstock/Nick_Zen; Kuh: shutterstock/bioraven
Alle anderen (Fußabdrücke, Bus, Fernglas, Kompass, Taschenlampe): www.freepik.com
Umschlagvorderseite: Sonnenaufgang über Allgäuer Alpen und Lechquellengebirge: lookphotos/ Andreas Strauß
Umschlagrückseite: Wandern am idyllischen Körbersee bei Schröcken (Tour 29): shutterstock/mindscape-photos

Die Deutsche Nationalbibliothek verzeichnet diese Publikation in der Deutschen Nationalbibliografie; detaillierte bibliografische Daten sind im Internet über http://dnb.d-nb.de abrufbar.

ISBN 978-3-86246-911-6